北京市工会干部教育培训教材

基层工会财务与经审工作实务

北京市工会干部学院◎编著

电子工业出版社
Publishing House of Electronics Industry
北京·BEIJING

未经许可，不得以任何方式复制或抄袭本书之部分或全部内容。
版权所有，侵权必究。

图书在版编目（CIP）数据

基层工会财务与经审工作实务 / 北京市工会干部学院编著． -- 北京：电子工业出版社，2024. 8. -- ISBN 978-7-121-48726-2

Ⅰ. D412.67

中国国家版本馆 CIP 数据核字第 20247WH139 号

责任编辑：张振宇　王浩宇
印　　刷：三河市良远印务有限公司
装　　订：三河市良远印务有限公司
出版发行：电子工业出版社
　　　　　北京市海淀区万寿路 173 信箱　　邮编：100036
开　　本：710×1000　1/16　印张：17.5　字数：336 千字
版　　次：2024 年 8 月第 1 版
印　　次：2024 年 8 月第 1 次印刷
定　　价：78.00 元

凡所购买电子工业出版社图书有缺损问题，请向购买书店调换。若书店售缺，请与本社发行部联系，联系及邮购电话：(010) 88254888，88258888。
质量投诉请发邮件至 zlts@phei.com.cn，盗版侵权举报请发邮件至 dbqq@phei.com.cn。
本书咨询联系方式：(010) 88254210，influence@phei.com.cn，微信号：yingxianglibook

前 言

基层工会财务与经审工作是基层工会做好工作的经济基础和基本保障。本书紧贴基层工会财务工作实际，注重提炼总结，强化操作性与指导性；在前六章增加"知识小链接"作为主体业务知识的补充拓展，在第七章专门进行了"基层工会常见财务问题解答"；同时对最新相关业务政策进行了系统梳理，具有较强的时效性、时代性。

好用、管用，是本书编写的初衷。

本书由张孝梅起草写作框架、负责主持编写并进行通稿审查工作。第一章、第二章、第三章、第四章、第七章由张孝梅编写；第五章、第六章由范韶华编写。

本书在编写过程中，得到了很多专家的指导，汲取和参考了大量研究成果与相关资料，同时得到了电子工业出版社编辑老师的帮助和支持，在此一并表示衷心感谢！

由于编者水平有限，疏漏和不当在所难免，敬请各位读者批评指正。

目 录

第一章 基层工会财务工作概述

本章导读 ……………………………………………… 001
一、工会财务工作的含义 ……………………………… 002
二、工会财务工作的特点 ……………………………… 002
三、工会财务管理体制 ………………………………… 003
四、基层工会财务工作的主要任务 …………………… 005
五、基层工会财务管理工作的主要内容 ……………… 005
六、基层工会财务管理工作的主要职责 ……………… 009
课后思考 ………………………………………………… 010
知识小链接 ……………………………………………… 010

第二章 基层工会预算管理

本章导读 ……………………………………………… 011
一、工会预算管理概述 ………………………………… 012
二、基层工会预算管理 ………………………………… 014
三、工会决算管理 ……………………………………… 017
四、工会全面预算管理与预算绩效管理 ……………… 019
课后思考 ………………………………………………… 022
知识小链接 ……………………………………………… 022

第三章　基层工会经费收支管理

本章导读 ··· 023

一、基层工会经费收支管理原则 ·································· 024

二、基层工会经费收入管理 ·· 025

三、基层工会支出管理 ·· 035

四、基层工会支出的管理要求 ······································ 039

五、应由行政承担的费用开支 ······································ 040

六、监督检查 ··· 043

课后思考 ··· 044

知识小链接 ··· 045

第四章　基层工会资产管理

本章导读 ··· 047

一、工会资产的概念及特点 ·· 048

二、工会资产的分类 ·· 049

三、工会资产管理 ·· 050

课后思考 ··· 058

知识小链接 ··· 059

第五章　基层工会会计实务

本章导读 ··· 061

一、工会会计概述 ·· 062

二、资产 ··· 066

三、负债 ··· 081

四、净资产 ·· 084

五、收入 ··· 088

六、支出 ··· 091

七、财务报表 ... 100
课后思考 ... 111
知识小链接 ... 112

第六章 基层工会经审工作实务

本章导读 ... 115
一、工会经审工作概述 ... 116
二、工会经审方式与程序 ... 120
三、工会实务审计 ... 123
四、工会经审会的工作制度和规范 ... 130
课后思考 ... 134
知识小链接 ... 134

第七章 基层工会常见财务问题解答

本章导读 ... 135
一、收入类 ... 136
二、支出类 ... 139
三、管理类 ... 147
四、综合类 ... 153

附 录

本章导读 ... 163
工会会计制度 ... 164
中国工会审计条例 ... 248
基层工会预算管理办法 ... 257
基层工会经费收支管理办法 ... 264

第一章

基层工会财务工作概述

本章导读

基层工会财务工作承担着收好、用好、管好基层工会经费的任务，在工会全局工作中举足轻重。规范和提升基层工会财务工作，对于发挥工会的各项职能、提高工会的凝聚力具有重要意义。本章介绍了工会财务工作的含义、特点及基层工会财务工作的主要任务、主要内容和主要职责等。

一、工会财务工作的含义

工会财务工作是与工会的产生、存在与发展紧密相连的工会经济管理工作,承担着收好、用好、管好工会经费的任务,是实现工会各项职能的重要物质保障,是工会整体工作必不可少的组成部分。

工会财务工作是各级工会及其所属企事业单位在履行工会职能、发展工运事业过程中建立起来的,以工会经费为核心,围绕"收缴、使用"两条主线,主要以货币反映并监督工会运营,对筹集、分配、运用资金的活动进行管理的行为。基层工会财务工作包括财务管理和会计核算两个部分。财务管理侧重控制和参与预测、决策及对经济工作的调节,包括财务管理体制与经费分成、预算管理、经费收支管理、资产管理、财务监督等。会计核算侧重反映和监督经济活动过程,主要是确认、计量、记录、报告,包括填制会计凭证、登记账簿、编制报表、资产清查等。

二、工会财务工作的特点

工会的资金运作及其体现的经济关系具有不同于其他社会经济活动的相对独立性,使得工会财务工作具有四个鲜明的特点:独立自主的经费管理体制,法律确定的经费来源,法律明确的工会经费用途和接受民主监督的广泛群众性。

(一)独立自主的经费管理体制

第一,工会经费独立。《中华人民共和国工会法》(以下简称《工会法》)第四十五条规定:"工会应当根据经费独立原则,建立预算、决算和经费审查监督制度。"这是法律赋予工会独立管理工会经费的职责。各级工会应该按照法律规定和中华全国总工会有关文件的要求,依法依规做好工会经费独立核算工作。

第二,财务管理体制独立。按照《工会法》和《中国工会章程》的要求,各级机关、事业单位、企业和其他社会经济组织可独立或联合成立工会委员会。为保证工会的稳定发展和职责履行,工会财务工作体制必须与工会组织体制相一致,实行"统一领导、分级管理"的工会财务管理体制。

第三,全国总工会依法自行制定工会经费使用办法。《工会法》第四十三条规定:"经费使用的具体办法由中华全国总工会制定。"这是法律赋予全国总工会制定工会经费使用办法的职责。近年来，全国总工会根据《工会法》《中华人民共和国会计法》《中华人民共和国预算法》《中国工会章程》和国家有关规定，建立了一整套工会经费使用管理办法。

（二）法律确定的经费来源

《工会法》第四十三条对工会经费的来源作出了明确的规定：一是工会会员缴纳的会费；二是建立工会组织的用人单位按每月全部职工工资总额的2%向工会拨缴的经费；三是工会所属的企业、事业单位上缴的收入；四是人民政府的补助；五是其他收入。《工会法》第四十六条规定："各级人民政府和用人单位应当为工会办公和开展活动，提供必要的设施和活动场所等物质条件。"《工会法》第四十二条规定："用人单位工会委员会的专职工作人员的工资、奖励、补贴，由所在单位支付。社会保险和其他福利待遇等，享受本单位职工同等待遇。"

（三）法律明确的工会经费用途

《工会法》第四十三条明确规定："工会经费主要用于为职工服务和工会活动。"基层工会经费全部用于为职工服务和工会活动等事项，体现了工会经费的使用方向。

（四）接受民主监督的广泛群众性

工会财务工作区别于企业、事业、行政财务工作的最大特点就是其具有广泛的群众性，工会财务接受民主监督，这是由工会经费性质所决定的。工会经费主要来源于单位按职工工资总额的2%向工会拨缴的经费，其性质属于公共资金；与此同时，工会经费主要用于为职工服务和开展工会活动，资金的最终受益对象是广大职工群众，工会经费的收、管、用都有相应职工群众的监督。

三、工会财务管理体制

工会财务管理体制是工会在财务管理上的权责划分和经费分配制度。工会财务管理体制的原则是"统一领导、分级管理"，统一领导是指全国总工会对全国各级工会的财务工作实行统一领导，制定统一的工会财务工作方针、政策、财务制度，并实行财务监督；分级管理是指各级工会在全国总工会统一领导下，履行自身职能，独立负责地开展财务管理工作。

分级管理不等于分散管理。各级工会的财务工作应由财务部门归口管理，以充分体现财务部门的专业优势。归口管理就是财务部门统一组织、管理、协调工会财务工作。凡涉及工会与政府、行政的财务管理问题，均应归口到财务部门进行处理；凡涉及工会财务体制及财务政策、规章制度方面的文件，均应由财务部门起草或审查，经主管领导和本级工会委员会（常委会）批准下达执行，解释权限归口财务部门。未经财务部门同意，其他部门不得对财务问题作出规定和解释。各级工会的所有资金，均应由财务部门统一核算、统一管理。

（一）工会财务管理层级

工会财务管理层级是根据工会组织体制划分的工会财务管理级次。为保证每一级工会正常开展工作，需要确定每一级工会的经费分成比例。《中国工会章程》第十一条规定："中国工会实行产业和地方相结合的组织领导原则。"根据这一组织领导原则，全国工会财务管理分为五个层级。

（1）全国总工会为一级经费管理单位。

（2）省、自治区、直辖市总工会和按产业系统独立管理经费的全国性产业工会为二级经费管理单位，全国共35个。其中，31个为省级地方工会；3个为按产业系统实行垂直管理的全国性产业工会，即中华全国铁路总工会、中国民航工会全国委员会和中国金融工会全国委员会；1个为中央和国家机关工会联合会。

（3）地市（州、盟）级总工会或垂直管理经费的省级产业工会为三级经费管理单位。

（4）县（旗、市）级工会或垂直管理经费的地市级产业工会为四级经费管理单位。

（5）基层工会为五级经费管理单位。基层工会是指企业、事业单位、机关和其他社会组织单独或联合建立的基层工会委员会。

注意：根据《中华全国总工会办公厅关于在部分地区开展规范乡镇（街道）工会财务工作试点的通知》（总工办发〔2009〕35号）的规定，按照"统一领导、分级管理"的工会财务体制，乡镇（街道）工会应作为财务管理的一个层级。暂不作为一级预算管理单位的乡镇（街道）工会，由省一级工会根据自身情况，从实际出发，采取适当方式解决其经费来源，保证其开展工作必需的经费。

（二）工会经费分成比例

工会经费由行政方面拨缴到工会后，其所有权即属于工会。工会经费实行"金额分成、分级使用"的分配办法，具体分配比例是：

（1）行政按工资总额2%拨缴的工会经费以不低于60%的比例留在基层工会使用，其余的要上缴到上级工会。

（2）上一级工会依据有关规定，按金额的不同分成比例逐级收缴和上解，最终上缴全国总工会的比例为经费金额的5%。

（3）各省级工会及以下工会经费分成比例，按省级工会确定的原则执行。

四、基层工会财务工作的主要任务

按照《工会法》和《中国工会章程》的规定，基层工会财务工作的主要任务是收好、管好、用好工会经费。保障工会经费按时足额上缴是基层工会财务工作的基础。按照"统筹兼顾、勤俭节约、量力而行、讲求绩效和收支平衡"的原则，统筹使用好工会经费是工会财务工作的目的。建立健全各项财务制度、管好工会经费是工会财务工作的手段。

第一，收好经费。收好经费是基础，就是要依据《工会法》《中国工会章程》的规定，积极组织收入，不断提高工会经费收缴率，按时足额上缴经费。

第二，管好经费。管好经费是手段，就是要按照《工会法》赋予的职权，由全国总工会确定独立管理经费的财务体制，建立健全各项财务制度，并对各级工会财务工作实施指导和监督。

第三，用好经费。用好经费是目的，就是按照"统筹兼顾、勤俭节约、量力而行、讲求绩效和收支平衡"的原则，在资金上为工会开展的各项工作，尤其是为各时期工会重点工作提供有力保证。

五、基层工会财务管理工作的主要内容

基层工会财务工作包括财务管理和会计核算，二者都是以工会的资金运动为对象，以发挥工会职能作用、维护工会稳定发展、提高工会经费资金使用效益为

目的的经济管理活动。工会财务工作是工会整体工作的重要组成部分。工会财务管理侧重工会财务预测、财务决策，控制和参与工会内外部经济内容和经济关系的宏观调节。工会会计核算侧重记录、反映和监督经济活动的过程及其成果。了解和掌握工会财务管理的内容，抓住工会财务工作的重点和核心，是做好工会财务工作的关键。

基层工会财务管理的内容很多，包括预算管理、经费收入管理、经费支出管理、资产管理、会计管理、财务监督检查、制度建设。

（一）预算管理

工会预算是经一定程序核定的工会经费年度收支计划，是对工会预算的编制、审批、执行、调整及其结果所进行的组织实施和监督控制，是收好、管好、用好工会经费的重要手段。工会预算工作包括以下内容。

一是健全完善工会预算管理制度。工会预算管理制度是规范和加强工会组织预算编制、审批、执行、监督管理的约束性规定。为加强各级工会的预算管理，进一步提高各级工会及事业单位的预算管理水平，2020年12月，全国总工会办公厅印发了《基层工会预算管理办法》，明确了基层工会预算管理原则、预算收支范围、预算编制与审批、预算执行与调整、决算、监督检查等内容。

二是加强预算编制管理。基层工会必须编制年度工会经费收支预算，预算编制应遵循"统筹兼顾、勤俭节约、量力而行、讲求绩效和收支平衡"的原则，全部收支均应纳入预算管理。按照"统一领导、分级管理"的原则，上级工会应加强对下级工会预算的审核、批复与监督，基层工会年度收支预算必须履行法定的审批程序。

三是加强预算执行管理。基层工会必须严格按照上级批准的预算做好预算执行工作，不得随意改变预算内容，不得截留挪用专项预算资金，维护预算的刚性约束，严禁无预算、超预算支出。预算调整（调增或调减）必须按预算审批权限履行审批程序。落实中央八项规定及其实施细则精神，坚持厉行勤俭节约、反对奢侈浪费，严格控制一般性支出和"三公"经费支出。

四是加强预算绩效管理。基层工会编制工会预算时要牢固树立预算绩效意识，预算绩效目标设置要科学、合理、可量化，加强预算执行过程中对预算绩效目标的监控，研究制定工会预算绩效指标体系与评价标准，组织开展预算绩效评价，统筹工会经费资金使用，盘活存量资金，提高工会预算资金使用绩效。

（二）经费收入管理

工会经费为各级工会所属企事业单位开展经济活动提供资金支持。工会经费收入管理工作包括以下内容。

一是加强各项预算收入管理。工会的预算收入包括会费收入、拨缴经费收入、上级补助收入、政府补助收入、行政补助收入、事业收入、投资收益和其他收入。各项收入均应纳入预算管理。各级工会要按照法定收入来源渠道依法组织好各项收入。

二是加强拨缴经费收入管理。各级工会切实履行工会经费收缴的主体责任，不断加大与税务、财政、银行等部门的协调沟通力度，努力扩大税务代收、财政统一划拨工会经费的覆盖面，建立健全"工会经费收入专用收据"管理制度并用好这一制度，任何单位不得违反规定转让、出借、代开、买卖专用票据，不得擅自扩大票据适用范围。

三是建立健全收入管理制度。各级工会应当合理设置岗位，明确相关岗位的职责权限，确保收款、会计核算等不相容岗位相互分离。各项收入应当由财务部门归口管理并进行会计核算，严禁设立账外账。业务部门应当在涉及收入的合同协议签订后及时将合同等有关材料提交财会部门作为账务处理依据，确保各项收入应收尽收，及时入账。财会部门应当定期检查收入金额是否与合同约定相符；对应收未收项目应当查明情况，明确责任主体，落实催收责任。财政票据、发票等各类票据的申领、启用、核销、销毁均应履行规定手续。

（三）经费支出管理

工会经费使用的过程反映了工会工作的各项内容，是检验各级工会工作是否有效的重要载体。工会经费使用的结果是评价工会财务管理绩效的重要标准，也是工会工作接受各类监督的重要内容。工会经费支出管理工作包括以下内容。

一是坚持工会经费使用进一步向基层倾斜。优化工会经费的支出结构，压缩行政支出和一般性开支。健全工会经费对下补助机制，对下级工会的补助实行项目管理，优化经费支出结构，加大经费向乡镇（街道）、开发区（工业园区）工会和基层工会的倾斜力度,将更多的经费直接用于基层和职工群众。

二是建立健全支出管理制度。确定单位经济活动的各项支出标准,明确支出报销流程,按照规定办理支出事项。合理设置岗位,明确相关岗位的职责权限,确保支出申请和内部审批、付款审批和付款执行、业务经办和会计核算等不相容岗位相互分离。按照支出业务的类型,明确内部审批、审核、支付、核算和归档等支出各关键岗位的职责权限。加强支出审批控制,明确支出的内部审批权限、程序、责任和相关控制措施。审批人员应当在授权范围内审批,不得越权审批。财会部门根据支出凭证及时准确登记账簿,与支出业务相关的合同等材料应当提交财会部门作为账务处理的依据。

三是加强对外投资的管理。明确相关岗位的职责权限,确保对外投资的可行性研究与评估、对外投资决策与执行、对外投资处置的审批与执行等不相容岗位相互分离。对外投资应当由单位领导班子集体研究决定。加强对投资项目的追踪管理,及时、全面、准确地记录对外投资的价值变动和投资收益情况。建立责任追究制度。对在对外投资中出现重大决策失误,未履行集体决策程序和不按规定执行对外投资业务的部门及人员,应当追究其相应的责任。

四是加强工会经费用于建设项目的支出管理。各级工会应加强建设项目的可行性研究,健全完善项目决策机制。严格按照国家标准控制建设项目投资概算,加强项目建设过程的投资控制、结算审核。项目竣工后及时办理工程项目验收和项目竣工财务决算的审核,可委托具有相应资质的中介机构审核,并以此为支付工程价款的依据。

(四)资产管理

工会资产是各级工会依法取得的、用于工会业务活动的资源。按照要求,各级工会资产管理要按照全国总工会的统一部署,建立和完善资产管理制度,确保工会资产的安全、完整和保值增值。

(五)会计管理

各级工会发生的业务事项应按照《工会会计制度》的规定进行确认、计量和报告。通过工会会计核算,不仅可以确保财经纪律的严格执行,而且也有利于工会财务信息的公开透明,有利于工会工作的改进和工会决策质量的提升。

（六）财务监督检查

财务监督检查是工会工作的重要组成部分，是贯彻落实工会经费独立管理、民主管理的重要组成部分，是实现收好、管好、用好工会经费的重要手段。因此，工会财务工作应从观念、行动、内容和方法等各个方面积极主动接受工会财务监督审查，确保国家财经纪律和工会财务制度得到严格遵循。

（七）制度建设

各级工会应当根据财务会计业务的需要，建立健全内部财务会计管理制度。其内容主要包括收支预算、决算制度，货币资金管理制度，票据管理制度，财务收支管理制度，专项资金管理制度，债权债务管理制度，账务处理程序制度，内部会计控制制度，经费定额管理制度，财产清查制度，财务会计分析制度，岗位责任制度，会计档案管理制度等。按照《行政事业单位内部控制规范》的要求，建立与实施内部控制，遵循全面性、重要性、制衡性和适应性原则。坚持内部控制应当符合国家有关规定和单位的实际情况的原则，并随着外部环境的变化、单位经济活动的调整和管理要求的提高，不断修订和完善。

六、基层工会财务管理工作的主要职责

一是编制工会预算（含调整预算）、决算并上报上级主管工会审批；二是审批所属独立核算企事业单位的预算、决算，汇总所属企事业单位决算；三是按照预算积极组织各项收入，合理安排各项支出，办理各项核算业务，开展预算执行，保证预算任务的完成；四是指导、监督所属企事业或部门核算各项财务收支工作；五是定期向工会领导和上级工会报告工会预算执行情况，汇总上报决算报表；六是按照全国总工会、省级总工会的规定，及时、足额上缴工会经费。

课后思考

1. 简述工会财务管理体制的确定原则和特点。
2. 工会财务管理的层级是如何划分的？
3. 工会财务管理的内容和职责是什么？
4. 基层工会财务管理的主要任务有哪些？

知识小链接

工会财务工作和企业财务工作有何不同？

主要从会计核算和财务管理两方面来比较。

1. 会计核算

①企业财务工作的依据是《企业会计准则》、会计制度等；工会财务工作的依据是《工会会计制度》《工会法》《中国工会章程》等。②企业财务工作的基础是权责发生制；工会财务工作以收付实现制为基础，以权责发生制为补充。③企业财务的会计要素是资产、负债、所有者权益、收入、费用、利润；工会财务的会计要素是资产、负债、净资产、收入、支出。④企业财务具有多种计量属性；工会财务根据历史成本计量。⑤企业财务报告有资产负债表、利润表、现金流量表、所有者权益变动表共四张财务报表和附注；工会财务报告含资产负债表、收入支出表两张主表和财政拨款收入支出表、国有资产情况表、成本费用表三张附表及附注。

2. 财务管理

①企业财务管理的目标是经济效益最大化；工会财务管理的目标是公共福利最大化，面向工会，服务职工。②企业财务管理的原则是量出为入；工会财务管理的原则是量入为出。③企业预算是弹性的，工会预算相对刚性。

第二章

基层工会预算管理

本章导读

预算管理贯穿于工会预算编制和执行的全部过程，它是工会财务管理的主要组成部分，也是工会财务部门的一项经常性工作。本章首先介绍了工会预算管理的含义、原则和职权，然后对基层工会预算管理的职责、预算收支范围、预算编制与审批、预算执行与调整、预算编制原则及流程，以及工会决算管理作了详细讲解，最后对工会全面预算管理、预算绩效管理进行了概括性介绍。

一、工会预算管理概述

工会预算是工会组织为了实现自身职能作用的发挥，有计划地筹集和分配工会资金的工具。它是根据党和国家有关方针政策和工会的年度工作计划编制的，反映着计划年度内工会工作的活动范围、规模和方向，是工会工作计划的资金反映，也是实现计划的财务保证。工会预算管理是对工会预算的编制、审批、执行、调整过程进行的组织、指挥、监督、控制和协调工作。工会预算管理贯穿于工会预算编制和执行的全部过程，它是工会财务管理的主要组成部分，也是工会财务部门的一项经常性工作。

（一）工会预算管理的含义

工会预算管理是指经一定程序核定的工会经费年度收支计划，是收好、管好、用好工会经费的重要手段，是工会财务管理的重要内容。各级工会和所属预算管理单位，必须按照《工会预算管理办法》，办理工会预算、决算。

根据《工会法》《中华人民共和国预算法》《中华人民共和国预算法实施条例》，全国总工会于1999年重新颁布执行《工会预算管理办法》，2001年对《工会预算管理办法》有关条款进一步说明，作为全国各级工会和所属预算管理单位执行的依据。2009年，又对《工会预算管理办法》进行了全面修订。为了规范各级工会收支行为，强化预算约束，加强对预算的管理和监督，建立全面规范透明、标准科学、约束有力的预算制度，保障工运事业的健康发展和工会职能的有效发挥，2019年制定了新的《工会预算管理办法》。

工会系统实行一级工会一级预算，预算管理实行下管一级的原则。工会预算一般分为五级，即全国总工会、省级工会、市级工会、县级工会和基层工会。省级工会可根据乡镇（街道）工会、开发区（工业园区）工会发展的实际，确定省级以下工会的预算管理级次，并报全国总工会备案。

经全国总工会批准，中华全国铁路总工会、中国民航工会全国委员会、中国金融工会全国委员会依法独立管理经费，根据各自管理体制，确定所属下级工会的预算管理级次，并报全国总工会备案。

每级工会预算包括本级预算和单位预算。本级预算是指各级工会本级次范围内所有收支预算，包括本级所属单位的单位预算和本级工会的转移支付预算。单位预算是指本级工会机关、所属事业单位的预算。转移支付预算是指本级工会对下级工会的补助预算。

(二)工会预算管理的原则及要求

1.工会预算管理实行下管一级的原则

这一原则是指每级工会预算包括本级预算和单位预算。本级预算是指各级工会的预算,包括本级供给经费单位的预算。单位预算是指依靠本级预算供给经费的工会机关及所属独立核算事业单位的预算。通常是市、区两级机关工会有这种区分,一般基层工会没有。

2.工会预算管理的要求

(1)工会的年度预算应根据有关政策法规和上级工会要求,按照工会预算应当遵循统筹兼顾、勤俭节约、量力而行、讲求绩效和收支平衡的原则和本年度工会工作计划的要求编制。预算收入的编制要以上年实际收入为基础,考虑本年度各项增减因素编制。

(2)各级工会的预算收入和预算支出实行收付实现制,特定事项按照相关规定实行权责发生制。预算年度自公历1月1日起至12月31日止。预算收支以人民币单位"元"为计算单位。

(三)工会预算管理的职权

工会预算管理的职权就是各级工会对工会预算的编制、审批、执行、调整过程进行的组织、指挥、监督、控制和协调工作的职责权限。工会预算管理的职权包括本级预算管理的职权和单位预算管理的职权。

1.本级预算管理的职权

(1)编制本级预算、决算草案和预算的调整方案。

(2)审批下一级工会及本级所属事业性单位的预算、决算,汇总本级及所属各级工会的决算。

(3)组织本级预算的执行,按规定程序办理预算调整。

（4）监督、检查下级工会和所属单位的预算执行情况。

（5）协调处理工会与同级政府财政部门或其他有关部门在工会预算管理方面的政策和经济关系。

2. 单位预算管理的职权

（1）编制本单位预算、决算草案。

（2）按照批准的预算，积极组织各项收入，合理安排各项支出，保证预算任务的完成，按照规定办理各项收支业务，及时、足额上交应缴款项。

（3）指导、监督所属报销单位或内部核算单位的各项财务收支工作。

（4）定期向主管工会财务部门报告预算执行情况。

二、基层工会预算管理

为规范基层工会收支行为，加强基层工会预算管理和监督，保障基层工会健康发展和职能有效发挥，不断提高基层工会经费使用效益，根据《工会预算管理办法》的有关规定，全国总工会于2020年12月制定了《基层工会预算管理办法》。《基层工会预算管理办法》第二条明确规定："基层工会是指企业、事业单位、机关和其他社会组织单独或联合建立的基层工会委员会。"第三条规定："基层工会预算是指经一定程序核定的年度收支计划。"

（一）基层工会预算管理的职责

一是负责编制本级工会预（决）算草案和预算调整方案，经本级经费审查委员会审查后，由本级工会委员会审批，报上级工会备案；二是组织本级预算的执行；三是定期向本级工会经费审查委员会报告本级工会预算执行情况；四是批复本级所属预算单位的预（决）算；五是编制本级工会决算，报上级工会。

（二）基层工会收支预算范围

基层工会预算由预算收入和预算支出组成。基层工会的全部收入和支出都应当纳入预算。

预算收入包括会费收入、拨缴经费收入、上级补助收入、行政补助收入、附属单位上缴收入、投资收益、其他收入。

预算支出包括职工活动支出、职工服务支出、维权支出、业务支出、资本性支出、对附属单位的支出、补助下级支出、其他支出。

根据《工会法》的有关规定，基层工会专职工作人员的工资、奖励、补贴由所在单位支付。基层工会办公和开展活动必要的设施和活动场所等物质条件由所在单位提供，所在单位保障不足且基层工会能够承担的，可以工会经费适当补充。

（三）预算编制与审批

基层工会应根据上级工会的要求，结合本单位实际，制定年度工会工作计划。

一是按照上级工会规定的经费开支标准，科学测算完成工作计划的资金需求，统筹落实各项收入，准确编制工会经费年度预算。

二是基层工会应将会费收入、属于基层工会分成的拨缴经费收入、上级工会补助收入、附属单位上缴收入、投资收益和其他收入纳入基层收入预算。

三是基层工会在会费收入、拨缴经费收入、上级工会补助收入、附属单位上缴收入、投资收益和其他收入等当年预算收入不能满足完成全年工作任务资金需求的情况下，应优先动用以前年度结余资金进行弥补。结余资金不足的，可向单位申请行政补助，编列基层工会行政补助收入预算。

四是基层工会不得编制赤字预算。

基层工会年度收支预算经必要程序审查，要充分听取本级经费审查委员会的审查意见，经工会委员会（常委会）审查通过后，报上一级工会审批或备案。上一级工会认为基层工会预算与法律法规、上级工会预算编制要求不符的，有权提出修订意见，基层工会应根据这些意见和要求结合实际情况调整预算。

（四）预算执行与调整

经批准的预算是基层工会预算执行的依据。基层工会不得无预算、超预算列支各项支出。

基层工会应根据经批准的年度支出预算和年度工作任务安排，合理安排支出进度，严格预算资金使用。基层工会各项支出实行工会委员会集体领导下的主席负责制，重大收支需集体研究决定。

基层工会预算一经批准，原则上不得随意调整。确因工作需要调整预算的，需详细说明调整原因、预算资金来源等，经必要程序审查、批准后报上级工会备案。因上级工会增加不需要本工会配套资金的补助而引起的预算收支变化，不需要履行预算调整程序。

基层工会在预算执行过程中，对原实施方案进行调整优化，导致支出内容调整但不改变原预算总额的，不属于预算调整，不需要履行预算调整程序。具备条件的基层工会应全面实施预算绩效管理。

（五）预算编制原则及流程

《基层工会预算管理办法》第四条规定："基层工会应当根据统筹兼顾、勤俭节约、量力而行、讲求绩效和收支平衡的原则，统筹组织各项收入，合理安排各项支出，科学编制年度收支预算。"具体编制流程如下。

1.制定基层工会年度工作计划

工会预算首先基于工会年度工作计划，并以此为依据进行经费配置。工作计划不清晰可行，预算也无从入手。制定年度工作计划要提高站位，找准定位。一是要有大局意识，站在高处，深刻理解党和国家对工运事业的期待和要求，充分考虑上级工会的工作部署；二是要增强责任意识，落在实处，充分了解本单位劳动关系现状及本单位党政对工会工作的要求；三是要有维权服务意识，做在细处，察实情，想实招，为职工群众办实事儿。只有形成"党委领导，行政支持，职工参与，各方配合，合力推进"的工作局面，工会工作计划才能切实落地可行，工会预算工作也会顺利开展。

2.对计划年度经费收入进行估算

各级工会做年度经费估算的重要目的是确定年度可用的经费总额，以此为基础，为年度工作计划中的经费配置提供依据。在具体估算时，各级工会应综合考虑计划年度经费收入的依据、来源、结构及其可实现程度等因素。

3.财务部门根据年度工作计划和经费估算数编制预算草案

在具体编制时应注意以下两个问题。一是预算内容的范围。在一般情况下，凡是由本级工会提供经费的所属企事业单位，其年度预算均应纳入本级预算进行编制。二是不得编制赤字预算。按照"量入为出、收支平衡"的预算编制原则，基层工会的年度预算一般不追求结余最大化。如果有重大支出项目，制度规定年度预算可以适度编制赤字预算，但期末滚存经费结余不得出现赤字。

4.财务部门必须严格履行秩序要求

财务部门要将预算草案提交工会委员会（常委会）讨论通过，并经本级经费审查委员会审查通过后，报上一级工会备案。按照"下管一级"的预算管理原则，上一级工会有权对下级工会的年度预算提出修订的意见和要求，下级工会根据提出的意见和要求调整预算，根据上级工会审批（报备）的预算，具体负责预算的执行。

注意：在工会预算批准前，有些项目是可以提前支出的。《工会预算管理办法》第四十四条分别规定了在预算批准前可以提前使用和必须经集体研究决定后方可提前使用的两种情形：一是上一年结转的项目支出和必要的基本支出可以提前使用。二是送温暖支出、突发事件支出和本级工会已确定年度重点工作支出，必须经集体研究决定后可以提前使用。同时经批准的工会预算在执行过程中可以调整。

此外，关于本年度末未执行或未执行完毕的支出预算下年能否继续使用问题，修订后的《工会预算管理办法》明确了结转结余资金的管理。《工会预算管理办法》新增第三十条和第三十一条分别规定：当年未执行完毕的基本支出预算可在下年继续使用；上一年度未全部执行或未执行、下年需按原用途继续使用的项目资金，作为项目结转资金，纳入下一年度预算管理，用于结转项目的支出。

三、工会决算管理

（一）工会决算的含义

工会决算是工会经费收支预算的执行结果。各级工会应按上级工会的要求编制年度决算。决算未经批准，称为决算草案。基层工会决算是在年度终了，根据上级工会决算编审要求，在日常会计核算的基础上编制的、综合反映本单位预算执行结果和财务状况的总结性文件。编制决算草案，必须符合法律法规，做到收支数额准确，内容完整、报送及时。

（二）工会决算的职责

工会决算分为县以上各级工会决算和基层工会决算。工会决算工作组织管理的目的是通过建立工会决算报告制度，收集汇总各级工会财务收支、资金来源与运用、资产与负债、机构、人员等方面的基本数据，全面、真实地反映各级工会财务状况和预算执行结果，满足上级工会和国家财务会计监管、各项资金管理及宏观经济决策等信息需要。工会决算工作按照"科学、规范、统一、高效"的原则由各级工会财务部门实施统一管理。

（三）工会决算编制

一是应当如实反映年度内全部收支，不得隐匿收入或虚列支出。凡属本年度的各项收入应当及时入账。属于本年度的各项支出，应当按规定的支出渠道如实列支。

二是应当根据登记完整、核对无误的账簿记录和其他有关会计核算资料编制决算，做到数据真实正确、内容完整，账证相符、账实相符、账表相符、表表相符。

三是跨年度的基本建设工程，决算前按年度拨出数编报，最后年度工程竣工后，经具有相应资质的社会中介机构审核确认，按审核确认数扣除以前年度决算数后的余额，编制年度决算。

（四）工会决算审核

一是决算草案的审批程序与预算草案审批程序相同。

二是各级工会应当认真做好工会决算审核和汇总工作，确保报送数据资料真实、完整、准确。

三是工会决算审核的主要内容包括审核编制范围是否完整，是否有漏报和重复编报现象；审核编制方法是否规范，是否符合财务会计制度及部门决算的编制要求；审核编制内容是否真实、完整、准确，决算报表表内、表间勾稽关系是否衔接，报表数据与单位会计账簿数据是否相符，是否有漏报、重报、错报项目及虚报和瞒报等现象，工会决算纸介质数据与电子介质数据、分户数据与汇总数据是否一致；审核决算数据年度间变动是否合理，变动较大事项是否附有相关文件依据；审核填报说明和分析报告是否符合决算编制规定；审核方法主要包括政策性审核、规范性审核等；工会经费决算的审核方式可根据实际情况采用自行审核、集中会审、委托审核等多种形式。

（五）工会决算汇总与报送

一是在年度终了，各级工会应当按照上级工会的工作部署，在规定的时间内编制和报送决算。

二是工会决算应当按照工会财务管理体制和预算管理关系采取自下而上的方式，逐级汇总报送。

三是各级工会应当对所属事业单位上报的决算报表和下级工会决算报表进行汇总，形成本级工会决算汇总报表。

四、工会全面预算管理与预算绩效管理

全面预算管理与预算绩效管理是工会财务管理的新要求，也是工会财务改革的方向。基层工会要严格按照《基层工会预算管理办法》《工会预算支出绩效评价管理暂行办法》的要求，结合新修订的《中华人民共和国预算法》的有关规定，准确把握全面预算管理与预算绩效管理的基本要求，大力推进工会全面预算管理与预算绩效管理。

（一）工会全面预算管理

《基层工会预算管理办法》第七条规定：基层工会预算由预算收入和预算支出组成。基层工会的全部收入和支出都应当纳入预算。

首先，坚持预算收入全覆盖。坚持基层工会的预算收入分类管理。实现会费收入、拨缴经费收入、上级补助收入、行政补助收入、附属单位上缴收入、投资收益和其他收入纳入基层工会预算管理。基层工会动用工会经费结余资金，也要纳入预算管理。

其次，加强支出预算管理。预算支出包括职工活动支出、职工服务支出、维权支出、业务支出、资本性支出、对附属单位的支出、其他支出。加强工会预算

编制的管理，严格执行《基层工会预算管理办法》和《基层工会经费收支管理办法》，凡是工会经费收支必须全部统一纳入预算管理，制定预算必须经同级经审会审查通过。工会预算一经批复，原则上不得调整，确因特殊原因需要调整的，必须依据预算批准程序履行审批手续。严禁无预算、超预算支出。从严从紧控制追加预算，切实维护预算执行的严肃性，保证工会资金安全。项目支出坚持勤俭高效、科学合理的原则，努力提高预算编制的科学性、准确性和完整性。加强预算执行管理，硬化预算执行约束。建立健全覆盖所有工会经费和财政补助资金运行全过程的监督机制。

最后，始终坚持工会经费正确使用方向。基层工会要认真贯彻《工会法》《中国工会章程》，优化工会经费支出结构，严格控制，资金要更多地用于工会重点工作，确保大部分经费用于服务职工。严格控制"三公"经费支出。坚决贯彻落实中央八项规定精神，以及《党政机关厉行节约反对浪费条例》和《党政机关国内公务接待管理规定》，发扬艰苦奋斗、勤俭节约的优良传统和作风，在经费使用上精打细算，严格执行会议、出差、公务接待等相关规定，严格执行集中采购制度，严禁将工会经费用于请客送礼、大吃大喝、旅游健身等，严禁以各种名义年终突击花钱和滥发津贴、补贴、奖金、实物，严禁报销与公务活动无关的费用，严禁将工会账户并入单位行政账户，严禁单位行政将相关资金转入工会账户、作为单位的"小金库"支配使用。

（二）工会预算绩效管理

《基层工会预算管理办法》第二十五条规定：具备条件的基层工会应全面实施预算绩效管理。开展工会预算绩效管理工作对于改进工会预算管理、强化支出责任、优化资源配置、控制节约成本、提高工会服务质量有着重大意义，发挥了重要作用。

1. 工会预算绩效管理的含义

工会预算绩效管理是将绩效管理理念、绩效管理方法融入工会预算管理的全过程，使之与预算编制、预算执行、预算监督一起成为工会预算管理的有机组成部分。工会预算绩效管理是一种以工会经费支出结果为导向的预算管理模式，以绩效目标的实现为导向，以绩效运行监控为保障，以绩效评价为手段，以评价结果应用为关键的综合系统。其目的是逐步建立"预算编制有目标、预算执行有监控、预算完成有评价、评价结果看反馈、反馈结果有应用"的工会预算绩效管理机制。

2.工会预算绩效管理的作用

全国总工会高度重视工会预算绩效管理工作。2019年12月印发了《关于全面实施工会预算绩效管理的实施意见》，经过一段时间的实践，工会预算绩效管理的作用不断彰显。因此，中国工会十八大报告把"实施全面预算绩效管理"作为今后五年的主要工作，这就要求基层工会牢固树立绩效意识，推动预算绩效管理落实、落深、落细。

（1）通过工会预算绩效管理，加强工会经费支出效果分析，及时发现问题，调整和优化工会经费支出结构，加大基层工会经费对职工群众需要的投入，对工会重点工作的投入，最大限度地满足基层工会和职工群众的需要，增强工会组织的政治性、先进性、群众性，贯彻落实中央对于工会工作的重大部署。

（2）通过工会预算绩效管理，对工会经费投入的成本和产生的效果进行科学衡量与效益预测，加强对工会支出行为的约束与激励，有效提高工会经费的使用效果，不断改进完善工会财务管理方法，实现工会财务管理精细化、科学化，促进工会财务管理水平的提高。

（3）通过工会预算绩效管理，各级工会可以及时分析评价工会经费支出、工会经费分配的合理性、合规性和有效性，了解工会经费支出在各重点工作领域和项目中所起的作用，评价工会经费支出产生的效益及对劳动关系和社会经济活动所产生的影响，总结工会经费支出管理的经验和教训，更大限度地为工会经费有效投入提供参考依据，切实提高工会财务决策水平。

（4）通过工会预算绩效管理，关注预算资金的产出和效果，强调预算支出的责任和效率，有助于加强预算支出执行管理，提高预算支出的及时性、均衡性和有效性，对各项预算资金的追踪问效，扭转了当前预算管理中重收入、轻执行，重分配、轻管理，重使用、轻效益的倾向，有助于破解预算编制缺乏科学性、预算支出结构不合理、执行随意性大、管理监督职能弱化等问题。

课后思考

1. 基层工会收支预算范围是什么？
2. 工会预算原则有哪些？
3. 预算编制的流程是怎么样的？
4. 什么是基层工会预算管理的职责？

知识小链接

如果当年预算收入不足以安排当年预算支出怎么办？能编赤字预算吗？

《工会预算管理办法》第三十二条明确规定："各级工会当年预算收入不足以安排当年预算支出的，可以动用以前年度结余资金弥补不足。"各级工会无特殊情况一般不予编列赤字预算。如果当年预算收入不足以安排当年预算支出，可以动用以前年度结余进行弥补，但期末滚存结余不得出现负数。根据年度收支预算，在当年收入不足以覆盖当年支出时动用以前年度结余作为预算收入的一项来源，不应理解为赤字预算。《基层工会预算管理办法》第十七条规定："基层工会在会费收入、拨缴经费收入、上级工会补助收入、附属单位上缴收入、投资收益和其他收入等当年预算收入不能满足完成全年工作任务资金需求的情况下，应优先动用以前年度结余资金进行弥补。结余资金不足的，可向单位申请行政补助，编列基层工会行政补助收入预算。"第十八条规定："基层工会不得编制赤字预算。"

第三章

基层工会经费收支管理

本章导读

　　工会经费收支是基层工会财务管理的核心任务和工作主线。基层工会财务围绕"工会经费"一个核心,坚持"收好、用好"工会经费两条主线,开展"会计核算、财务管理、监督检查"三项工作。本章介绍了基层工会经费收支管理原则,基层工会经费收入的分类及特点,以及基层工会支出的分类、范围及管理要求。

一、基层工会经费收支管理原则

基层工会要加强经费收支管理，规范基层工会经费的收入和使用，需要遵循以下原则。

（一）遵纪守法原则

基层工会要根据《工会法》的有关规定，依法组织各项收入，严格遵守国家法律法规，严格执行全国总工会有关制度规定，严肃财经纪律，严格工会经费使用，加强工会经费收支管理。

（二）经费独立原则

基层工会应依据全国总工会关于工会法人登记管理的有关规定取得工会法人资格，依法享有民事权利、承担民事义务，并根据财政部、中国人民银行的有关规定，设立工会经费银行账户，实行工会经费独立核算。

（三）预算管理原则

基层工会应按照《工会预算管理办法》的要求，将单位各项收支全部纳入预算管理。基层工会经费年度收支预算（含调整预算）需经同级工会委员会和工会经费审查委员会审查同意，并报上级主管工会批准。

（四）服务职工原则

基层工会应坚持工会经费正确的使用方向，优化工会经费支出结构，严格控制一般性支出，将更多的工会经费用于为职工服务和开展工会活动，维护职工的合法权益，增强工会组织服务职工的能力。

（五）勤俭节约原则

基层工会应按照党中央、国务院关于厉行勤俭节约、反对奢侈浪费的有关规定，严格控制工会经费开支范围和开支标准，经费使用要精打细算，少花钱多办事，节约开支，提高工会经费使用效益。

（六）民主管理原则

基层工会应依靠会员管好、用好工会经费。年度工会经费收支情况应定期向会员大会或会员代表大会报告，建立经费收支信息公开制度，主动接受会员监督。同时，接受上级工会监督，依法接受国家审计监督。

二、基层工会经费收入管理

加强工会经费收入管理是工会财务的基础工作。各级工会组织通过加大经费收缴力度，充实工会财力，努力提高工会财务保障能力，是工会财务工作的首要任务。建立健全缴费单位基础信息库，实行动态管理，及时纠正漏缴、少缴、瞒报行为。

（一）收入的概念及特点

基层工会经费收入是指工会根据《工会法》以及有关政策规定开展业务活动所取得的非偿还性资金。工会经费收入具有如下特点。

1. 工会经费收入是依法取得的

《工会法》第四十三条规定，工会经费的来源包括工会会员缴纳的会费；建立工会组织的用人单位按每月全部职工工资总额的2%向工会拨缴的经费；工会所属的企业、事业单位上缴的收入；人民政府的补助；其他收入等。因此，工会收入是依法取得的，且来源于多种渠道。

2. 工会经费收入能够导致工会净资产增加

工会经费收入能够带来含有服务潜力或者经济利益的现金流入，直接导致工会净资产的增加或负债的减少，最终使工会净资产增加。

（二）收入的分类

基层工会经费收入按照来源分为会费收入、拨缴经费收入、上级补助收入、行政补助收入、其他收入。

1. 会费收入

会费收入是指工会会员依照全国总工会规定按本人工资收入的0.5%向所在基层工会缴纳的会费。《中国工会章程》第一条规定："凡在中国境内的企业、事业单位、机关、社会组织中，以工资收入为主要生活来源或者与用人单位建立劳动关系的劳动者，不分民族、种族、性别、职业、宗教信仰、教育程度，承认工会章程，都可以加入工会为会员。"《工会会员会籍管理办法》第七条规定："非全日制等形式灵活就业的职工，可以申请加入所在的单位工会，也可以申请加入所在地的乡镇（街道）、开发区（工业园区）、村（社区）工会和区域（行业）工会联合会等。"第九条规定："劳务派遣工可以在劳务派遣单位加入工会，也可以在用工单位加入工会。"

（1）会费收入的概念。会费收入是指工会会员依照规定向工会组织缴纳的会费。缴纳会费是工会会员应尽的义务。

（2）会费收入的缴纳标准。全国总工会关于会员会费收入的缴纳标准，主要体现在以下几个文件中：《中华全国总工会关于收交工会会费的通知》（工发〔1978〕101号）、《全国总工会财务部关于机关和事业单位工会会员缴纳会费问题的通知》（工财字〔1994〕69号）、《全国总工会财务部关于机关和事业单位工会会员缴纳会费问题的答复》（工财字〔2006〕58号）。

具体内容为：工会会员每月应向工会缴纳月工资收入的0.5%的会费，工资尾数不足10元的部分不作为缴费基数；无固定收入的会员，可按本人上月所得工资计算缴纳会费。凡作为工资发放的，应计算缴纳会费。工资收入的范围是指基本工资。会员所得各种奖金、津贴、稿费收入及按劳动保险条例或其他法令规定所领取的各种补助费、救济费、退休金、退职金等，均不计算缴纳会费。国家机关工会会员"工资收入"具体包括职务工资、级别工资、基础工资、工龄工资等；事业单位的工会会员"工资收入"具体包括职务工资、等级工资；机关和事业单位工作人员的各项津贴、补贴、奖金等收入不是"工资收入"，不计算缴纳会费。企业工会会员的工资收入和奖金、津贴收入如何区分，可按各企业的支付办法掌握处理，凡是企业作为工资发给的，应计算缴纳会费；凡是作为津贴奖金发给的，不计算缴纳会费。基层工会所收的会员会费全部留用于基层，不需上缴。

（3）会费缴纳办法。《中华全国总工会关于收交工会会费的通知》第六条规定："收交的会费，暂时全部留在基层工会掌握使用。"《基层工会经费收支管理办法》第八条规定："基层工会可以用会员会费组织会员观看电影、文艺演出和体育比赛等，开展春游秋游，为会员购买当地公园年票。"可见，工会会费是会员在工会组织内享受权利的物质基础。工会会员定期向所在工会组织缴纳会费，是《工会法》赋予工会会员的法定义务。《中国工会章程》第四条明确指出，按月缴纳会费是工会会员应履行的义务之一；同时，第六条规定："会员没有正当理由连续六个月不缴纳会费、不参加工会组织生活，经教育拒不改正，应当视为自动退会。"考核会员会费是否收齐的主要标准是看该工会组织是否按照会员工资收入的0.5%来收缴会费，衡量的基本标准就是通常所说的会费收缴率高低。因此，各基层工会应当依据《工会法》的有关规定和《中华全国总工会关于收交工会会费的通知》的要求，广泛宣传，扎实做好收缴会费的基础工作，如实编制会员名册，全面统计会员工资收入，准确计算缴费数额，主动及时送交工会财务部门等，确保会员会费能够及时收足、收齐。同时，要以工会会员实名制管理为基础，以为广大会员提供普惠化服务为抓手，加强会员会费管理，让会员会费更加直接地为职工群众服务，团结动员广大会员听党话、跟党走，进一步增强工会组织的吸引力、凝聚力。

各单位根据实际情况，自定缴纳办法。实践中可通过行政发放工资时直接代扣，然后转入工会账户，也可由各个工会小组直接向会员收取会费。

（4）关于会员会费的几个特殊规定。一是无固定收入的会员，可按本人上月所得工资额计算缴纳会费。二是工资尾数不足十元的不计会费。三是会员没有正当理由连续六个月不缴纳会费、不参加工会组织生活，经教育拒不改正，应当视为自动退会。四是会员离休、退休和失业，可保留会籍。保留会籍期间免交会费。五是机关提前离岗休息的会员和企业下岗待岗的会员，如已不属于本单位职工，所得收入已不列入本单位的工资总额组成范围，可以保留会籍，免交会费。若仍属于本单位职工，所得收入仍是本单位工资总额的组成部分，则仍应按照本人实际工资收入计算缴纳会费。

注意：在实践中，部分基层工会鉴于会员会费金额较少还要每月收取，则干脆不收取会费或采取每人每月按一定金额收取的简便处理方式，由此造成工会会员组织观念不强、会员意识淡薄等问题。为此，《基层工会经费收支管理办法》

第五条明确规定，基层工会要按照会员工资收入和规定的比例，按时收取全部会员应交的会费。规范收取会员会费能帮助基层工会进一步加强会员身份确认和会员会籍管理等基础工作。会员身份的明晰确认直接关乎会员的慰问、会员集体活动的开展、优秀工会干部和积极分子的奖励支出，避免出现工会经费超范围开支。一是会员的慰问支出，目前《基层工会经费收支管理办法》中规定的可以从工会经费支出的逢年过节慰问和会员大事件慰问都是针对全体会员的，非会员不能享受工会的慰问；二是会员集体活动支出，用会费开展的会员集体活动支出的范围也是仅限于会员；三是优秀工会干部和积极分子的奖励支出，目前大多数省级工会对优秀工会干部和积极分子的奖励范围都规定为会员总数的一定百分比。

2.拨缴经费收入

（1）拨缴经费收入的概念和特点。拨缴经费收入是指基层单位行政拨缴、下级工会按规定上解及上级工会按规定转拨的工会经费中归属于本级工会的经费及建会筹备金。

拨缴经费收入的特点如下：①强制性。拨缴经费是国家以立法形式维护工会权益的具体体现。2021年新修改的《工会法》第四十三条第（二）项规定：建立工会组织的用人单位按每月全部职工工资总额的百分之二向工会拨缴的经费。第二款规定：企业、事业单位、社会组织拨缴的经费在税前列支。这就明确了工会经费的性质是劳动力再生产费用。《工会法》第四十四条规定，企业、事业单位、社会组织无正当理由拖延或者拒不拨缴工会经费，基层工会或者上级工会可以向当地人民法院申请支付令；拒不执行支付令的，工会可以依法申请人民法院强制执行。这一规定为催缴工会经费提供了法律保障。为了保障这一规定的落实，最高人民法院于2020年修改了两个司法解释。《最高人民法院关于在民事审判工作中适用〈中华人民共和国工会法〉若干问题的解释》(法释〔2020〕17号)对支付令申请主体、条件、案件管辖及效力作出了更具操作性的详细规定。《最高人民法院关于产业工会、基层工会是否具备社团法人资格和工会经费集中户可否冻结划拨问题的批复》(法释〔2020〕21号)第三条规定："工会的经费一经拨交，所有权随之转移。"从《工会法》和最高人民法院的相关规定中可以看出，拨缴经费收入的首要特征体现为强制性。所以，凡是组建工会的单位向工会组织拨缴经费和依法纳税一样，是每个单位应尽的法律责任和义务，必须履行。如果不履行，将承担相应的法律责任。②无偿性。拨缴经费收入的无偿性是指企事业单位和机关的行政方面向工会拨缴的经费是无偿的，是国家用来支持工会履行社会职能的需要，因此是不需要偿还的。③固定性。拨缴经费收入的固定性是指行政方面每月按全部职工工资总额的2%向工会拨缴经费，这是1950年我国第一部《工会法》就规定下来的，具有长期的法律效力。

（2）拨缴经费的计算基数和分成比例。拨缴经费收入是我国各级工会组织最主要的经费来源。根据中华全国总工会财政部《关于新〈工会法〉中有关工会经费问题的具体规定》（工总财字〔1992〕19号）的规定，凡建立工会组织的全民所有制和集体所有制企业、事业单位和机关，应于每月15日以前按照上月份全部职工工资总额的2%，向工会拨缴当月的工会经费。

①拨缴经费的计算基数。工资总额是计算拨缴经费的基数，是企业、事业单位、机关和其他社会组织在一个会计期间（一般是一年）支付给全部职工的全部劳动报酬。按照《全国总工会财务部转发国家统计局有关工资总额规定文件的通知》（工财字〔1990〕29号）和《全国总工会财务部转发国家统计局〈劳动统计指标解释〉中有关"职工"和"职工工资总额及构成"的规定的通知》（工财字〔1995〕11号）等可知："全部职工"主要是按照国家统计局1994年10月编印的《劳动统计指标解释》中"从业人员和职工人数统计"有关"职工"的规定执行；"工资总额"主要是以国家统计局1990年1号令公布的《关于工资总额组成的规定》和国家统计局《〈关于工资总额组成的规定〉若干具体范围的解释》为准执行。同时，还应关注国家统计局在后续年份中发布的《关于印发×××年年报劳动统计新增指标解释及问题解答的通知》中有关"职工"和"工资总额"的一些新增补充规定。

②"全部职工"与"工资总额"的确定方法。职工是指在国有经济、城镇集体经济、联营经济、股份制经济、外商和港澳台投资经济、其他经济单位及其附属机构工作，并由其支付工资的各类人员。基层单位的"全部职工"是指由建立工会组织的单位支付劳动报酬的各类人员（含港澳台及外方人员），原则上应按"谁发工资谁统计"的办法进行统计。因此，不论编制内的还是编制外的人员，不论出勤的还是因故未出勤的人员，不论在国内工作的还是在国外工作的人员，不论正式的人员还是试用期间的人员，不论在本单位工作的还是临时借调到外单

位工作的人员，只要由本单位支付工资均应统计为职工，包括正式职工、合同制职工、临时工和计划外用工等。

"工资总额"是指在一定时期（年、季、月、日）内实际支付给本单位全部职工的劳动报酬总额，包括计时工资、计件工资、奖金、津贴和补贴、加班加点工资、特殊情况下支付的工资。职工工资总额反映了一定时期职工从单位内得到的全部工资。工资总额的计算原则应以直接支付给职工的全部劳动报酬为根据。各单位支付给职工的劳动报酬以及其他根据有关规定支付的工资，不论计入成本的还是不计入成本的，不论以货币形式支付的还是以实物形式支付的，均应列入工资总额的计算范围。

各单位在统计月、季、年的工资总额时，均应按实发数计算，但对逢节日提前预发下月的工资，仍统计在应发月的工资总额中。因补发调整工资导致当月工资总额变动较大时，应在统计表中加注说明。

工资总额不包括的项目有：

A.根据国务院发布的有关规定颁发的创造发明奖、国家星火奖、自然科学奖、科学技术进步奖和支付的合理化建议和技术改进奖以及支付给运动员在重大体育比赛中的重奖；有关劳动保险和职工福利方面的费用，具体有职工死亡丧葬费及抚恤费、医疗卫生费或公费医疗费用、职工生活困难补助费、集体福利事业补贴、工会文教费、集体福利费、探亲路费等。

B.有关离休、退休、退职人员待遇的各项支出。

C.支付给聘用或留用的离休、退休人员的各项补贴。

D.劳动保护的各种支出。具体有工作服、手套等劳保用品，解毒剂、清凉饮料，以及按照1963年7月19日劳动部等七单位规定的范围对接触有毒物质、矽尘作业、放射线作业和潜水、沉箱作业、高温作业等五类工种所享受的由劳动保护费开支的保险食品待遇。

E.稿费、讲课费及其他专门工作报酬。

F.出差伙食补助费、误餐补助、调动工作的旅费和安家费。

G.对自带工具、牲畜来企业工作的职工所支付的工具、牲畜等的补偿费用。

H.实行租赁经营单位的承租人的风险性补偿收入。

I.对购买本企业股票和债券的职工所支付的股息（包括股金分红）和利息。

J.劳动合同制职工解除劳动合同时由企业支付的医疗补助费、生活补助费等。

K.因录用临时工而在工资以外向提供劳动力单位支付的手续费或管理费。

L.支付给工人的加工费和按加工订货办法支付给承包单位的发包费用。

M.支付给参加企业劳动的在校学生的补贴。

N.计划生育独生子女补贴。

③经费的分成比例。一直以来，工会经费在工会组织系统内实行层层上解的办法进行分解并确定本级工会经费。根据工会财务管理体制，工会的五项收入来源中的拨缴经费需要在五级工会组织之间分成，该拨缴经费自下而上逐级上解，从而形成各级工会的经费来源。全国总工会和全国总工会财务部曾多次发文规定和调整工会经费的分成。早在1982年，全国总工会就在《关于工会财务管理体制和经费分成的暂行规定》（工发财字〔1982〕2号）中规定：行政拨缴的工会经费上交全国总工会5%。《全国总工会财务部关于省级以下各级工会经费分成比例有关事项的通知》（工财字〔2009〕19号）中明确规定：省以下各级工会（含基层工会）的经费分成比例，由各省级工会（含铁路、民航、金融产业工会）根据本地区（产业）实际情况自行确定。为进一步加大对乡镇（街道）、开发区（工业园区）工会和基层工会的经费支持力度，全国总工会办公厅在2016年印发了《关于加大对乡镇（街道）、开发区（工业园区）工会和基层工会的经费支持力度的若干规定》，进一步明确了三点：一是全国工会经费全年收入的95%留在地方和基层工会，全国总工会本级集中5%。二是基层工会的经费分成比例不低于60%。现低于60%的，一律调整为60%。三是各省级工会按照省以下各级工会经费分成比例由省级工会确定的原则，明确所辖乡镇（街道）、开发区（工业园区）工会经费的分成比例，报全国总工会备案。

根据全国总工会的相关规定，基层工会经费分成比例不得低于60%，具体比例，由各省级工会明确。各企业、行政事业等单位的基层工会要按照各省级工会确定的具体分成比例，按时足额向上级工会拨缴经费。

（3）拨缴经费的方式。为了改变工会长期依赖行政单位自行拨缴工会经费而造成的收缴率低的问题，2003年以来，全国总工会对工会经费收缴体制进行了持续改革，称为"一改三策"。所以，拨缴经费收入当前的拨缴形式有三种：自主收缴、委托税务机关代收、财政统一划拨。

①自主收缴。各基层工会所在单位的行政方面每月按照上个月本单位职工工

资总额的2%，向本级工会拨缴工会经费。工会收到工会经费后，按照《中华全国总工会、国家税务总局关于进一步加强工会经费税前扣除管理的通知》（总工发〔2005〕9号），应向缴款单位行政开具"工会经费收入专用收据"，企事业单位凭该专用收据在税前列支工会经费。基层工会收到2%全额经费后，按照规定的比例数额向上一级工会上缴经费。上一级工会按规定比例留成经费后，逐级上解，直至全国总工会。

②税务代收。委托税务机关代收是指委托当地税务机关代为收缴行政单位应拨缴的工会经费。2005年全国总工会财务部发布的《关于转发国家税务总局〈关于加强税务机关代收费项目管理的通知〉的通知》（工财字〔2005〕81号），对工会经费委托税务代收工作作了较为明确的规定。目前，大多数建立了工会组织的企业、非财政拨款事业单位、自收自支事业单位以及其他社会组织的工会经费都是采用委托税务机关代收的形式拨缴工会经费。县以上总工会委托税务部门向组建工会的企业、事业、机关等单位收缴工会经费。企业拨缴的工会经费，也可凭合法、有效的工会经费代收凭据依法在税前扣除。在委托税务代收工会经费的方式上，开展委托税务代收的多数省份将工会经费的代收借助财税库银联网系统进行分解核算，各级工会按规定比例进行上解和下拨，具体有两种模式：一是采取由各省级总工会来集中对代收工会经费实行管理的模式；二是由各级地方工会负责各级工会经费的管理模式。根据所在地方委托税务代收的规定，工会经费代收的范围一般包括财政拨款单位之外一般性企事业单位或其他类型的社会组织。

③财政划拨。各级财政部门将应由财政负担的工会经费列入财政预算并拨付当地总工会。有条件的地区在推行财政国库管理制度改革时，可考虑根据当地财政部门的规定，对工会经费实行国库集中支付。也就是说，对于财政预算保障的行政事业单位按照工资总额的2%提取的工会经费，统一纳入本级财政预算，并由财政部门采取国库集中支付方式，统一划拨到所在县级以上工会组织。

（4）关于基层工会组织筹建期间拨缴建会筹备金问题。按照《中华全国总工会办公厅关于规范建会筹备金收缴管理组织的通知》（厅字〔2021〕20号）的规定，上级工会派员帮助和指导尚未组建工会的企业、事业单位、机关和其他组织（以下统称筹建单位）的职工筹建工会组织，自筹建工作开始的次月起，由筹备单位每月按全部职工工资总额的2%向上级工会拨缴建会筹备金。上级工会收到建会筹备金后向筹建单位开具"工会经费收入专用收据"，筹建单位凭专用收据在税前列支。

上级工会对筹备单位拨缴的建会筹备金，除按现行工会经费分成办法解缴经费外，要实行单独核算、专款专用，主要用于基层工会筹建期间所发生的有关费用。

筹建工作结束，并经上级工会批准正式建立组织后，筹建单位自批准次月起，不再向上级工会拨缴建会筹备金，改为每月按全部职工工资总额的2%向本单位工会拨缴工会经费，再由本单位工会按照全国总工会和省级工会有关工会经费分成办法规定的比例留成并向上级工会上缴工会经费。上级工会自批准成立当月起，应将扣除工会组建相关支出后的建会筹备金余额，按照全国总工会和所在省级工会的规定比例及时进行分成、解缴，其中属于新组建工会的留成经费必须在2个月内返还到位。

3. 上级补助收入

上级补助收入是指本级工会收到的上级工会补助的款项，包括一般性转移支付补助和专项转移支付补助。一般性转移支付是指上级工会按有关规定拨付给下级工会的未指定专门用途的补助。专项转移支付是指上级工会拨付的指定专门用途的项目补助，包括帮扶补助、送温暖补助和救灾补助等。帮扶补助是指上级工会拨付的专门用于帮扶困难职工的补助；送温暖补助是指上级工会拨付的专门用于开展向困难职工和家庭送温暖活动的补助；救灾补助是指上级工会拨付的专门用于慰问在自然灾害中生命和经济财产遭受损失、生活遇到困难的职工和家庭的补助。

4. 行政补助收入

行政补助收入是指工会取得的所在单位行政方面按照《工会法》和国家的有关规定给予工会的补助款项，包括工会收到行政拨付的劳动竞赛经费、工会开展活动的费用补助等，不包括行政方面按规定拨缴的工会经费。工会收到这部分经费时，应当出具"工会经费收入专用收据"，根据税务部门有关规定，此部分补助经费应在税后利润中列支。

5. 其他收入

对于基层工会而言，其他收入是除会费收入、拨缴经费收入、上级补助收入、行政补助收入外的各项收入。

对于基层工会而言，其他收入包括资产盘盈、固定资产处置净收入、接受捐赠收入、银行存款利息收入等。

（三）收入的管理要求

收入是各级工会开展业务活动的起点，也是其履行职能的财力保障。因此，各级工会应加强对各项经费收入的管理。

1. 区分收入来源，严格专款专用

各级工会在进行收入核算时，应严格区分收入的来源，按照收入的性质分类核算，其目的在于：一是为会计报告使用者提供有关决策信息；二是为各级工会分析收入结构、编制收入预算及争取经费提供依据。在工会收入中，有些收入如政府补助收入、上级补助收入、行政补助收入等一般都具有专用资金的性质，各级工会应严格经费管理，确保专款专用。

2. 加强内部控制，确保收入核算准确完整

各级工会应当按照制度规定，在报告期内准确、完整地记录和反映工会收入。严格与收入相关的票据管理，做到所有收入的取得必须开具相关的业务单据，为收入的完整核算提供基础。按照不相容职务分离原则，严禁收钱和开票由一个人办理。建立与完善收入复核制度，复核的内容包括收入进度与预算执行进度是否一致；收入的渠道、性质是否明确；与之相关的会计核算是否合规等。

3. 明确收入性质，规范收入日常管理

工会要按照会员工资收入和规定的比例，按时收取全部会员应交的会费。要严格按照国家统计局公布的职工工资总额口径和所在省级工会规定的分成比例，及时足额拨缴工会经费；实行财政划拨或委托税务代收部分工会经费的基层工会，应加强与本单位党政部门的沟通，依法足额落实基层工会按照省级工会确定的留成比例应当留成的经费。要统筹安排行政补助收入,按照预算确定的用途开支,不得将与工会无关的经费以行政补助名义纳入工会账户管理。

三、基层工会经费支出管理

(一)支出的概念与特点

《工会法》对工会经费支出进行了规定:"主要用于为职工服务。"《工会会计制度》对工会经费支出明确规定:"支出是指工会为开展各项工作和活动所发生的各项资金耗费及损失。"支出具有如下特点。

1.合法合规

工会发生的各项支出,必须符合国家各项法律法规及相关制度,避免随意性。《工会法》规定,工会经费主要用于职工服务和工会活动。工会经费的具体使用应当遵循中华全国总工会制定的各项管理办法。

2.减少或增加

工会经费支出可以表现为资产的减少,也可能引起负债的增加,或者两者兼而有之,且最终导致净资产的减少。

(二)支出的分类

基层工会经费支出按照功能分为职工活动支出、职工服务支出、维权支出、业务支出、资本性支出、其他支出。如果还有下级工会,可以有职工活动组织支出、补助下级支出。

1.职工活动支出

职工活动支出指基层工会开展职工教育活动、文体活动、宣传活动、劳模职工疗休养活动、会员活动等发生的支出。

(1)职工教育活动支出。用于基层工会开展的政治、法律、科技、业务等专题培训和职工技能培训所需的教材资料、教学用品、场地租金等方面的支出,用于支付职工教育活动聘请授课人员的酬金，授课人员酬金标准参照国家有关规定执行。用于基层工会开展的职工素质提升补助和职工教育培训优秀学员的奖励。对优秀学员的奖励应以精神鼓励为主、物质激励为辅。

（2）文体活动支出。用于基层工会开展或参加上级工会组织的职工业余文体活动所需器材、服装、用品等购置、租赁与维修方面的支出以及活动场地、交通工具的租金支出等，用于文体活动优胜者的奖励支出，用于文体活动中必要的伙食补助费。文体活动奖励应以精神鼓励为主、物质激励为辅。奖励范围不得超过参与人数的三分之二；不设置奖项，可为参加人员发放少量纪念品。文体活动中开支的伙食补助费，不得超过当地差旅费中的伙食补助标准。

（3）宣传活动支出。用于基层工会开展重点工作、重大主题和重大节日宣传活动所需的材料消耗、场地租金、购买服务等方面的支出，用于培育和践行社会主义核心价值观，弘扬劳模精神、劳动精神、工匠精神等经常性宣传活动方面的支出，用于基层工会开展或参加上级工会举办的知识竞赛、宣讲、演讲比赛、展览等宣传活动支出。

（4）劳模职工疗休养活动支出。用于基层工会组织和开展的劳动模范和先进职工疗休养活动所发生的公杂费等补助。按各省级工会相关规定执行。

（5）会员活动支出。主要用于基层工会逢年过节和会员生日、婚丧嫁娶、退休离岗的慰问支出以及基层工会用会员会费组织会员观看电影、文艺演出和体育比赛等，开展春游秋游，为会员购买当地公园年票等支出。基层工会逢年过节可以向全体会员发放节日慰问品。逢年过节的年节是指国家规定的法定节日（即新年、春节、清明节、劳动节、端午节、中秋节和国庆节）和经自治区以上人民政府批准设立的少数民族节日。节日慰问品原则上为符合中国传统节日习惯的用品和职工群众必需的生活用品等，基层工会可结合实际采取便捷灵活的发放方式。工会会员生日慰问可以发放生日蛋糕等实物慰问品，也可以发放指定蛋糕店的蛋糕券。工会会员结婚生育时，可以给予一定金额的慰问品。工会会员生病住院、工会会员或其直系亲属去世时，可以给予一定金额的慰问金。工会会员退休离岗，可以发放一定金额的纪念品。基层工会可以用会员会费组织会员观看电影、文艺演出和体育比赛等，开展春游秋游，为会员购买当地公园年票。会费不足部分可以用工会经费弥补，弥补部分不超过基层工会当年会费收入的三倍。基层工会组织会员春游秋游应当日往返，不得到有关部门明令禁止的风景名胜区开展春游秋游活动。

（6）其他活动支出。用于工会开展的其他活动的各项支出，如满足工会日常运转所需的办公费、差旅费等。

2.职工活动组织支出

职工活动组织支出指县级以上工会组织开展职工教育活动、文体活动、宣传活动和劳模职工疗休养活动等发生的支出。县级以下具有下级工会的基层工会可参照此科目支出。

职工活动组织支出包括职工教育支出、文体活动支出、宣传活动支出、劳模职工疗休养支出和其他活动支出等。

3.职工服务支出

职工服务支出指工会开展职工劳动和技能竞赛活动、职工创新活动、建家活动、职工书屋、职工互助保障、心理咨询等工作发生的支出，包括劳动和技能竞赛活动支出、建家活动支出、职工创新活动支出、职工书屋活动支出和其他服务支出等。

4.维权支出

维权支出指基层工会用于维护职工权益的支出，包括劳动关系协调费、劳动保护费、法律援助费、困难职工帮扶费、送温暖费和其他维权支出。

（1）劳动关系协调费。用于基层工会推进创建劳动关系和谐企业活动、加强劳动争议调解和队伍建设、开展劳动合同咨询活动、集体合同示范文本印制与推广等方面的支出。

（2）劳动保护费。用于基层工会开展群众性安全生产和职业病防治活动、加强群监员队伍建设、开展职工心理健康维护等以促进安全健康生产、保护职工生命安全为宗旨的职工劳动保护活动发生的支出等。

（3）法律援助费。用于基层工会向职工群众开展法治宣传、提供法律咨询、法律服务等发生的支出。

（4）困难职工帮扶费。用于基层工会对困难职工提供资金和物质帮助等发生的支出。工会会员本人及家庭因大病、意外事故、子女就学等原因致困时,基层工会可给予一定金额的慰问。

(5)送温暖费。用于基层工会开展春送岗位、夏送清凉、金秋助学和冬送温暖等活动发生的支出。

(6)其他维权支出。用于基层工会补助职工和会员参加互助互济保障活动等方面的维权支出。

5. 业务支出

业务支出指工会培训工会干部、加强自身建设及开展业务工作发生的各项支出,包括培训费、会议费、专项业务费和其他业务支出等。

(1)培训费。用于基层工会开展工会干部和积极分子培训发生的支出。开支范围和标准以有关部门制定的培训费管理办法为准。

(2)会议费。用于基层工会会员大会或会员代表大会、委员会、常委会、经费审查委员会以及其他专业工作会议的各项支出。开支范围和标准以有关部门制定的会议费管理办法为准。

(3)专项业务费。用于基层工会开展基层工会组织建设、建家活动、劳模和工匠人才创新工作室、职工创新工作室等创建活动发生的支出,用于基层工会开办的图书馆、阅览室和职工书屋等职工文体活动阵地所发生的支出,用于基层工会开展专题调研所发生的支出,用于基层工会开展女职工工作性支出,用于基层工会开展外事活动方面的支出,用于基层工会组织开展合理化建议、技术革新、发明创造、岗位练兵、技术比武、技术培训等劳动和技能竞赛活动支出及其奖励支出。

(4)其他业务支出。用于基层工会发放兼职工会干部和专职社会化工会工作者补贴,用于经上级批准评选表彰的优秀工会干部和积极分子的奖励支出,用于基层工会必要的办公费、差旅费,用于基层工会支付代理记账、中介机构审计等购买服务方面的支出。基层工会兼职工会干部和专职社会化工会工作者发放补贴的管理办法由省级工会制定。

6. 资本性支出

资本性支出指工会从事建设工程、设备工具购置、大型修缮和信息网络构建而发生的实际支出。资本性支出具体分为房屋建筑物构建、办公设备购置、专用设备购置、交通工具购置、大型修缮、信息网络购建和其他资本性支出等。

7.补助下级支出

补助下级支出指县级以上工会为解决下级工会经费不足或根据有关规定给予下级工会的各类补助款项，主要包括一般性转移支付补助和专项转移支付补助。

县级以下具有下级工会的基层工会可参照此科目支出。

8.其他支出

其他支出指基层工会除职工活动支出、职工活动组织支出、职工服务支出、维权支出、业务支出、资本性支出、补助下级工会支出以外的各项支出，如资产盘亏、资产处置净损失、捐赠、汇兑损益等。

四、基层工会经费支出的管理要求

支出是各级工会开展业务活动的主要内容，也是评价和考核各级工会职能履行具体情况的重要依据。各级工会应加强对各项经费支出的管理。

（一）坚持经费独立，做好预算控制

各级工会要独立建立银行账户，实行单独核算。根据审定的预算，开支实行工会委员会集体领导下的主席负责制，重大开支由工会委员会集体研究决定。各级工会必须严格按照支出预算的安排，确保一切开支均应在经批准的预算内执行。为使工会做好职工权益维护和帮扶等服务工作，党和政府以及社会各界都给予工会大力的资金扶持，各级工会应合理统筹各项资源，区分不同的资金来源，严格专款专用，最大限度地提高资金使用的经济和社会效益。

（二）坚持服务职工，做好支出内部控制

各级工会必须严格按照"服务职工、面向工会"的原则安排相关业务活动，工会经费不得用于非工会活动的开支、不得支付社会摊派或变相摊派的费用、

不得为单位和个人提供资金拆借、担保和抵押。建立和完善与支出业务相关的授权标准、支付程序、支出审核以及资金办理的相关业务，科学分析和识别支出控制的关键点，做好支出控制。例如，所申请的资金年初是否有预算，负责审批的人是否有权限，财务部门在资金支付前是否对审批权限、额度、支付内容等进行审核，是否建立与完善支出复核制度，是否严格执行不相容职务分离原则，严禁由一人全程办理与支出相关的所有业务环节。

（三）坚持民主管理，做到勤俭节约

各级工会应当定期公布账目，接受会员监督和经费审查委员会审查。在经费使用过程中，要自觉坚持勤俭节约原则，少花钱，多办事。用工会经费结余进行各项投资时，必须认真进行可行性分析论证，经本级经费审查委员会审查，工会委员会（常委会）讨论通过后，方可列入预算。严格遵守国家财经政策、规定和开支范围、标准，遵守财经纪律，认真执行《工会会计制度》和财务管理各项规定。

注意：工会主席"一支笔"审批制度是指什么？单位行政负责人能否对工会经费使用进行审批？工会主席"一支笔"审批，是指由工会主席本人或其指定的某一位工会干部对工会所有的支出凭证进行审核签字，工会财务人员必须凭经过其审批的支出凭证才能予以报销，并登记入账核算。单位行政负责人不可以对工会经费使用进行审批。工会经费实行独立管理，工会主席是工会组织的法定代表人，也是工会财务管理的第一责任人，将工会经费的审批权交由单位行政负责人行使既不符合法律的规定，也不符合工会的实际。工会各项收支实行的是工会委员会集体领导下的主席负责制，重大收支必须集体研究决定。

五、应由行政承担的费用开支

（一）关于工会房屋、设备费用方面

《工会法》第四十六条规定："各级人民政府和用人单位应当为工会办公和开展活动，提供必要的设施和活动场所等物质条件。"

国家计划委员会、国家建设委员会、中华人民共和国财政部、国家物资总局、全国总工会发布的《关于妥善解决各级工会房屋、设备问题的通知》

(〔79〕财事字第426号、工发总字〔1979〕162号)规定:"产业公司工会和基层工会及其所属职工集体文化、福利事业所需房屋设备及其维修和水电取暖等费用,均由同级行政解决。"

(二)关于工会专职人员费用方面

《工会法》第四十二条规定:"用人单位工会委员会的专职工作人员的工资、奖励、补贴,由所在单位支付。社会保险和其他福利待遇等,享受本单位职工同等待遇。"

全国总工会、财政部发布的《关于〈工会法〉中有关工会经费问题的具体规定》(工总财字〔1992〕9号)规定:"工会脱产专职人员工资等列支问题。全民所有制和集体所有制企业、事业单位和机关支付工会委员会脱产专职人员的工资、奖励、补贴、劳动保险和其他福利待遇,与所在单位行政管理人员有关经费的列支渠道相同。"

财政部发布的《关于企业基层工会工作人员退休费和退职生活费开支问题的复函》(〔82〕财企字第98号)要求:"关于企业基层工会工作人员的离、退休费及退职生活费开支问题,应与企业职工一样,由企业行政方面负责支付,在营业外列支。"

(三)关于工会开展活动有关费用方面

全国总工会办公厅发布的《关于解决劳动保护工作经费问题的通知》(工厅生字〔1986〕21号)指出,基层工会为搞好劳动保护工作所需费用,应在本单位的行政劳动保护经费中支付,不能在工会经费中开支。

国家劳动总局发布的《关于企业劳动保护宣传教育经费开支问题的函》(〔80〕劳护字18号)要求,凡企业开展劳动保护宣传教育(包括装备劳动保护教育室)所需经费,应按《安全技术措施计划的项目总名称表》第四项规定,在企业劳动保护措施经费中开支。第四项的规定为:购置或编印安全技术劳动保护的参考书、刊物、宣传画、标语、幻灯及电影片等;举行安全技术劳动保护展览会、设立陈列室、教育室等;安全操作方法的教育训练及座谈会、报告会等;建立与贯彻有关安全生产规程制度的措施。安全技术劳动保护的研究与试验工作,及其所需的工具、仪器等。

根据全国总工会财务部制定的《关于职工代表大会的费用由谁担负的通知》（工财字〔1981〕29号），职工代表大会的工作是整个企业的工作，其开支费用应由企业负担。

（四）关于职工教育、疗休养活动费用方面

根据财政部、全国总工会发布的《关于组织少数劳动模范、先进工作者短期休养活动经费开支问题的通知》（工发财字〔1982〕100号），组织劳模、先进生产（工作）者休养活动的往返路费、伙食补助费和床位费由劳模、先进生产（工作）者所在单位的企业基金或利润留成中列支；活动费、公杂费由组织活动的工会负担。

财政部发布的《关于企业职工疗养费用开支的复函》（〔82〕财企字100号）规定，职工经批准到疗养所疗养的往返路费，属于因工负伤的，全部由企业报销；属于疾病或非因工负伤的，五十公里以内的，由职工本人自理，五十公里以外的，原则上由企业补助二分之一。职工在疗养所疗养期间的伙食费，可由企业适当给予补助，最多不得超过伙食费的二分之一，如因身体衰弱或经济确实困难负担不起伙食费的，可酌量提高其补助费，但不得超过伙食费的三分之二。要注意工会经费与职工教育经费、劳动保护费之间的区别。依据财政部《关于企业加强职工福利费财务管理的通知》（财企〔2009〕242号）的要求，职工福利费是指职工工资、奖金、津贴、纳入工资总额管理的补贴、职工教育经费、社会保险费和补充养老保险费（年金）、补充医疗保险费及住房公积金以外的福利待遇支出。职工福利费主要包括为职工卫生保健、生活等发放或支付的各项现金补贴和非货币性福利，企业尚未分离的内设集体福利部门所发生的设备、设施和人员费用，职工困难补助，离退休人员统筹外费用等。

职工教育经费应严格执行财政部、全国总工会、国家发展改革委、教育部、科技部、国防科工委、原人事部、原劳动保障部、国资委、国家税务总局、全国工商联联合发布的《关于职工教育经费提取与使用管理的意见》（财建〔2006〕317号）的要求，依据《国务院关于大力推进职业教育改革与发展的决定》（国发〔2002〕16号）中关于"一般企业按照职工工资总额的1.5%足额提取教育培训费，从业人员技术要求高、培训任务重、经济效益较好的企业，可按2.5%提取，

列入成本开支"的规定，足额提取职工教育经费。行政事业单位职工教育经费，按照财政年度部门预算定额标准执行。

劳动保护费是指单位用于劳动保护所支出的费用。各单位应按照《中华人民共和国安全生产法》《中华人民共和国职业病防治法》和国家安监总局《用人单位劳动防护用品管理规范》的要求，提供有效的劳动保护条件、设施，并为劳动者提供个人使用的劳动防护用品。

根据《工会法》和全国总工会、财政部及国家的有关规定，下列费用应由行政列支：

（1）各级工会的办公用房，职工文娱、体育、教育活动的场地设施、设备及维修，水、电及取暖等费用。

（2）基层工会专职人员的工资、奖金、医疗、补贴、社会保险、劳动保护费用及其他福利待遇。

（3）工会专职人员的离退休待遇。

（4）基层兼职工会干部短期学习的工资和差旅费。

（5）工会组织的劳动竞赛、技术交流、技术革新活动所需的奖励费用。

（6）企业车间、科室、班组订阅的报刊费。

（7）企业行政主办，工会管理的广播站的人员、设备的费用。

（8）重大节日宣传活动所需费用。

（9）行政方面委托工会举办的劳模、积极分子及先进生产（工作）者会议费和奖励费用。

（10）基层工会劳动保护宣传方面的费用。

（11）企事业单位职工代表大会所需的各种费用。

（12）由工会管理的企业职工困难补助费。

（13）工会组织劳模、先进工作者疗休养的费用及组织职工疗休养的费用等。

六、监督检查

全国总工会负责对全国工会系统工会经费的收入、支出和使用管理情况进行监督检查。按照"统一领导、分级管理"的管理体制，省以下各级工会应加强对本级和下一级工会经费收支与使用管理情况的监督检查，下一级工会应定期向本级工会委员会和上一级工会报告财务监督检查情况。

基层工会应加强对本单位工会经费使用情况的内部会计监督和工会预算执行情况的审查审计监督，依法接受并主动配合国家审计监督。内部会计监督主要对原始凭证的真实性、合法性，会计账簿与财务报告的准确性、及时性，财产物资的安全性、完整性进行监督，以维护财经纪律的严肃性。审查审计监督主要对单位财务收支情况和预算执行情况进行审查监督。

根据《基层工会经费收支管理办法》（总工办发〔2017〕32号）的规定，基层工会应严格执行以下规定：不准使用工会经费请客送礼；不准违反工会经费使用规定，滥发奖金、津贴、补贴；不准使用工会经费从事高消费性娱乐和健身活动；不准单位行政利用工会账户，违规设立"小金库"；不准将工会账户并入单位行政账户，使工会经费开支失去控制；不准截留、挪用工会经费；不准用工会经费参与非法集资活动或为非法集资活动提供经济担保；不准用工会经费报销与工会活动无关的费用。

各级工会在监督检查中发现违反《基层工会经费收支管理办法》的问题，要及时纠正。违规问题情节较轻的，要限期整改；涉及违纪的，由纪检监察部门依照有关规定，追究直接责任人和相关领导责任；构成犯罪的，依法移交司法机关处理。

课后思考

1. 简述基层工会经费收支管理原则。
2. 基层工会经费收入范围有哪些？
3. 基层工会经费支出有哪些项目？
4. 如何确定职工工资总额的范围？

知识小链接

企业可否根据效益情况，自行增加或减少拨缴工会经费？

因拨缴经费收入一方面具有强制性，另一方面是基层工会主要的工会经费来源，《基层工会经费收支管理办法》第五条强调基层工会要加强对拨缴经费收入的管理，即"要严格按照国家统计局公布的职工工资总额口径和所在省级工会规定的分成比例，及时足额拨缴工会经费"。《工会法》规定，按照全部职工工资总额的2%向工会拨缴经费是每个成立工会组织的企业应尽的法律责任和义务，而不论企业的效益好坏。所以，效益好的企业不可以多拨缴工会经费；效益不好的企业，只要形成工资总额就应当拨缴工会经费，而不能少拨缴或不拨缴工会经费。任何单位和个人都不得随意减、免、缓缴工会经费。对有特殊困难的缴费单位，在工会经费收缴上，可采取收支两条线的做法，即特困企业在按照规定上缴工会经费后，可向所在地县级以上总工会提出申请，由地方总工会依照有关法律和政策规定，根据企业困难情况，在本级留成经费中，适当加大对其返还补助力度。

第四章

基层工会资产管理

本章导读

工会资产是工会组织开展一切工作的前提和条件，是发展工运事业的物质基础。工会资产包括固定资产、流动资产、无形资产等。保护好、管好工会资产才能更好地服务职工群众。只有建立健全系统完备、科学规范、运行有效、监督有力的工会资产管理体系，才能确保工会资产安全完整、不流失，充分发挥工会资产服务基层、服务职工的重要作用。

一、工会资产的概念及特点

（一）工会资产的概念

工会资产是工会过去的经济业务或者事项形成的，由工会控制的，预期能够产生服务潜力或者带来经济利益流入的经济资源。服务潜力是指工会利用资产提供公共产品和服务以履行工会职能的潜在能力。经济利益流入表现为现金及现金等价物的流入，或者现金及现金等价物流出的减少。

工会资产是指在法律上由工会拥有所有权的各类资产。具体来讲，它是指工会以各种形式投资及其收益、拨款和接受馈赠所形成的财产或财产权利，同时也包括依照有关法律法规认定的属于工会的各种类型的财产或财产权利。工会资产是工会赖以生存和发展的物质基础。工会资产主要有五个方面的来源：一是政府拨付工会的房产、地产和其他固定资产；二是政府对工会的各种专项拨款形成的工会资产；三是社会各界的捐赠形成的工会资产；四是工会会员会费和工会经费形成的工会资产；五是依照有关法律法规认定的应属于工会的资产。

（二）工会资产的特点

工会资产是开展职工活动，发展工运事业，保障工会建设和兴办工会事业的物质基础。无论党和政府拨付给工会或拨款形成的工会资产，还是由工会经费投入形成的工会资产，都体现了党和政府对工会工作的支持。工会资产与国有资产、集体资产和私有资产，有着明显的不同，它具有以下特点：

首先，工会资产的所有者是工会。工会依法占有、使用和管理的工会资产，为工会提供服务潜力或者带来经济利益，其主要目的是更好地行使权利和履行义务。

其次，工会资产具有一定的自主性。工会依据《工会法》《中国工会章程》的规定，对工会资产行使监督管理的权利。工会资产管理和使用办法由全国总工会制定。各级工会定期向会员代表大会和上级工会报告资产管理情况，并接受上级和同级工会经费审查委员会审查监督。

（三）工会资产的作用

工会资产是工会组织开展一切工作的前提和条件，其作用主要体现在以下三个方面：

首先，工会资产是工会开展工作的重要保障。工会组织开展工作，要有固定的办公场所、相应的办公设备等。大量优质的工会资产，为各级工会工作的正常开展，为工会组织全面履行各项社会职能，提供了有效物质保障。

其次，工会资产是工会为职工服务的重要阵地。工会资产除工会办公场所等资产外，更多地物化为职工之家服务阵地所形成的资产。职工之家形成的资产直接为职工群众服务，是工会发挥党联系职工群众桥梁纽带作用的重要载体。

最后，工会资产是工会壮大自身实力的重要标志。工会资产的发展壮大，是工会发展壮大的重要体现，在为工会和职工提供服务保障的同时，也为社会分担了压力。

二、工会资产的分类

基层工会资产主要包括流动资产、固定资产、无形资产等。

（一）流动资产

流动资产是指工会拥有的可在一年内或长于一年的一个营业周期内变现或运用的资产，一般包括现金、银行存款、暂付款与库存物品等。

1.现金

现金是由出纳人员保留，用于支付日常使用的库存现金，根据《现金管理条例》的规定以及基层工会的实际，允许使用的现金范围包括：用于个人的支出，如会员特殊困难补助、职工送温暖款、支付给个人的劳务报酬、劳动竞赛的资金等；出差人员必须携带的差旅费；结算点以下的零星开支。

2.银行存款

银行存款是指工会存入银行或者其他金融机构的各种货币资金存款。工会除了现金结算方式外，都必须通过银行办理转账结算。

3. 暂付款

暂付款是指基层工会在各项活动中与其他单位或个人发生的临时性债权，如工会干部组织活动或出差预支的款项。基层工会对暂付款必须严格控制，及时结清。

4. 库存物品

库存物品是指工会取得的将在日常活动中耗用的材料、物品及达不到固定资产标准的工具、器具等。

（二）固定资产

固定资产是指工会使用年限超过一年（不含一年），单位价值在规定标准以上，并在使用过程中基本保持原有物质形态的资产。工会固定资产的核算起点执行国家规定行政单位标准。各级工会及其所属事业单位的财产，凡一般设备单位价值在1000元以上、专用设备单位价值在1500元以上，使用期限在1年以上，并在使用过程中基本保持原有实物形态的资产属固定资产。单位价值虽未达到规定标准，但耐用时间在1年以上的大批同类资产，如桌椅、被服、图书等也被视同固定资产来核算。工会的固定资产分为六类：房屋及建筑物；专用设备；一般设备；文物及陈列品；图书；其他。

（三）无形资产

无形资产是指工会控制的、没有实物形态的、可辨认非货币性资产，包括专利权、商标权、著作权、土地使用权、非专利技术等。工会购入的不构成相关硬件不可缺少组成部分的应用软件，应当确认为无形资产。资产满足下列条件之一的，符合无形资产定义中的可辨认性标准：①能够从工会会计主体中分离或划分出来，并能单独或者与相关合同、资产或负债一起，用于出售、转移、授予许可、租赁或者交换；②源自合同性权利或其他法定权利，无论这些权利是否可以从工会会计主体或其他权利和义务中转移或者分离。

三、工会资产管理

工会资产管理是工会对所拥有的财产物资进行管理的总称。工会资产是开展职工活动，进行工会自身建设和发展工会事业不可缺少的物质基础。管好工会资产是做好工会财务工作的重要标志，有利于保护工会资产的安全完整，充分发挥资产效用，助力工会事业顺利向前发展。

工会资产管理的目标是维护工会资产的合法权益、保护资产安全、提高资产利用效率、更好地为履行工会的社会职能服务。

工会资产管理实行"统一领导、分级管理、分工负责、责任到人、物尽其用"的原则。具体要求如下：一是工会组织的货币资金必须独立管理、独立建账；所购置的资产凡属于工会固定资产规定范围的，应纳入工会固定资产管理，其采购、入账、检验、借用、变卖、报损等资产的处置，都要建立相应的管理制度和严格的手续。依法被撤销的工会组织的资产由上一级工会接收和处置，任何组织和个人不得侵占和挪用。二是在发生企业破产或单位解散时，工会资产不得随意变卖，不得用于企业债务清偿。三是各级工会应按照工会资产管理的规定，制定相应的岗位责任及相应的管理制度，建立严格的手续，定期清点和盘查工会的货币资金、固定资产及相对耐用的低值易耗品，做到严格管理、手续齐全，保证工会资产的安全性和完整性，使工会资产发挥应有的作用，实现社会效益。

（一）流动资产管理

基层工会流动资产主要包括库存现金、银行存款、暂付款和库存物品。

1.库存现金管理

现金是货币资产中流动性最强的资产，也是工会日常经济业务活动中重要的管理内容之一。在工会的现金管理中，需要严格遵循《现金管理暂行条例》及其他有关规定，加强现金管理控制，确保现金安全、完整，具体要求如下：

（1）严格现金使用范围。根据《现金管理暂行条例》第五条规定，工会可以在下列范围内使用现金：①职工工资、津贴；②个人劳务报酬，包括稿费和讲课费及其他专门工作报酬；③根据国家规定颁发给个人的科学技术、文化艺术、体育等各种奖金；④各种劳保、福利费用以及国家规定的对个人的其他支出；⑤向个人收购农副产品和其他物资的价款；⑥出差人员必须随身携带的差旅费；⑦结算起点以下的零星支出；⑧中国人民银行确定需要支付现金的其他支出。前款结算起点定为1000元。结算起点的调整，由中国人民银行确定，报国务院备案。因采购地点不固定、交通不便、生产或者市场急需、抢险救灾以及其他特殊情况必须使用现金的，开户单位应当向开户银行提出申请，由本单位财会部门负责人签字盖章，经开户银行审核后，予以支付现金。

（2）遵循库存现金使用限额。库存现金使用限额是指为了保证工会日常零星开支，由开户银行核定的，允许工会保留的库存现金的最高限额。根据《现金管理暂行条例》规定，开户银行应当根据实际需要，核定开户单位3~5天的日常零星开支所需的库存现金限额。边远地区和交通不便地区的开户单位的库存现金限额，可以多于5天，但不得超过15天的日常零星开支。经核定的库存现金限额，开户单位必须严格遵守。需要增加或者减少库存现金限额的，应当向开户银行提出申请，由开户银行核定。开户单位现金收入应当于当日送存开户银行。当日送存确有困难的，由开户银行确定送存时间。

（3）不允许坐支现金。所谓"坐支"，就是指从工会的现金收入中直接支付现金的做法。工会需要支付现金时，应当从库存现金限额中支付或者从开户银行提取，不得从工会的现金收入中直接支付。因特殊情况需要坐支现金的，应当事先报经开户银行审查批准，由开户银行核定坐支范围和限额。坐支单位应当定期向开户银行报送坐支金额和使用情况。工会从开户银行提取现金，应当写明用途，由工会财会部门负责人签字盖章，经开户银行审核后，予以支付现金。工会应当建立健全现金账目，按照业务发生顺序逐日逐笔登记现金支付。库存现金应当做到日清月结，账款相符。

（4）完善现金内部控制。各级工会在严格遵循上述国家现金管理制度的同时，应注意不断完善现金内部控制。①不相容岗位相互分离、制约和监督。经办货币资金业务的人员应当具有良好的职业操守和与业务相适应的专业能力，并根据具体情况采取轮岗措施。严格落实不相容职务分离等控制措施。做好现金业务关键环节的风险控制，如出纳、会计岗位分设，定期或不定期组织现金清查盘点，不得私设"小金库"等。出纳人员到银行取送现金，必须2人以上同往，不得由一个人办理货币资金业务的全过程，不得有无关人员搭车，往返途中不得办理无关事项。②现金必须存放于保险柜内，下班后应将保险柜做技术处理，钥匙要随身携带；当日收取的现金当日必须送存银行，不得出现坐支现金。③不得将库存现金以个人名义存入银行；不得以白条抵顶库存现金；不准用本单位银行账号代其他单位或个人套取现金；严禁挪用公款，个人未经批准不得借支公款。④严格按照规定办理银行资金结算,遵守银行结算纪律。出纳人员每日终了必须对库存现金进行盘点,做到日清月结、账实相符;对库存现金进行不定期的盘点、核对。⑤建立和完善货币资金业务的授权和审批制度,明确审批人对货币资金业务的授权、批准方式、权限、程序、责任和相关控制措施,规定经办人的职责范围和工作要求。⑥建立和完善与货币资金相关的票据管理,明确各种票据的购买、保管、领用、背书转让、注销等环节的职责和权限,并通过备查簿等方式,防止空白票据的遗失和盗用。⑦建立和完善银行预留印鉴的管理。财务专用章应由专人保管,个人名章必须由本人或其授权的人员保管,严禁一人保管支付款项所需的全部印鉴。按规定需要有关负责人签字或盖章的经济业务,必须严格履行签字或盖章手续。⑧建立和完善与货币资金业务相关规定的执行情况的监督制度,尤其是要对岗位设置是否科学、授权程序是否规范、票据和印鉴的管理是否符合规定等事项重点监管。

工会财务实务工作中,货币资金支付应作为内部控制的重点,可按下列流程进行。

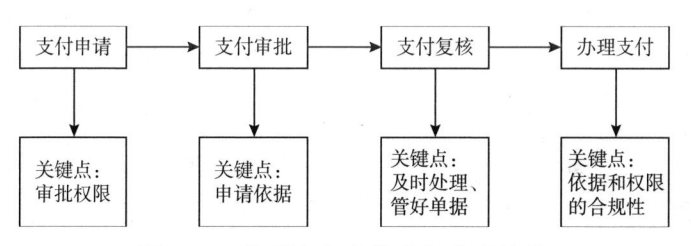

图4-1 货币资金支付业务办理流程

2.银行存款管理

银行存款是工会在开户银行存有的货币资金。工会除了现金结算方式,必须通过银行办理转账结算。工会应当根据《人民银行结算账户管理办法》的规定开立银行结算账户,按照《支付结算办法》《票据管理实施办法》等国家有关支付结算办法的规定办理银行存款收支业务。

根据《银行账户管理办法实施细则》的规定,存款账户分为基本存款账户、一般存款账户、临时存款账户和专用存款账户。每家工会只能在银行开立一个基本存款账户。基本存款账户是办理日常转账结算和现金收付的账户。基层工会开立银行基本账户时,需到同级财政部门申请办理"开立账户批复书",并持"工会法人资格证书"以及工会法人法定代表人身份证原件及复印件等到开户银行办理基本存款账户,用于办理工会银行存款的各项收支业务。

各级工会应按开户银行、存款种类分别设置"银行存款日记账",由出纳人员根据收付款凭证,按照业务的发生顺序逐笔登记,每日终了应结出余额。"银行存款日记账"应定期与银行对账,至少每月核对一次,如有差额,应编制"银行存款余额调节表",调节相符。

支票的取得和签发必须按票据管理办法执行,不许签发空白支票、远期支票、空头支票和其他不符合规定的票据。不准将银行账户出租、出借或利用银行账户套取现金,严肃银行结算纪律。对账人员要及时提取银行对账单,按期将银行存款日记账与开户银行对账单逐笔进行核对。对账人员要根据对账结果及时编制银行余额调节表,并将调节表的内容填写完整、准确。及时清理核实未达账项,查明原因。发现需要调整的未达账项,对账人员需填写银行未达账项对账说明,发现原因不清的未达账项及时向工会主席汇报。审核人员定期检查银行对账情况。银行对账单与银行余额调节表作为会计资料单独装订保管。在银行存储的大额定期存款,出纳人员要注意适时清理,到期的如何处理,需请示工会主席决定。

3. 暂付款管理

暂付款是指基层工会在各项活动中与其他单位或个人发生的临时性债权,如工会干部组织活动或出差预支的款项。基层工会对暂付款必须严格控制,及时结清。

4. 库存物品管理

库存物品是指工会取得的将在日常活动中耗用的材料、物品及达不到固定资产标准的工具、器具等。

(1)库存物品的特征。库存物品在物质形态、流动性、储存目的等方面具有显著特征:①从物质形态来看,库存物品具有物质实体,是有形资产,与无形资产投资、其他应收款等没有实物形态的资产具有明显区别。②从流动性来看,库存物品具有很强的流动性,通常会在短期内被耗用,并不断地被重置,具有较强的变现能力和流动性,与固定资产、在建工程有着显著区别。③从储存目的来看，库存物品储存是为了在工会日常活动中被耗用，因此，一项资产是否属于库存物品，主要取决于其用途，如果此项资产不是用于工会日常活动，而是为建造固定资产等各项工程而储存的各种材料，虽然也具备库存物品的某些特征，但它并不符合库存物品的概念，也不能作为库存物品核算。

（2）库存物品的确认。库存物品同时满足下列条件的，应当予以确认：一是与该库存物品有关的服务潜力很可能实现或经济利益很可能流入工会；二是该库存物品的成本或者价值能够被可靠地计量。

（3）库存物品的管理要求。工会应当定期对库存物品进行清查盘点，每年至少盘点一次。对于盘盈、盘亏或报废、毁损的库存物品，应当及时查明原因，报经批准认定后，及时进行会计处理。

（二）固定资产管理

1. 工会固定资产管理的任务

工会固定资产是工会活动的主要财产和物质保障，因此各级工会要强化工会资产管理。其具体任务包括建立健全各项管理制度，明晰产权关系，实施产权管理，合理配备并节约、有效使用工会固定资产，提高固定资产使用效益，保障资产的安全和完整。工会固定资产管理的要求主要有以下三项：

（1）工会固定资产的管理和使用实行"统一领导、分级管理、责任到人、物尽其用"的原则。

（2）工会机关、基层工会和事业单位要明确资产管理部门，指定专（兼）职人员对本单位占有使用的固定资产实施日常管理，对所管资产的安全与完整负责。固定资产管理人员应相对稳定，其工作调动时必须办清交接手续。

（3）各单位必须对专用设备的管理和操作人员进行技术培训，建立健全专用设备的操作、维修、检验等管理制度；技术复杂、精密度高的专用设备的操作人员，应在考核合格后，方可上岗。

2. 工会固定资产的日常管理

工会固定资产的日常管理是指在日常工作或业务活动中对所需及占用的工会固定资产实施不间断的管理及核算，包括从编制固定资产预算、计划采购、验收入库、登记入账、领用发出到维修保养、处置等各个环节的实物管理和财务核算。具体要求如下：

（1）由政府和行政拨给工会的固定资产，产权已界定为工会的，按工会资产管理；由工会使用保管的国有资产和非工会资产一律登记固定资产备查簿。

（2）各级工会资产部门或人员对验收入库及投入使用的固定资产，须建立"工会固定资产卡片"，并记入"工会固定资产明细账"，按物登卡、凭卡记账。对库存的固定资产，要按照各类资产的使用说明和存放要求进行保管，填写保管单并定期检查。库存固定资产未经管理人员同意，任何人不准领用或调换。处置固定资产须填写有关工会固定资产处置报批单，据单入账。使用部门领用固定资产须填写"工会固定资产领用（出库）单"，经主管资产的领导同意后，固定资产管理人员凭单填写固定资产使用记录，并记入"工会固定资产卡片"。未经批准，任何个人不得以任何理由占用固定资产。如需借用固定资产，须经主管资产的领导同意后，办理借用手续。

（3）各级工会资产管理部门或人员对配备给个人使用的固定资产或物品，要建立领用、交还制度，并督促使用人爱护所用资产。工作人员离职时，应在其办理所用资产交还手续后，方可办理离职手续。

（4）各级工会资产管理部门或人员应每半年对账一次，使账物、账卡、账目保持一致。每年年终对本单位的固定资产进行一次全面清查盘点、查明固定资产的实有数与账面结存数是否相符，固定资产的保管使用、维修等情况是否正常。对清查盘点中发现的问题，应查明原因，说明情况，编制有关工会固定资产盘盈、盘亏报批单，按管理权限核准后，调整固定资产账目。年终编制"工会固定资产年度增减变动统计表"，报主管工会和上一级工会。

（5）各级工会发生资产产权变动、财务和账目异常、资产损失和资金挂账严重或挂靠单位脱钩等情况，必须进行清产核资的，应由本单位工会资产管理部门或人员报主管工会或上一级工会确定。

3.固定资产管理的具体要求

固定资产实行统一管理，分级负责。资产管理人员对本单位固定资产进行管理，各部室对其使用的固定资产进行负责。购进、调拨的固定资产应由资产管理人员和资产使用部门进行验收。在验收过程中如发现残缺和损毁，数量、规格不符、性能不同等情况，应及时查找原因。固定资产验收合格后，资产管理人员及时录入固定资产管理系统，列明固定资产的名称、单价、数量、金额、购进时间等。各部室定期清查，保持账物相符。工作内部调动时，因工作需要随人带走的固定资产，由本人申请，经部室领导同意，到资产管理人员处办理变更手续；离职时，必须把自己保管和使用的固定资产交接清楚，由所在部室负责人签字后，方可办理调动手续。

资产管理人员要相对稳定，必须调动的，管理员要认真办理交接手续，保证资产管理的延续性。

财务部门应当对固定资产计提折旧，但文物和陈列品，动植物，图书、档案，单独计价入账的土地和以名义金额计量的固定资产除外。固定资产的使用年限一经确定，不得随意变更。一般应当采用年限平均法或者工作量法计提固定资产折旧，计提折旧时不考虑预计净残值。应当按月对固定资产计提折旧。当月增加的固定资产，当月计提折旧；当月减少的固定资产，当月不再计提折旧。固定资产提足折旧后，无论是否继续使用，均不再计提折旧；提前报废的固定资产，也不再补提折旧。报废固定资产应在报废处理前由使用部门填写固定资产报废申请表，部室、经审委员及工会主席审批。对人为原因造成的固定资产报废、遗失和毁损，应当按照固定资产原价的一定比例，责成有关责任人进行赔偿。财务部门应按照《工会会计制度》的规定，建立固定资产账簿，对单位购入、接受捐赠、无偿调入、盘盈、盘亏、毁损、报废、调出等固定资产进行会计核算和登记，与固定资产实物明细账定期核对。定期对本单位固定资产进行财产清查，保证账账相符、账实相符。

（三）无形资产管理

1. 无形资产的取得

工会无形资产在取得时应当按照其实际成本入账。外购的无形资产，其成本包括购买价款、相关税费以及可归属于该项资产达到预定用途前所发生的其他支出。委托软件公司开发的软件，视同外购无形资产确定其成本。对于非大批量购入、单价低于1000元的无形资产，可以于购买的当期将其成本直接计入支出。

2.无形资产摊销

除了使用年限不确定的、以名义金额计量的无形资产,其他无形资产应当按照以下原则确定摊销年限:法律规定了有效年限的,按照法律规定的有效年限作为摊销年限;法律没有规定有效年限的,按照相关合同中的受益年限作为摊销年限。上述两种方法无法确定有效年限的,应当根据无形资产为工会带来服务潜力或者经济利益的实际情况,预计其使用年限。应当采用年限平均法或工作量法对无形资产进行摊销,应摊销金额为其成本,不考虑预计净残值。应当按月进行摊销。当月增加的无形资产,当月进行摊销;当月减少的无形资产,当月不再进行摊销。无形资产提足摊销后,无论是否继续使用,均不再进行摊销;核销的无形资产,也不再补提摊销。

3.无形资产的清查

工会应当定期对无形资产进行清查盘点,每年至少全面盘点一次。对于资产清查盘点过程中发现的无形资产盘盈、盘亏等,应当及时查明原因,报经批准认定后及时进行会计处理,可参照固定资产相关规定进行处理。工会盘盈的无形资产,应当按照确定的成本入账,报经批准后相应增加资产基金;盘亏的无形资产,应当冲减其账面余额,报经批准后相应减少资产基金。

4.处置(出售)无形资产

对于报废、毁损的无形资产,工会应当冲减其账面余额,报经批准后相应减少资产基金,清理中取得的变价收入扣除清理费用后的净收入(或损失)计入当期收入(或支出),按规定应当上缴财政的计入其他应付款。工会处置(出售)无形资产时,按此处理。

课后思考

1.基层工会资产的分类有哪些?
2.工会固定资产的标准是什么?
3.现金结算的起点是多少?
4."坐支"的含义是什么?

知识小链接

基层工会组织在合并、分立、撤销、解散时，其资产应如何处置？

（1）《工会法》第四十七条规定："工会的财产、经费和国家拨给工会使用的不动产，任何组织和个人不得侵占、挪用和任意调拨。"《中国工会章程》第四十一条规定："工会组织合并，其经费资产归合并后的工会所有；工会组织撤销或者解散，其经费资产由上级工会处置。"

（2）基层工会在合并、分立、撤销、解散前，其财产、经费应当进行清查盘点，编制包括清查资产负债表、收入支出表、往来款项明细表、固定资产明细表在内的清查报告，并经同级经费审查委员会或第三方专业机构审查通过。

（3）合并的单位，其财产、经费按照清查报告的金额归合并后的工会所有。

（4）拆分和新建的单位，其财产、经费由原工会依据清查报告，按照人数比例、当年工会预算执行情况编制财产、经费分配方案，报同级工会委员会及同级经费审查委员会审查通过后，原工会应当在一定时期内按照分配方案及时将财产、经费划拨到分立后的工会。

（5）撤销或者解散的单位，其财产、经费按照清查报告的金额交由上级工会处置。

第五章

基层工会会计实务

本章导读

基层工会会计是基层工会核算、反映、监督工会预算执行和经济活动的专业会计，全面、公允地记录和反映基层工会各项经济活动。基层工会依法建立与预算管理体制相适应的独立会计核算管理体系，在会计方法、会计科目、会计报表等方面具有一定独特性。

一、工会会计概述

（一）工会会计的职能和作用

1.工会会计的职能

核算和监督是工会会计的两项基本职能。核算职能是工会会计最基本的职能。监督职能是对单位经济活动进行控制，以达到预定目标的职能。

2.工会会计的作用

工会会计的作用主要有物质保证、维权、密切联系群众和保证工会事业发展等。基层工会会计工作的好坏，直接影响工会工作的开展，关系到工会事业的兴衰成败。

（二）工会会计核算的基本前提和基础

1.工会会计核算的基本前提

工会会计核算的基本前提包括会计主体、持续经营、会计分期和货币计量。工会应当为其自身发生的经济业务或者事项进行会计处理和报告；工会会计处理应当以工会的持续运行为前提；工会会计处理应当划分会计期间，分期结算账目和编制会计报表；工会会计处理应当以货币计量，以人民币作为记账本位币。

2.工会会计核算的基础

会计核算基础有权责发生制和收付实现制两种。权责发生制，是指以取得收取款项的权利或支付款项的义务为标志来确定本期收入和费用的会计核算基础。收付实现制，是指以现金的实际收付为标志来确定本期收入和支出的会计核算基础。工会会计处理一般采用收付实现制，部分经济业务或者事项按照规定采用权责发生制。

（三）工会会计要素

工会会计要素包括资产、负债、净资产、收入和支出。其平衡公式为：资产=负债+净资产。

1. 资产

工会的资产按照流动性可以分为流动资产和非流动资产。流动资产主要包括货币资金、应收款项和库存物品等。非流动资产是指流动资产以外的资产，主要包括在建工程、固定资产、无形资产、投资和长期待摊费用等。

2. 负债

基层工会的负债包括应付上级经费和其他应付款。应付上级经费指本级工会按规定应上缴上级工会的工会拨缴经费。其他应付款指除应付上级经费之外的其他应付及暂存款项。

3. 净资产

工会的净资产是指工会的资产减去负债后的余额，基层工会净资产包括资产基金、工会资金结转、工会资金结余。资产基金是指工会库存物品、固定资产、无形资产、在建工程、投资和长期待摊费用等非货币性资产在净资产中占用的金额。工会资金结转是指工会预算安排项目的支出年终尚未执行完毕或者因故未执行，且下年需要按原用途继续使用的资金。工会资金结余是指工会年度预算执行终了，预算收入实际完成数扣除预算支出和工会结转资金后剩余的资金。

4. 收入

基层工会收入按照来源分为会费收入、拨缴经费收入、上级补助收入、行政补助收入和其他收入。

5. 支出

支出是指工会为开展各项工作和活动所发生的各项资金耗费和损失。基层工会支出按照功能分为职工活动支出、职工服务支出、维权支出、业务支出、资本性支出、其他支出。

基层工会和县级以上工会应按照《工会会计制度》的规定来设置和使用会计科目。基层工会主要一级会计科目有24个，县级以上工会一级会计科目有45个。在使用工会会计科目时需要注意以下几点：（1）本制度已规定的一级科目，不得减并、自行增设；本制度已规定的明细科目，不得减并，不得擅自更改科目名称，不需要的科目可以不用。（2）工会在填制会计凭证、登记会计账簿时，应当填列会计科目的名称，或者同时填列会计科目的名称和编号，不得只填列科目编号、不填列科目名称。工会会计科目名称和编号见表5-1。

表5-1　工会会计科目名称和编号

基层工会会计科目		县级以上工会会计科目	
科目编号	科目名称	科目编号	科目名称
一、资产类			
101	库存现金	101	库存现金
102	银行存款	102	银行存款
131	应收上级经费	111	零余额账户用款额度
135	其他应收款	121	财政应返还额度
141	库存物品	131	应收上级经费
162	固定资产	132	应收下级经费
163	累计折旧	135	其他应收款
182	待处理财产损溢	141	库存物品
		151	投资
		161	在建工程
		162	固定资产
		163	累计折旧
		171	无形资产
		172	累计摊销
		181	长期待摊费用
		182	待处理财产损溢

续表

基层工会会计科目		县级以上工会会计科目	
科目编号	科目名称	科目编号	科目名称
二、负债类			
211	应付上级经费	201	应付职工薪酬
215	其他应付款	211	应付上级经费
		212	应付下级经费
		215	其他应付款
		221	代管经费
三、净资产类			
301	资产基金	301	资产基金
321	工会资金结转	311	专用基金
322	工会资金结余	321	工会资金结转
		322	工会资金结余
		331	财政拨款结转
		332	财政拨款结余
		341	预算稳定调节基金
四、收入类			
401	会费收入	402	拨缴经费收入
402	拨缴经费收入	403	上级补助收入
403	上级补助收入	404	政府补助收入
405	行政补助收入	406	附属单位上缴收入
408	其他收入	407	投资收益
		408	其他收入
		411	动用预算稳定调节基金

续表

| 基层工会会计科目 || 县级以上工会会计科目 ||
科目编号	科目名称	科目编号	科目名称
五、支出类			
501	职工活动支出	502	职工活动组织支出
503	职工服务支出	503	职工服务支出
504	维权支出	504	维权支出
505	业务支出	505	业务支出
507	资本性支出	506	行政支出
510	其他支出	507	资本性支出
		508	补助下级支出
		509	对附属单位的支出
		510	其他支出
		521	安排预算稳定调节基金

注：对于本表未列出的基层工会的会计科目，基层工会可以根据实际需要按照县级以上工会的会计科目进行账务处理。

二、资产

基层工会资产类一级科目共有8个，详见表5-2。

表5-2 资产类科目表

| 基层工会会计科目 || 县级以上工会会计科目 ||
科目编号	科目名称	科目编号	科目名称
一、资产类			
101	库存现金	101	库存现金

续表

基层工会会计科目		县级以上工会会计科目	
科目编号	科目名称	科目编号	科目名称
102	银行存款	102	银行存款
131	应收上级经费	111	零余额账户用款额度
135	其他应收款	121	财政应返还额度
141	库存物品	131	应收上级经费
162	固定资产	132	应收下级经费
163	累计折旧	135	其他应收款
182	待处理财产损溢	141	库存物品
		151	投资
		161	在建工程
		162	固定资产
		163	累计折旧
		171	无形资产
		172	累计摊销
		181	长期待摊费用
		182	待处理财产损溢

注：对于本表未列出的基层工会的会计科目，基层工会可以根据实际需要按照县级以上工会的会计科目进行账务处理。

（一）库存现金

1. 会计科目设置

库存现金是指工会为了保证日常零星开支需要，由出纳人员保管的现金。有受托代管资金业务的，应当在本科目下设置"代管经费"明细科目，核算工会受托代管的现金。

2.主要账务处理

主要账务处理分为以下几种情形：银行存取业务、差旅费业务、其他业务收付现金、现金捐赠业务、受托代管业务、现金溢余或短缺业务等。库存现金的主要账务处理如表5-3所示。

表5-3 基层工会"库存现金"科目核算内容

业务和事项内容		账务处理
银行存取业务	提取现金	借：库存现金 贷：银行存款
	存入现金	借：银行存款 贷：库存现金
差旅费业务	出差人员借出现金	借：其他应收款 贷：库存现金
	出差人员报销差旅费	借：业务支出（实际报销金额） 贷：其他应收款 　　库存现金（差额，贷方或借方）
其他业务收付现金	收到现金	借：库存现金 贷：其他收入等
	支出现金	借：维权/业务/其他支出等 贷：库存现金
现金捐赠业务	对外捐赠现金	借：其他支出 贷：库存现金
	收到现金捐赠	借：库存现金 贷：其他收入
受托代管业务	收到代管现金	借：库存现金——代管经费 贷：代管经费
	支付代管现金	借：代管经费 贷：库存现金——代管经费

续表

业务和事项内容		账务处理
现金溢余	转入待处理财产损溢	借：库存现金 贷：待处理财产损溢
	属于应支付给个人或单位的部分	借：待处理财产损溢 贷：其他应付款 借：其他应付款 贷：库存现金
	属于无法查明原因的，报经批准后	借：待处理财产损溢 贷：其他收入
短缺业务	转入待处理财产损溢	借：待处理财产损溢 贷：库存现金
	属于应由责任人赔偿的部分	借：其他应收款 贷：待处理财产损溢 借：库存现金 贷：其他应收款
	属于无法查明原因的，报经批准后	借：其他支出 贷：待处理财产损溢

3.会计实务举例

例5.1：某基层工会组织职工年度羽毛球比赛共支付现金800元。根据有关单据，编制分录：

借：职工活动支出——文体活动费　　　　　　　　　　　800
　　贷：库存现金　　　　　　　　　　　　　　　　　　800

（二）银行存款

1.会计科目设置

工会应当设置"银行存款"科目，核算工会存入银行或其他金融机构的各种款项，包括活期存款、定期存款等。工会有受托代管资金业务的，应当在"银行存款"科目下设置"代管经费"明细科目。

2.主要账务处理

主要账务处理包括银行存取业务、银行转账业务、银行存款账户、受托代管业务、外币业务。银行存款的主要账务处理如表5-4所示。

表5-4 基层工会"银行存款"科目核算内容

业务和事项内容		账务处理
银行存取业务	从银行提取现金	借：库存现金 贷：银行存款
	将现金存入银行	借：银行存款 贷：库存现金
银行转账业务	取得工会拨缴经费	借：银行存款 贷：拨缴经费收入/应付上级经费
	取得其他相关收入	借：银行存款 贷：上级补助收入/行政补助收入/其他收入等
	支付各项支出	借：职工活动支出/职工服务支出/维权支出/业务支出/其他支出等 贷：银行存款
银行存款账户	收到银行存款利息	借：银行存款 贷：其他收入
	支出银行手续费	借：业务支出 贷：银行存款
受托代管业务	收到受托代管的银行存款	借：银行存款——代管经费 贷：代管经费
	支付受托代管的银行存款	借：代管经费 贷：银行存款——代管经费
外币业务	以外币购买物资、设备等	借：职工活动支出/职工服务支出/维权支出等 贷：银行存款——外币账户 借：库存物品等 贷：资产基金
	以外币收取相关款项等	借：银行存款——外币账户 贷：其他收入等
	期末，发生汇兑损失	借：其他支出 贷：银行存款——外币账户
	期末，发生汇兑收益	借：银行存款——外币账户 贷：其他支出

3.会计实务举例

例5.2：某工会收到上级工会送温暖补助款50 000元。依据银行收款单，编制分录：

借：银行存款　　　　　　　　　　　　　　　　　　50 000
　　贷：上级补助收入——专项转移支付补助（送温暖补助）　50 000

（三）应收上级经费

1.会计科目设置

本科目核算工会应收未收的上级工会应拨付（或转拨）的工会拨缴经费和补助。工会可以根据需要在本科目下设置以下明细科目：应收上级补助、应收上级转拨经费。

2.主要账务处理

本科目期末借方余额，反映工会应收未收的上级拨缴经费和补助。应收上级经费的主要账务处理如表5-5所示。

表5-5　基层工会"应收上级经费"科目核算内容

时间	业务和事项内容	账务处理
年末	根据上级工会补助通知中的相关金额	借：应收上级经费——应收上级补助 贷：上级补助收入
年末	收到上级工会拨来的补助时	借：银行存款 贷：应收上级经费——应收上级补助
年末	根据上级工会经费转拨通知中的相关金额	借：应收上级经费——应收上级转拨经费 贷：拨缴经费收入
年末	收到上级工会转拨的工会经费时	借：银行存款 贷：应收上级经费——应收上级拨转经费

3.会计实务举例

例5.3：按规定，某工会应收取上级工会转拨经费800 000万元，收到上级工会经费转拨通知时，编制分录：

借：应收上级经费——应收上级转拨经费　　　　　　　　800 000
　　　贷：拨缴经费收入　　　　　　　　　　　　　　　　800 000

收到上级工会转拨经费时，根据银行进账单等相关单据，编制分录：

借：银行存款　　　　　　　　　　　　　　　　　　　　800 000
　　　贷：应收上级经费——应收上级转拨经费　　　　　　800 000

（四）其他应收款

1.会计科目设置

工会设置本科目，核算工会除应收上下级工会经费和补助以外的其他应收及暂付款项

2.主要账务处理

其他应收款的主要账务处理如表5-6所示。

表5-6　基层工会"其他应收款"科目核算内容

序号	业务和事项内容		账务处理
1	发生其他应收及暂付款项	发生时	借：其他应收款 贷：库存现金/银行存款等
		结算收回时	借：库存现金/银行存款等 贷：其他应收款
		核算转列支出时	借：维权/资本性支出等 贷：其他应收款
2	逾期无法收回的其他应收款	转入待处理资产	借：待处理财产损溢 贷：其他应收款
		报经批准予以核销时	借：其他支出 贷：待处理财产损溢
		已核销的其他应收款在以后期间收回	借：银行存款 贷：其他收入

3.会计实务举例

例5.4：某工会召开会员代表大会，用转账支票预付会议中心会场租金4 000元。会议开完后，会场租金实际结算款为4 500元，差额款用现金直接支付。编制分录：

借：其他应收款——会议中心　　　　　　　　　　4 000
　　贷：银行存款　　　　　　　　　　　　　　　4 000
借：业务支出——会议费　　　　　　　　　　　　4 500
　　贷：其他应收款——会议中心　　　　　　　　4 000
　　　　库存现金　　　　　　　　　　　　　　　　500

（五）库存物品

本科目核算工会取得的将在日常活动中耗用的材料、物品及达不到固定资产标准的工具、器具等。工会随买随用的物品，可以在购入时直接计入支出，不通过本科目核算。

1.会计科目设置

本科目应当按照库存物品的类别、品名设置明细账，并根据出入库单逐笔核算。

2.主要账务处理

库存物品的主要账务处理如表5-7所示。

表5-7　基层工会"库存物品"科目核算内容

序号	业务和事项内容			账务处理
1	取得库存物品时	外购	购入物品验收入库	借：库存物品 　　贷：资产基金——库存物品 借：职工活动/维权支出等 　　贷：银行存款等
		接受捐赠、无偿调入	接受捐赠、无偿调入库存物品	借：库存物品 　　贷：资产基金——库存物品
			实际支付相关税费、运输费等	借：其他支出 　　贷：银行存款

续表

序号	业务和事项内容		账务处理
2	发出库存物品时	开展业务活动等领用、发出时	借：资产基金——库存物品 贷：库存物品
3	库存物品定期盘点及毁损、报废	盘盈	借：库存物品 贷：待处理财产损溢
		盘亏或报废、毁损	借：待处理财产损溢 贷：库存物品

3. 会计实务举例

例5.5：某工会购入一批日常办公用物品，已验收入库并用转账支票支付购买款5000元。根据购货发票、入库单和转账支票存根，编制分录：

借：库存物品——办公用物品　　　　　　　　　　　5000
　　贷：银行存款　　　　　　　　　　　　　　　　　　5000

（六）固定资产和累计折旧

1. 会计科目设置

工会应当设置"固定资产""累计折旧"科目，核算工会各项固定资产的原值及计提的固定资产累计折旧。工会应设置固定资产明细账，按类别和项目进行明细核算。

2. 主要账务处理

固定资产和累计折旧的主要账务处理如5-8表所示。

表5-8　基层工会"固定资产""累计折旧"科目核算内容

序号	业务和事项内容	账务处理
1	购入、有偿调入固定资产	借：固定资产 贷：资产基金——固定资产 借：资本性支出 贷：银行存款

续表

序号	业务和事项内容		账务处理
2	购入固定资产扣留质量保证金的	取得固定资产时	借：固定资产 贷：资产基金——固定资产
		同时取得固定资产全款发票的	借：资本性支出 贷：银行存款
		取得发票不包括质量保证金的	借：资本性支出 贷：银行存款
		实际支付质量保证金时	借：其他应付款/资本性支出 贷：银行存款
3	按月计提固定资产折旧时		借：资产基金——固定资产 贷：累计折旧
4	固定资产定期盘点清查	盘盈的固定资产	借：固定资产 贷：待处理财产损溢
		盘亏或者毁损、报废的固定资产	借：待处理财产损溢（账面价值） 　　累计折旧 贷：固定资产（账面余额）

3. 会计实务举例

例5.6：2022年4月，某基层工会购入两台跑步机，每台价格15 000元，用银行存款支付完毕。固定资产折旧年限为8年。相关账务处理如下（支出经济分类略）。

（1）购入固定资产时：

借：固定资产　　　　　　　　　　　　　　　　　　30 000
　　贷：资产基金——固定资产　　　　　　　　　　　30 000
借：资本性支出　　　　　　　　　　　　　　　　　30 000
　　贷：银行存款　　　　　　　　　　　　　　　　　30 000

（2）当月计提折旧：

每月应计提折旧=30 000÷（8×12）=312.5（元）

借：资产基金——固定资产　　　　　　　　　　　　312.5
　　贷：累计折旧　　　　　　　　　　　　　　　　　312.5

（七）无形资产和累计摊销

1. 会计科目设置

工会应当设置"无形资产""累计摊销"科目，核算工会各项无形资产的原值及对使用年限有限的无形资产计提的累计摊销。

2. 主要账务处理

无形资产和累计摊销的主要账务处理如表5-9所示。

表5-9 基层工会"无形资产""累计摊销"科目核算内容

序号	业务和事项内容		账务处理
1	无形资产取得	外购无形资产	借：无形资产 贷：资产基金——无形资产 借：资本性支出 贷：银行存款
		委托软件公司开发软件 支付软件开发费时	借：资本性支出 贷：银行存款
		委托软件公司开发软件 交付使用时	借：无形资产 贷：资产基金——无形资产
3	按月摊销无形资产时		借：资产基金——无形资产 贷：累计摊销
4	无形资产盘点清查	盘盈无形资产	借：无形资产 贷：待处理财产损溢
		盘亏无形资产	借：待处理财产损溢 　　累计摊销 贷：无形资产

3. 会计实务举例

例5.7：2022年2月，某工会购入职工活动App平台，费用为60 000元，按照5年时间进行摊销。

相关账务处理如下（支出经济分类略）。

（1）购入无形资产时：

借：无形资产　　　　　　　　　　　　　　　　　　　60 000
　　贷：资产基金——无形资产　　　　　　　　　　　　　60 000
借：资本性支出　　　　　　　　　　　　　　　　　　　60 000
　　贷：银行存款　　　　　　　　　　　　　　　　　　　60 000

（2）按月摊销无形资产时：

无形资产每月摊销额=60 000÷（5×12）=1000（元）

借：资产基金——无形资产　　　　　　　　　　　　　1 000
　　贷：累计摊销　　　　　　　　　　　　　　　　　　　1 000

（八）长期待摊费用

1.会计科目设置

工会应当设置"长期待摊费用"科目，核算工会已经支出，但应由本期和以后各期负担的分摊期限在1年以上（不含1年）的各项支出。

2.主要账务处理

长期待摊费用的主要账务处理如表5-10所示。

表5-10　基层工会"长期待摊费用"科目核算内容

序号	业务和事项内容	账务处理
1	发生长期待摊费用	借：长期待摊费用 　贷：资产基金——长期待摊费用 借：资本性支出 　贷：银行存款
2	在受益期间摊销长期待摊费用	借：资产基金——长期待摊费用 　贷：长期待摊费用
3	一次转销长期待摊费用剩余账面金额	借：资产基金——长期待摊费用 　贷：长期待摊费用

3.会计实务举例

例5.8：某企业将一处房屋借给工会使用。工会对该房屋进行了装修，建立了三个职工文体活动室，共发生装修费用300 000万元。按照10年进行摊销。相关账务处理如下（支出经济分类略）。

（1）发生长期待摊费用：

借：长期待摊费用	300 000
贷：资产基金——长期待摊费用	300 000
借：资本性支出	300 000
贷：银行存款	300 000

（2）在受益期间摊销长期待摊费用：

每期摊销额=300 000÷（10×12）=2 500（元）

借：资产基金——长期待摊费用	2 500
贷：长期待摊费用	2 500

（九）待处理财产损溢

待处理财产损溢是指工会在资产清查过程中查明的各种资产盘盈、盘亏和报废、毁损的价值。

1.会计科目设置

工会应当设置"待处理财产损溢"科目，核算工会待处理财产的价值及财产处理损溢。工会财产的处理包括资产的盘盈、盘亏、报废、毁损以及非实物资产损失核销等。

2.主要账务处理

待处理财产损溢的主要账务处理如表5-11所示。

表5-11 基层工会"待处理财产损溢"科目核算内容

序号	业务和事项内容			财务处理
1	库存现金短缺或溢余	现金短缺	转入待处理财产时	借：待处理财产损溢 贷：库存现金
			应由责任人等赔偿的	借：其他支出 贷：待处理财产损溢
			无法查明，报批核销时	借：其他支出 贷：待处理财产损溢
2	报批准予核销的其他应收款、无形资产	转入待处理财产时	核销其他应收款	借：待处理财产损溢 贷：其他应收款
			核销无形资产	借：待处理财产损溢 　　累计摊销 贷：无形资产
		报批核销时	核销其他应收款	借：其他支出 贷：待处理财产损溢
			核销无形资产	借：资产基金——无形资产 贷：待处理财产损溢
3	盘盈资产	转入待处理资产时		借：库存物品/固定资产/无形资产 贷：待处理财产损溢——待处理财产价值
		报批后处理时		借：待处理财产损溢——待处理财产价值 贷：资产基金
4	盘亏、毁损、报废资产	转入待处理资产时	库存物品	借：待处理财产损溢——待处理财产价值 贷：库存物品
			在建工程	借：待处理财产损溢——待处理财产价值 贷：在建工程

续表

序号	业务和事项内容		财务处理
4	盘亏、毁损、报废资产	转入待处理资产时 — 固定资产	借：待处理财产损溢——待处理财产价值 　　累计折旧 贷：固定资产
		转入待处理资产时 — 无形资产	借：待处理财产损溢——待处理财产价值 　　累计摊销 贷：无形资产
		报经批准后处理时	借：资产基金 贷：待处理财产损溢——待处理财产价值
		处理毁损、报废实物资产 — 取得残值收入、保险理赔和过失人赔偿	借：库存现金/银行存款/其他应收款等 贷：待处理财产损溢——处理净收入
		处理毁损、报废实物资产 — 处理过程中发生相关费用	借：待处理财产损溢——处理净收入 贷：库存现金/银行存款等
		处理毁损、报废实物资产 — 处理收入大于相关费用	借：待处理财产损溢——处理净收入 贷：其他收入 　　其他应付款
		处理毁损、报废实物资产 — 处理收入小于相关费用	借：其他支出 贷：待处理财产损溢——处理净收入

3. 会计实务举例

例5.9：某工会年末盘点，发现2件库存物品毁损，总价400元，经批准进行报废处理，经查是保管不当损毁。该产品是职工活动用品，已对相关责任人处罚，现金赔偿200元已入账。

相关账务处理如下。

(1) 年末盘点，库存物品毁损时：

借：待处理财产损溢——待处理财产价值　　　　　400
　　贷：库存物品　　　　　　　　　　　　　　　　　　400

(2) 经批准对毁损库存物品处理时：

借：资产基金——库存物品　　　　　　　　　　　400
　　贷：待处理财产损溢——待处理财产价值　　　　　　400

(3) 收到责任人赔偿时

借：库存现金　　　　　　　　　　　　　　　　　200
　　贷：其他收入　　　　　　　　　　　　　　　　　　200

三、负债

基层工会和县级以上工会应按照《工会会计制度》的规定来设置和使用会计科目，基层工会负债类一级会计科目共有2个，县级以上工会负债类一级会计科目共有5个，详见表5-12。

表5-12　负债类科目表

基层工会负债类科目		县级以上工会负债类科目	
科目编号	科目名称	科目编号	科目名称
211	应付上级经费	201	应付职工薪酬
215	其他应付款	211	应付上级经费
		212	应付下级经费
		215	其他应付款
		221	代管经费

注：对于本表未列出的基层工会的会计科目，基层工会可以根据实际需要按照县级以上工会的会计科目进行账务处理。

（一）应付上级经费

1. 会计科目设置

基层工会应当设置"应付上级经费"科目，核算工会按规定应上缴的工会拨缴经费。

2. 主要账务处理

（1）本级工会确认工会拨缴经费时，按照下级工会经费收缴报告表中的相关金额或实际收到的总金额，借记"应收下级经费""银行存款"等科目。按规定属于本级工会的部分，贷记"拨缴经费收入"科目；按规定应上缴上级工会的部分，贷记"应付上级经费"；按规定应转拨下级工会的部分，贷记"应付下级经费——应付下级转拨经费"科目。

（2）实际上缴工会经费时，借记"应付上级经费"科目，贷记"银行存款"科目。

3. 会计实务举例

例5.10：2023年3月，某基层工会收到单位行政划拨的工会经费80 000元，基层工会按分成比例要求，上缴款项。相关账务处理如下：

借：银行存款　　　　　　　　　　　　　　　80 000
　　贷：拨缴经费收入（80 000×60%）　　　　48 000
　　　　应付上级经费（80 000×40%）　　　　32 000

（二）其他应付款

1. 会计科目设置

本科目核算工会除应付上下级经费之外的其他应付及暂存款项，包括工会按规定收取的下级工会的建会筹备金、应支付的税金等。

2. 主要账务处理

（1）本级工会收到筹建单位交来的建会筹备金，按实际收到金额，借记"银行存款"科目，贷记本科目。在筹建单位建立工会后，本级工会按规定对建会筹备金进行处理。按照对应金额，借记本科目，按规定属于本级工会的部分，贷记"拨缴经费收入"科目；按规定应上缴上级工会的部分，贷记"应付上级经费"科目；按规定需返还筹建单位工会的部分，贷记"应付下级经费"科目。

（2）发生房产税等纳税义务，以及按照税法规定应代扣代缴个人所得税的，按照应交税费金额，借记"应付职工薪酬"等科目，贷记本科目。工会实际缴纳上述各种税费时，借记本科目，贷记"银行存款"等科目。

（3）发生其他应付及暂存款项，借记"库存现金""银行存款"等科目，贷记本科目。支付款项时，借记本科目，贷记"库存现金""银行存款"等科目。

（三）代管经费

1. 会计科目设置

本科目核算其他组织委托工会代管的有指定用途、不属于工会收入的资金，如代管的社团活动费、职工互助保险等。本科目应当按照拨入代管经费的项目或单位设置明细账。

2. 主要账务处理

（1）收到代管的资金时，按照实际收到的金额，借记"库存现金""银行存款"科目，贷记本科目。

（2）实际支出时，按照实际支出的金额，借记本科目，贷记"库存现金""银行存款"科目。

3. 会计实务举例

例5.11：某集团公司的工会受托代管本集团公司职工互助金，2022年10月发生下列经济业务：

收到行政划拨的职工互助金200 000元，通过银行存款收讫；收到职工个人交来互助金100元/人，共计20 000元，现金收讫，并存入银行；根据单位制度对大病住院的5名职工进行救助，发放职工互助金100 000元，以银行存款付讫。

相关账务处理如下：

（1）收到行政划拨的职工互助金：

借：银行存款——代管经费　　　　　　　　　　　200 000

　　贷：代管经费——职工互助金　　　　　　　　　200 000

（2）收到个人缴纳的互助救济金：

借：银行存款——代管经费　　　　　　　　　　20 000

　　贷：代管经费——职工互助金　　　　　　　　　　20000

（3）实际发放互助金时：

借：代管经费职工互助金　　　　　　　　　　100000

　　贷：银行存款——代管经费　　　　　　　　　　　100000

四、净资产

净资产是指工会的资产减去负债后的余额。用公式可表示为：净资产=资产−负债。基层工会和县级以上工会应按照《工会会计制度》的规定来设置和使用会计科目，基层工会净资产类一级会计科目共有3个，县级以上工会净资产类一级会计科目共有7个，详见表5–13。

表5–13　净资产类科目表

基层工会净资产类产科目		县级以上工会净资产类科目	
科目编号	科目名称	科目编号	科目名称
301	资产基金	301	资产基金
321	工会资金结余	311	专用基金
322	工会资金结转	321	工会资金结转
		322	工会资金结余
		331	财政拨款结转
		332	财政拨款结余
		341	预算稳定调节基金

注：对于本表未列出的基层工会的会计科目，基层工会可以根据实际需要按照县级以上工会的会计科目进行账务处理。

（一）资产基金

资产基金指工会期末库存物品、固定资产、无形资产、在建工程、投资和长期待摊费用等非货币性资产在净资产中占用的金额。

1. 会计科目设置

工会应当设置"资产基金"科目，核算工会库存物品、投资、在建工程、固定资产、无形资产、长期待摊费用等非货币性资产在净资产中占用的金额。

2. 主要账务处理

（1）确认资产基金时，借记"库存物品""固定资产""在建工程""无形资产""长期待摊费用"科目，贷记"资产基金"科目；同时，按实际发生支出，借记"职工活动支出""资本性支出""工会资金结余"等科目，贷记"银行存款"等科目。

（2）领用和发出库存物品时，借记"资产基金"科目（库存物品），贷记"库存物品"科目。

（3）在建工程完工交付使用时，借记"固定资产"科目，贷记"资产基金"科目；同时，借记"资产基金"科目（在建工程），贷记"在建工程"科目。

（4）计提固定资产折旧、无形资产摊销及分摊长期待摊费用时，借记"资产基金"科目，贷记"累计折旧""累计摊销""长期待摊费用"科目。

（二）工会资金结转

工会资金结转是指工会预算安排项目的支出年终尚未执行完毕或者因故未执行，且下年需要按原用途继续使用的工会资金。

1. 会计科目设置

工会应当设置"工会资金结转"科目，核算工会资金结转的调整、结转和滚存情况。"工会资金结转"科目应当设置以下明细科目：年初余额调整、单位内部调剂、本年收支结转、累计结转。

2. 主要账务处理

工会资金结转的主要账务处理如表5-14所示。

表5-14 基层工会"工会资金结转"科目核算内容

序号	业务和事项内容		账务处理
1	因发生会计差错更正、以前年度支出收回的	调整时	借：银行存款等 贷：工会资金结转——年初余额调整
		调减时	借：工会资金结转——年初余额调整 贷：银行存款
2	经批准对工会结余资金改变用途，调整用于其他未完成项目的		借：工会资金结余——单位内部调剂 贷：工会资金结转——单位内部调剂
3	期末结转	结转工会经费专项资金的收入本期发生额	借：拨缴经费收入/上级补助收入等 贷：工会资金结转——本年收支结转
		结转工会经费专项资金的支出本期发生额	借：工会资金结转——本年收支结转 贷：职工活动支出等
4	年末，冲销有关明细科目余额	明细科目为贷方余额时	借：工会资金结转——本年收支结转/年初余额调整/单位内部调剂 贷：工会资金结转——累计结转
		明细科目为借方余额时	借：工会资金结转——累计结转 贷：工会资金结转——本年收支结转/年初余额调整/单位内部调剂
5	年末，按有关规定结转符合结余资金性质的剩余资金		借：工会资金结转——累计结转 贷：工会资金结余——结转转入

3.会计实务举例

例5.12：结转各项非专项资金支出本期发生额，转入"工会资金结转"科目：

借：工会资金结转——本年收支结转　　　　　　3 000
　　贷：职工活动支出　　　　　　　　　　　　　　500
　　　　职工服务支出　　　　　　　　　　　　　　600
　　　　维权支出　　　　　　　　　　　　　　　　800
　　　　业务支出　　　　　　　　　　　　　　　　900
　　　　资本性支出　　　　　　　　　　　　　　　200

相关账务处理如下：

借：银行存款　　　　　　　　　　　　　　　　3 000
　　贷：工会资金结转——年初余额调整　　　　　3 000

（三）工会资金结余

工会资金结余是指工会年度预算执行终了，预算收入实际完成数扣除预算支出和工会结转资金后剩余的工会资金。

1. 会计科目设置

工会应当设置"工会资金结余"科目，核算工会结余资金的调整、结余和滚存情况。"工会资金结余"科目应当设置以下明细科目：年初余额调整、单位内部调剂、本年收支结转、结转转入、累计结余。

2. 主要账务处理

工会资金结余的主要账务处理如表5-15所示。

表5-15　基层工会"工会资金结余"科目核算内容

序号	业务和事项内容		账务处理
1	因发生会计差错更正、以前年度支出收回的	调整时	借：银行存款等 贷：工会资金结余——年初余额调整
		调减时	借：工会资金结余——年初余额调整 贷：银行存款
2	经批准对工会结余资金改变用途，调整用于工会其他未完成项目的		借：工会资金结余——单位内部调剂 贷：工会资金结转——单位内部调剂
3	期末结转	结转工会经费非专项资金的收入本期发生额	借：会费收入/拨缴经费收入等 贷：工会资金结余——本年收支结转
		结转工会经费非专项资金的支出本期发生额	借：工会资金结余——本年收支结转 贷：职工活动支出等
4	年末，冲销有关明细科目余额	明细科目为贷方余额时	借：工会资金结余——本年收支结转/年初余额调整/单位内部调剂/结转转入 贷：工会资金结余——累计结余
		明细科目为借方余额时	借：工会资金结转——累计结余 贷：工会资金结余——本年收支结转/年初余额调整/单位内部调剂
5	年末，按有关规定结转符合结余资金性质的剩余资金		借：工会资金结转——累计结余 贷：工会资金结余——本年收支结转/年初余额调整/单位内部调剂/结转转入

3.会计实务举例

例5.13：某工会A项目已经完成，形成结余资金50 000元。报经批准后，A项目全部结余资金允许改变用途，调整用于本工会尚未完成的B项目。相关账务处理如下：

借：工会资金结余——单位内部调剂　　　　　　　　50 000
　　贷：工会资金结转——单位内部调剂　　　　　　　　50 000

五、收入

基层工会和县级以上工会应按照《工会会计制度》的规定来设置与使用会计科目，基层工会收入类一级会计科目共有5个，县级以上工会收入类一级会计科目共有7个，详见表5-16。

表5-16　收入类科目表

基层工会收入类科目		县级以上工会收入类科目	
科目编号	科目名称	科目编号	科目名称
401	会费收入	402	拨缴经费收入
402	拨缴经费收入	403	上级补助收入
403	上级补助收入	404	政府补助收入
405	行政补助收入	406	附属单位上缴收入
408	其他收入	407	投资收益
		408	其他收入
		411	动用稳定调节基金

（一）会费收入

会费收入指工会会员依照规定向基层工会缴纳的会费。缴纳会费是工会会员应尽的义务。工会应当设置"会费收入"科目，核算基层工会会员依照规定向工会组织缴纳的会费。取得会费时，按照实际收到的金额，借记"库存现金""银行存款"

科目，贷记"会费收入"科目。期末结转时，将本科目本年发生额转入工会资金结余，借记"会费收入"科目，贷记"工会资金结余——本年收支结转"科目。

例5.14：2023年2月1日，某基层工会收到会员缴纳的会费3 000元，并于当日存入开户银行。相关账务处理如下：

  借：库存现金   3 000
    贷：会费收入   3 000
  借：银行存款   3 000
    贷：库存现金   3 000

例5.15：2023年末，某基层工会"会费收入"本期发生额为1 680元，做期末结转处理。相关账务处理如下：

  借：会费收入   1 680
    贷：工会资金结余——本年收支结转   1 680
  借：工会资金结余——累计结余   1 680
    贷：工会资金结余——本年收支结转   1 680

（二）拨缴经费收入

拨缴经费收入指基层单位行政拨缴、下级工会按规定上缴及上级工会按规定转拨的工会拨缴经费中归属于本级工会的经费。

工会应当设置"拨缴经费收入"科目，本科目期末结转后无余额。拨缴经费收入的主要账务处理如表5-17所示。

表5-17 基层工会"拨缴经费收入"科目核算内容

序号	业务和事项内容		业务内容
1	采用自主拨缴方式收缴工会经费	收到工会经费	借：银行存款 贷：拨缴经费收入（按规定属于本级工会的部分） 应付上级经费（按规定应上缴上级工会的部分）
		年末，存在应收未收的拨缴经费收入时	借：应收下级经费 贷：拨缴经费收入 应付上级经费

续表

序号	业务和事项内容		业务内容
2	采用税务代收、财政划拨方式收取工会经费	本级工会通过税务部门代收、财政部门划拨的工会经费	借：银行存款 贷：拨缴经费收入 　　应付上级经费
		本级工会收到上级转拨通过财政部门划拨，税务部门代收的工会经费	借：银行存款 贷：拨缴经费收入
		年末，存在应收未收的拨缴经费收入时	借：应收上级经费——应收上级转拨经费 贷：拨缴经费收入
3	期末结转时	专项资金收入	借：拨缴经费收入 贷：工会资金结转——本年收支结转
		非专项资金收入	借：拨缴经费收入 贷：工会资金结余——本年收支结转

例5.16：2022年3月5日，某基层工会收到本月行政拨缴工会经费75 000元，其中，本级工会按60%留成，余下的40%上缴上级工会。相关账务处理如下：

借：银行存款　　　　　　　　　　　　　　　　　　　75 000
　　贷：拨缴经费收入（75 000×60%）　　　　　　　　　45 000
　　　　应付上级经费　　　　　　　　　　　　　　　　30 000

（三）上级补助收入

上级补助收入指本级工会收到的上级工会补助的款项，包括一般性转移支付补助和专项转移支付补助。收到上级补助收入时。借记"银行存款"科目，贷记"上级补助收入"科目。

例5.17：某企业工会工作经费严重不足，向上级工会申请经费支持，收到上级工会安排的一般性补助经费200 000元，上述款项银行存款收讫。相关账务处理如下：

借：银行存款　　　　　　　　　　　　　　　　　　　200 000
　　贷：上级补助收入——一般性转移支付补助　　　　　200 000

（四）行政补助收入

行政补助收入指基层工会取得的所在单位行政方面按照《工会法》和国家有关规定给予工会的补助款项。工会应当设置"行政补助收入"科目，核算基层工会取得的所在单位行政给予工会的补助款项。

例5.18：2024年3月，某基层工会举办"三八"妇女节活动。收单位行政拨付的活动专项经费补助50 000元，上述款项已通过银行存款收讫。相关账务处理如下：

借：银行存款　　　　　　　　　　　　　　　　50 000
　　贷：行政补助收入　　　　　　　　　　　　　　50 000

（五）其他收入

其他收入指工会除会费收入、拨缴经费收入、上级补助收入、行政补助收入之外的各项收入，包括资产盘盈、固定资产处置净收入、接受捐赠收入、银行存款利息收入等。

六、支出

基层工会和县级以上工会应按照《工会会计制度》的规定来设置和使用会计科目，基层工会支出类一级会计科目共有6个，县级以上工会支出类一级会计科目共有10个，详见表5-18。

表5-18　支出类科目表

基层工会支出类科目		县级以上工会支出类科目	
科目编号	科目名称	科目编号	科目名称
501	职工活动支出	502	职工活动组织支出
503	职工服务支出	503	职工服务支出
504	维权支出	504	维权支出
505	业务支出	505	业务支出
507	资本性支出	506	行政支出

续表

基层工会支出类科目		县级以上工会支出类科目	
科目编号	科目名称	科目编号	科目名称
510	其他支出	507	资本性支出
		508	补助下级支出
		509	对附属单位的支出
		510	其他支出
		521	安排预算稳定调节基金

注：对于本表未列出的基层工会的会计科目，基层工会可以根据实际需要按照县级以上工会的会计科目进行账务处理。

（一）职工活动支出

1. 会计科目设置

"职工活动支出"科目应设置以下明细科目：职工教育支出、文体活动支出、宣传活动支出、劳模职工疗休养支出、会员活动支出、其他活动支出。

2. 会计实务举例

例5.19：2023年3月，某基层工会发生如下经济业务：

（1）3月8日，"三八"国际妇女节，组织女职工参加烘焙技能培训活动，需支付给某专业培训机构培训费用40 000元，上述款项用银行存款付讫。

（2）12日，为解决本单位2名工会会员因工伤住院导致生活困难的情况，依据相关规定，给予2 000元/人的现金补助，上述款项用现金支付。

（3）20日，为宣传普及《劳动法》和《民法典》知识，使用专项经费举办知识竞赛活动，发生场地租金25 000元，用银行存款支付。同时，竞赛活动发放奖金6 000元，用现金支付。

（4）25日，接到上级工会通知，安排本单位1名劳动模范和1名先进职工去参加省外疗休养活动，共发生活动支出8 000元，主要为往返交通和住宿费用，通过银行存款付讫。

相关账务处理如下。

（1）烘焙技能培训活动发生支出：

借：职工活动支出——职工教育支出——商品和服务支出（培训费）
               40 000

  贷：银行存款   40 000

（2）支付工会会员生活困难补助：

借：维权支出——困难职工帮扶支出——对个人和家庭补助（救济费）   4 000

  贷：库存现金   4 000

（3）知识竞赛活动发生支出：

借：职工活动支出——职工教育支出——商品和服务支出（租赁费）
               25 000

  贷：银行存款   25 000

借：职工活动支出——职工教育支出——对个人家庭补助（其他对个人家庭补助）   6 000

  贷：库存现金   6 000

（4）职工疗养活动支出：

借：职工活动支出——劳模职工疗休养支出——商品服务支出（差旅费）   8 000

  贷：银行存款   8 000

对例5.19中"职工活动支出"和"维权支出"本期发生额进行期末结转。

相关账务处理如下：

借：工会资金结转——本年收支结转   31 000

  贷：职工活动支出——职工教育支出——商品和服务支出（租赁费）
               25 000

    职工活动支出——职工教育支出——对个人家庭补助（其他对个人和家庭补助）   6 000

借：工会资金结余——本年收支结转   52 000

  贷：职工活动支出——职工教育支出——商品和服务支出（培训费）
               40 000

职工活动支出——劳模职工疗休养支出——商品和服务支出
（差旅费） 8 000
维权支出——困难职工帮扶支出——个人和家庭补助（救济费）
4 000

（二）职工服务支出

1. 会计科目设置

"职工服务支出"科目，核算工会服务和开展职工劳动和技能竞赛活动、职工创新活动、建家活动、职工书屋、职工互助保障、心理咨询等工作发生的支出。本科目期末结转后无余额。"职工服务支出"科目应当设置以下明细科目。

（1）劳动和技能竞赛活动支出：核算工会组织和开展合理化建议、技术革新、发明创造、岗位练兵、技术比武、技术培训等劳动和技能竞赛活动支出及其奖励支出。

（2）建家活动支出：核算工会组织建设、建家活动方面的支出。

（3）职工创新活动支出：核算工会开展的劳模和工匠人才创新工作、职工创新工作活动发生的支出。

（4）职工书屋活动支出：核算工会为建设职工书屋而发生的图书购置以及维护的支出。

（5）其他服务支出：核算工会组织和开展会员与职工普惠制服务、心理咨询、互助保障等其他方面的职工服务支出。

2. 主要账务处理

职工服务支出的主要账务处理如表5-19所示。

表5-19 "职工服务支出"科目核算内容

序号	业务和事项内容		账务处理
1	发生职工服务支出	发生时	借：职工服务支出 贷：库存现金/银行存款
		形成库存物品等资产的	借：库存物品等 贷：资产基金

续表

序号	业务和事项内容		账务处理
2	期末结转	工会资金专项资金支出	借：工会资金结转——本年收支结转 贷：职工服务支出
		工会资金非专项资金支出	借：工会资金结余——本年收支结转 贷：职工服务支出

3.会计实务案例

例5.20：2023年12月，某企业工会发生如下经济业务：举办全市急救技术比武活动，发生场地租金支出10 000元。比武所需物品购置费52 000元，租车费等2 000元，聘请专家指导及评委劳务费20 000元，上述款项均通过银行存款付讫。相关账务处理如下：

借：职工服务支出——劳动和技能竞赛活动支出　　　84 000
　　贷：银行存款　　　　　　　　　　　　　　　　　84 000

（三）维权支出

1.会计科目设置

"维权支出"科目应当设置以下明细科目：

（1）劳动关系协调支出：核算工会用于推进创建劳动关系和谐企业活动、加强劳动争议调解和队伍建设、开展劳动合同咨询活动、集体合同示范文本印制与推广等方面的支出。

（2）劳动保护支出：核算工会用于开展群众性安全生产和职业病防治活动、加强群众安全监督检查员队伍建设、开展职工心理健康维护等以促进安全健康生产、保护职工生命安全为宗旨开展的职工劳动保护发生的支出。

（3）法律援助支出：核算工会用于向职工群众提供法律咨询、法律服务等发生的支出。

（4）困难职工帮扶支出：核算工会用于对困难职工提供资金和物质帮助等发生的支出。

（5）送温暖支出：核算工会用于开展春送岗位、夏送清凉、金秋助学和送温暖等活动发生的支出。

（6）其他维权支出：核算工会用于补助职工等其他方面的维权支出。

2. 主要财务处理

维权支出的主要账务处理如表5-20所示。

表5-20 "维权支出"科目核算内容

序号	业务和事项内容		账务处理
1	发生维权支出	发生时	借：维权支出 贷：库存现金/银行存款
		支出的款项中有形成库存物品等资产的	借：库存物品等 贷：资产基金
2	期末结转	工会专项资金支出	借：工会资金结转——本年收支结转 贷：维权支出
		工会非专项资金支出	借：工会资金结余——本年收支结转 贷：维权支出

3. 会计实务案例

例5.21：2023年1月，某工会发生如下经济业务，慰问帮扶困难职工5人，每人发放2 000元帮扶金，共10 000元，已通过银行存款付讫。相关账务处理如下：

借：维权支出——困难职工帮扶支出　　　　　　　　10 000
　　贷：银行存款　　　　　　　　　　　　　　　　10 000

（四）业务支出

1. 会计科目设置

"业务支出"科目，核算工会培训工会干部、加强自身建设及开展业务工作发生的各项支出。本科目期末结转后无余额。"业务支出"科目应设置以下明细科目：

（1）培训支出：核算工会用于开展工会干部和积极分子培训发生的支出。

（2）会议支出：核算工会用于工会会员大会或会员代表大会、委员会、常委会、经费审查委员会以及其他专业工作会议的各项支出。

（3）专项业务支出：核算工会用于开展组织建设、专题调研、专项工作、劳模津贴、劳模专项补助、扶贫活动及外事活动的支出。

（4）其他业务支出：核算工会发生的不属于以上业务开支的其他业务支出，如工会用于发放兼职工会干部和专职社会化工会工作者补贴的支出等。

2. 主要账务处理

（1）发生业务支出时，借记"业务支出"科目，贷记"库存现金款"等科目。支出的款项中有形成库存物品等资产的，应当同时按照确定的成本借记"库存物品"等科目，贷记"资产基金"科目。

（2）期末结转时，将"业务支出"科目本期发生额中的工会资金专项资金转入工会资金结转，借记"工会资金结转——本年收支结转"科目，贷记"业务支出"科目；将"业务支出"科目本期发生额中的工会资金非专项资金支出转入工会资金结余，借记"工会资金结余——本年收支结转"科目，贷记"业务支出"科目。

3. 会计实务举例

例5.22：2019年4月，某集团工会发生如下经济业务：

（1）3日，接区总工会通知，选送3名工会干部外出参加培训，共发生支出6 000元，上述款项通过银行存款付讫。

（2）8日，召开年度工会会员代表大会，发生吃住行、交通、场地、文件印刷费等共计50 000元，款项通过银行存款付讫。

（3）11日，组织和谐劳动关系座谈活动，发生支出1 000元，通过银行存款付讫。

（4）18日，组织工会委员参与协调劳资纠纷，发生差旅等支出4 000元，此项工作上级工会安排有专门补助15 000元，通过银行存款收付讫。

相关账务处理如下：

（1）支付工会干部外出参加培训费用：

借：业务支出——培训支出　　　　　　　　　　　　6 000
　　贷：银行存款　　　　　　　　　　　　　　　　　　6 000

（2）支付年度工会会员代表大会费用：

借：业务支出——会议支出　　　　　　　　　　　50 000
　　贷：银行存款　　　　　　　　　　　　　　　　50 000

（3）支付座谈活动费用：

借：业务支出——会议支出　　　　　　　　　　　1 000
　　贷：银行存款　　　　　　　　　　　　　　　　1 000

（4）参与协调劳资纠纷：

借：业务支出——专项业务支出　　　　　　　　　4 000
　　贷：银行存款　　　　　　　　　　　　　　　　4 000

例5.23：对例5.22中"业务支出"本期发生额61 000元进行期末结转。其中：工会专项资金4 000元，其余为工会非专项资金。相关账务处理如下：

借：工会资金结转——本年收支结转　　　　　　　4 000
　　贷：业务支出——专项业务支出　　　　　　　　4 000
借：工会资金结余——本年收支结转　　　　　　　57 000
　　贷：业务支出——培训支出　　　　　　　　　　6 000
　　　　　　　　　会议支出　　　　　　　　　　　50 000
　　　　　　　　　其他业务支出　　　　　　　　　1 000

（五）资本性支出

资本性支出指工会从事建设工程、设备工具购置、大型修缮和信息网络购建等而发生的实际支出。

1. 会计科目设置

"资本性支出"科目，核算工会从事建设工程、设备工具购置、大型修缮和信息网络购建而发生的实际支出。"资本性支出"科目应设置以下明细科目：房屋建筑物购建、办公设备购置、专用设备购置、交通工具购置、大型修缮、信息网络购建、其他资本性支出。

2. 主要账务处理

资本性支出的主要账务处理如表5-21所示。

表5-21 "资本性支出"科目核算内容

序号	业务和事项内容		账务处理
1	购置、有偿调入固定资产、无形资产		借：资本性支出 贷：银行存款 借：固定资产/无形资产 贷：资产基金——固定资产/无形资产
2	自行建造房屋建筑物等固定资产，对固定资产进行大型修缮等	支出发生时	借：资本性支出 贷：银行存款 借：在建工程 贷：资产基金——在建工程
		工程完工时	借：固定资产 贷：资产基金——固定资产 借：资产基金——在建工程 贷：在建工程
3	发生长期待摊费用时		借：资本性支出 贷：银行存款 借：长期待摊费用 贷：资产基金——长期待摊费用
4	期末结转	工会资金专项资金支出	借：工会资金结转——本年收支结转 贷：资本性支出
		工会资金非专项资金支出	借：工会资金结余——本年收支结转 贷：资本性支出

3. 会计实务举例

例5.24：接例5.23，某工会2019年9月，对工会活动器材进行日常维护，支付维护费用40 000元，银行存款付讫。相关账务处理如下（支出经济分类略）：

借：资本性支出——其他资本性支出　　　　　　　　40 000
　　贷：银行存款　　　　　　　　　　　　　　　　　　40 000

（六）其他支出

"其他支出"科目，核算工会除职工活动支出、职工活动组织支出、职工服务支出、维权支出、业务支出、行政支出、资本性支出、补助下级支出和对附属单位的支出以外的各项支出。本科目期末结转后无余额。

例5.25：2022年12月，某工会进行现金盘查时发现现金短缺150元，经过查实，其中100元应该由责任人赔偿，剩余的50元无法查明原因，报请批准核销。相关账务处理如下。

（1）发现现金短缺，转入待处理财产时：

借：待处理财产损溢　　　　　　　　　　　　　150

　　贷：库存现金　　　　　　　　　　　　　　　150

（2）应由责任人等赔偿的：

借：其他应收款　　　　　　　　　　　　　　　100

　　贷：待处理财产损溢　　　　　　　　　　　　100

（3）属于无法查明原因的，报经批准核销时：

借：其他支出　　　　　　　　　　　　　　　　50

　　贷：待处理财产损溢　　　　　　　　　　　　50

七、财务报表

工会财务报表是反映各级工会财务状况、业务活动和预算执行结果的书面文件。工会财务报表是各级工会领导、上级工会及其他会计报表使用者了解情况、掌握政策、指导工作的重要资料。

（一）基层工会财务报表的分类

1. 按报表内容分类

基层工会财务报表主表包括资产负债表和收入支出表。

（1）资产负债表，是反映工会某一会计期末全部资产、负债和净资产情况的报表。

（2）收入支出表，是反映工会某一会计期间全部收入、支出及结转结余情况的报表。

（3）附注是对在资产负债表、收入支出表等报表中列示项目所作的进一步说明，以及未能在这些报表中列示项目的说明。

2. 按报送时限分类

工会财务报表分为年度财务报表和中期财务报表。以短于一个完整的会计年度的期间（如半年度、季度和月度）编制的财务报表称为中期财务报表。年度财务报表是以整个会计年度为基础编制的财务报表。

（二）基层工会财务报表的填报要求

1. 编制内容要求

（1）工会财务报表要根据登记完整、核对无误的账簿记录和其他有关资料编制，做到数字准确、内容完整、报送及时。一是数字准确。要求财务报表如实反映财务状况，数字真实可靠。在编制财务报表之前本期发生的所有账务必须全部登记入账，并以账簿记录为依据编制，不能以预算数代替实际数，不能弄虚作假、隐瞒谎报。二是内容完整。财务报表是一套完整的指标体系，报表内容要严格按照《工会会计制度》规定的统一种类、格式进行编制，不得漏编、漏报。三是报送及时。财务报表的时效性很强，如果不及时编制，就会失去财务报表应有的作用，不利于各级工会领导了解情况、掌握政策、指导工作。因此，各级工会必须按上级工会规定的时间和期限及时编制财务报表。

（2）工会财务报表应当由各级工会的法定代表人和主管会计工作的负责人或会计机构负责人（会计主管人员）签名并盖章。

（3）工会财务人员应当根据《工会会计制度》有关会计报表的编制基础、编制依据、编制原则和方法的要求，提供真实、完整的会计报表。工会财务人员不得违反规定，随意改变会计报表的编制基础、编制依据、编制原则和方法，不得随意改变《工会会计制度》规定的会计报表有关数据的会计口径。

2. 编制时间要求

工会财务人员要对所属单位财务报表和下级工会报送的年度财务报表进行审核、核批和汇总工作，定期向本级工会领导和上级工会报告本级工会预算执行情况。

工会财务报表须按《工会会计制度》规定的时间要求进行编制，如表5-22所示。

表5-22　工会财务报表编制时间一览表

编号	会计报表名称	编制期	编制主体
工会01表	资产负债表	月度、年度	各级工会
工会02表	收入支出表	月度、年度	各级工会

（三）资产负债表

资产负债表，是反映工会某一会计期末全部资产、负债和净资产情况的报表。由于它反映的是某一时点的情况，所以又被称为静态报表。各级工会至少应当编制月度、年度资产负债表，可以根据需要编制季度、半年度资产负债表。

1.资产负债表的用途

资产负债表可以向报表使用者提供以下几方面的信息：（1）工会某一日期所掌握的经济资源以及这些经济资源的分布和结构情况；（2）工会某一日期的负债及其结构情况；（3）工会净资产的情况；（4）通过对资产负债表的分析，可以了解工会的财务实力、短期偿债能力和支付能力；（5）将前后期的资产负债表进行对照分析，可以看出工会资产负债变化情况及发展趋势。

2.资产负债表的格式

资产负债表的格式采用账户结构，分为左右两部分。左方列示资产类项目，反映全部资产的分布及存在形态；右方列示负债及净资产各项目，反映全部负债和净资产的内容及构成情况。资产按照流动性从强到弱的顺序排列，具体包括货币资金、应收款项、库存物品、投资、在建工程、固定资产、无形资产和长期待摊费用等；负债按到期日远近或偿付紧迫程度的顺序排列，具体包括应付职工薪酬、应付上级经费、应付下级经费、其他应付款和代管经费等；净资产包括资产基金、专用基金、工会资金结转、工会资金结余、财政拨款结转、财政拨款结余和预算稳定调节基金等。资产负债表左右双方相等，即资产＝负债＋净资产。资产负债表的格式如表5-23所示。

表5-23 资产负债表

工会01表

编制单位：＿＿＿＿   ＿＿＿＿年＿＿＿＿月＿＿＿＿日   单位：元

资产	年初余额	期末余额	负债与净资产	年初余额	期末余额
一、资产			二、负债		
流动资产			应付职工薪酬		
货币资金			应付上级经费		
应收上级经费			应付下级经费		
应收下级经费			其他应付款		
其他应收款			代管经费		
库存物品			负债合计		
流动资产合计					
投资			三、净资产		
在建工程			资产基金		
固定资产原值			工会资金结转		
减：累计折旧			工会资金结余		
固定资产净值			净资产合计		
无形资产原值					
减：累计摊销					
无形资产净值					
长期待摊费用					
待处理财产损溢					
资产总计					

3.资产负债表的编制方法

工会资产负债表是在期末登记完有关总账和明细账的基础上编制的。资产负债表的编制是以日常会计核算记录的数据为基础进行归类、整理和汇总，加工成报表项目的过程。

工会资产负债表的主体部分的各项目均列有"年初余额"和"期末余额"两个栏目，是一种比较资产负债表。表中的"资产总计"项目年初（期末）余额应当与"负债与净资产总计"项目年初（期末）余额相等。

（1）"年初余额"的填报。工会资产负债表"年初余额"栏内各项目，根据上年年末资产负债表"年末余额"栏内各对应项目数字填列。如果本年度资产负债表规定的各个项目的名称和内容与上年不一致，应对上年年末资产负债表各项目的名称和数字按照本年度的规定进行调整，填入本表"年初余额"栏内。对于资产负债表的月报和年报，期初数都应当按照上年年末余额进行填列。

（2）"期末余额"的填报。"期末余额"是指某一会计期末的数字，根据本期期末总账各科目余额填列。编制年度资产负债表时，将"期末余额"栏改为"年末余额"栏。年度资产负债表"年末余额"栏内各项目，根据本年年末总账各科目余额填列。资产负债表"期末余额"栏各项目的内容和填列方法如下。

①资产类项目。

A."货币资金"项目，反映工会期末库存现金、银行存款的合计数。本项目应当根据"库存现金""银行存款"科目的期末余额的合计数填列。

B."应收上级经费"项目，反映工会期末应收未收的上级工会应转拨（或拨付）的工会拨缴经费及补助金额。本项目应当根据"应收上级经费"科目的期末余额填列。

C."应收下级经费"项目，反映县级以上工会期末应收未收的下级工会应上缴的工会拨缴经费金额。本项目应当根据"应收下级经费"科目的期末余额填列。

D."其他应收款"项目，反映工会期末尚未收回的其他应收款金额。本项目应当根据"其他应收款"科目的期末余额填列。

E."库存物品"项目，反映工会期末存储的库存物品的实际成本。本项目应当根据"库存物品"科目的期末余额填列。

F."流动资产合计"项目，反映工会期末流动资产的合计数。本项目应当根据本表中"货币资金""零余额账户用款额度"（中期报表）"财政应返还额度""应收上级经费""应收下级经费""其他应收款"和"库存物品"项目金额的合计数填列。

G."投资"项目，反映工会期末持有的投资账面余额。本项目应当根据"投资"科目的期末余额填列。

H."在建工程"项目，反映工会期末所有的建设项目工程的实际成本。本项目应当根据"在建工程"科目的期末余额填列。

I."固定资产原值"项目，反映工会期末固定资产的原值。本项目应当根据"固定资产"科目的期末余额填列。

"累计折旧"项目，反映工会期末固定资产已计提的累计折旧金额。本项目应当根据"累计折旧"科目的期末余额填列。

"固定资产净值"项目，反映工会期末固定资产的账面价值。本项目应当根据"固定资产"科目期末余额减去"累计折旧"科目期末余额后的金额填列。

J."无形资产原值"项目，反映工会期末无形资产的原值。本项目应当根据"无形资产"科目的期末余额填列。

"累计摊销"项目，反映工会期末无形资产已计提的累计摊销金额。本项目应当根据"累计摊销"科目的期末余额填列。

"无形资产净值"项目，反映工会期末无形资产的账面价值。本项目应当根据"无形资产"科目期末余额减去"累计摊销"科目期末余额后的金额填列。

K."长期待摊费用"项目，反映工会期末已经支出，但应由本期和以后各期负担的分摊期限在1年以上（不含1年）的各项支出金额。本项目应当根据"长期待摊费用"科目的期末余额填列。

L."待处理财产损溢"项目，反映工会期末尚未处理完毕的各种资产的净损失或净溢余。本项目应当根据"待处理财产损溢"科目的期末借方余额填列；如"待处理财产损溢"科目期末为贷方余额，以"-"号填列。

M."资产总计"项目，反映工会期末资产的合计数。本项目应当根据本表中"流动资产合计""投资""在建工程""固定资产净值""无形资产净值""长期待摊费用"和"待处理财产损溢"项目金额的合计数填列。

②负债类项目。

A."应付职工薪酬"项目，反映县级以上工会期末按有关规定应付给职工及为职工支付的各种薪酬金额。本项目应当根据"应付职工薪酬"科目的期末余额填列。

B."应付上级经费"项目，反映工会期末应缴未缴上级的工会拨缴经费金额。本项目应当根据"应付上级经费"科目的期末余额填列。

C."应付下级经费"项目，反映县级以上工会期末应付未付下级的转拨或（或拨付）工会拨付经费及补助金额。本项目应当根据"应付下级经费"科目的期末余额填列。

D."其他应付款"项目，反映工会期末尚未支付的其他应付及未收款金额。本项目应当根据"其他应付款"科目的期末余额填列。

E."代管经费"项目，反映工会期末受托代管的其他组织的资金金额。本项目应当根据"代管经费"科目的期末余额填列。

F."负债合计"项目，反映工会期末负债的合计数。本项目应当根据本表中"应付职工薪酬""应付上级经费""应付下级经费""其他应付款"和"代管经费"项目金额的合计数填列。

③净资产类项目。

A."资产基金"项目，反映工会期末库存物品、投资、在建工程、固定资产、无形资产、长期待摊费用等非货币性资产在净资产中占用的金额。本项目应当根据"资产基金"科目的期末余额填列。

B."工会资金结转"项目，反映工会累计滚存的除财政拨款外的工会经费结转金额。本项目应当根据"工会资金结转"科目的期末余额填列。

C."工会资金结余"项目，反映工会累计滚存的除财政拨款外的工会经费结余金额。本项目应当根据"工会资金结余"科目的期末余额填列。

D."净资产合计"项目，反映工会期末净资产合计数。本项目应当根据本表中"资产基金""专用基金""工会资金结转""工会资金结余""财政拨款结转""财政拨款结余"和"预算稳定调节基金"项目金额的合计数填列。

（四）收入支出表

收入支出表是反映工会某一会计期间全部收入、支出及结转结余情况的报表。工会至少应当编制月度、年度收入支出表，可以根据需要编制季度、半年度收入支出表。

1. 收入支出表的用途

收入支出表可以向报表使用者提供以下几个方面的信息：（1）工会在一定时期内工会经费收入总体情况以及这些收入的来源及构成情况；（2）工会在一定时期内工会经费支出总体情况以及支出的构成情况；（3）工会经费收入减去支出后的差额；（4）年初资金结转结余、资金结转结余调整及变动和年末资金结转结余的情况；（5）通过对经费收入支出表的分析，以及将前后期的经费收入支出表进行对照分析，可以看出工会收入支出变化情况及发展趋势。

2. 收入支出表的格式

收入支出表从格式上按照本月数、本年累计数分项列示，同时按照年初资金结转结余、资金结转结余调整及变动、收入合计、支出合计、本期收支差额、年末资金结转结余等项目分层次排列。收入支出表的格式如表5-24所示。

表5-24　收入支出表

编制单位：　　　　　　　　　　年　　月　　日

工会01表
单位：元

项目	本月数	本年累计数
一、年初资金结转结余		
（一）年初资金结转		
（二）年初资金结余		
二、资金结转结余调整及变动		
三、收入合计		
（一）会费收入		
（二）拨缴经费收入		
（三）上级补助收入		
（四）行政补助收入		

续表

项目	本月数	本年累计数
（五）其他收入		
四、支出合计		
（一）职工活动支出		
（二）职工活动组织支出		
（三）职工服务支出		
（四）维权支出		
（五）业务支出		
（六）资本性支出		
（七）补助下级支出		
（八）其他支出		
五、本期收支差额		
六、年末资金结转结余		
（一）年末资金结转		
（二）年末资金结余		

3.收入支出表的编制方法

（1）"本年累计数"的填报。收入支出表"本年累计数"栏内各项目，根据自年初至本期期末各项目的累计实际发生额填列，也可以根据上月收入支出表"本年累计数"加上本月收入支出表"本月数"后的金额填列。

（2）"本月数"的填报。"本月数"栏内各项目，根据本月各项目的实际发生额填列。编制年度收入支出表时，将"本月数"栏改为"本年数"栏，将"本年累计数"栏改为"上年数"栏。年度收入支出表"本年数"栏内各项目，根据本年度各项目的实际发生额填列。年度收入支出表"上年数"栏内各项目，根据上年度收入支出表"本年数"栏内各对应项目数字填列。工会经费收入支出表"本月数"栏各项目的内容和填列方法如下：

① "年初资金结转结余"项目。

"年初资金结转结余"项目及其所属各明细项目，反映工会本年初所有资金结转结余的金额。本项目及其所属各明细项目，仅在编制年度收入支出表时填列。

"年初资金结转结余"项目根据各明细项目的合计数填列。"年初资金结转"项目根据"工会资金结转"科目年初余额的合计数填列。"年初资金结余"项目根据"工会资金结余"科目年初余额的合计数填列。

本项目及其所属各明细项目的数额，应当与上年度收入支出表中"年末资金结转结余"中各项目的金额相等。

② "资金结转结余调整及变动"项目。

"资金结转结余调整及变动"项目，反映工会因发生需要调整以前年度各项资金结转结余的事项导致各项资金结转结余发生变动的金额。本项目根据"工会资金结转""工会资金结余"科目下"年初余额调整""归集上缴"科目本期发生额的合计数填列。若为负数，以"-"号填列。

③收入类项目。

A. "收入合计"项目，反映工会本期收入总额。本项目应当根据本表中"会费收入""拨缴经费收入""上级补助收入""行政补助收入""其他收入"项目金额的合计数填列。

B. "会费收入"项目，反映基层工会收到的工会会员会费的金额。本项目应当根据"会费收入"科目的本期发生额填列。

C. "拨缴经费收入"项目，反映工会收到的基层单位行政拨缴、下级工会按规定上缴及上级工会按规定转拨的工会拨缴经费中归属于本级工会的经费金额。本项目应当根据"拨缴经费收入"科目的本期发生额填列。

D. "上级补助收入"项目，反映工会收到的上级工会给予的补助金额。本项目应当根据"上级补助收入"科目的本期发生额填列。

E. "行政补助收入"项目，反映基层工会收到的所在单位行政方面按照《工会法》和国家的有关规定给予工会的补助金额。本项目应当根据"行政补助收入"科目的本期发生额填列。

F. "其他收入"项目，反映工会收到的各类其他收入的金额。本项目应当根据"其他收入"科目的本期发生额填列。

④支出类项目。

A."支出合计"项目，反映工会本期支出总额。本项目应当根据本表中"职工活动支出""职工活动组织支出""职工服务支出""维权支出""业务支出""行政支出""资本性支出""补助下级支出""对附属单位的支出""其他支出"和"安排预算稳定调节基金"项目金额的合计数填列。

B."职工活动支出"项目，反映基层工会开展职工教育活动、文体活动、宣传活动、劳模疗休养活动、会员活动等发生的支出金额。本项目应当根据"职工活动支出"科目的本期发生额填列。

C."职工活动组织支出"项目，反映县级以上工会组织开展职工教育活动、文体活动、宣传活动、劳模疗休养活动等发生的支出金额。本项目应当根据"职工活动组织支出"科目的本期发生额填列。

D."职工服务支出"项目，反映工会开展职工劳动和技能竞赛活动、职工创新活动、建家活动、职工书屋、职工互助保障、心理咨询等工作发生的支出金额。本项目应当根据"职工服务支出"科目的本期发生额填列。

E."维权支出"项目，反映工会用于维护职工权益的支出金额。本项目应当根据"维权支出"科目的本期发生额填列。

F."业务支出"项目，反映工会培训工会干部、加强自身建设及开展业务工作发生的支出金额。本项目应当根据"业务支出"科目的本期发生额填列。

G."资本性支出"项目，反映工会从事建设工程、设备工具购置、大型修缮和信息网络购建而发生的实际支出金额。本项目应当根据"资本性支出"科目的本期发生额填列。

H."补助下级支出"项目，反映县级以上工会为解决下级工会经费不足或根据有关规定给予下级工会的各类补助金额。本项目应当根据"补助下级支出"科目的本期发生额填列。

I."其他支出"项目，本科目核算工会除上述支出以外的各项支出，如资产盘亏、资产处置净损失、捐赠支出、汇兑损益以及按规定计提有关专用基金等。

⑤"本期收支差额"项目。

"本期收支差额"项目，反映工会本期发生的各项资金收入和支出相抵后的余额。本项目应当根据本表中"收入合计"项目金额减去"支出合计项目"金额后的余额填列。如为负数，以"-"号填列。

⑥"年末资金结转结余"项目。

"年末资金结转结余"项目及其所属各明细项目，反映工会本年各项资金结转结余的年末余额。本项目及其所属各明细项目，仅在编制年度收入支出表时填列。

"年末资金结转结余"项目根据各明细项目的合计数填列。"年末资金结转"项目根据"工会资金结转"科目年末余额的合计数填列。"年末资金结余"项目根据"工会资金结余"科目年末余额的合计数填列。

（五）附注

1. 附注的概念

附注是对在资产负债表、收入支出表中列示项目所作的进一步说明，以及未能在这些报表中列示项目的说明。

2. 附注的主要内容

（1）工会的年度会计报表附注至少应当披露下列内容：①遵循《工会会计制度》的声明；②整体财务状况、预算执行情况的说明；③重要会计政策、会计估计及其变更情况的说明；④会计报表重要项目的进一步说明，包括其主要构成、增减变动情况等；⑤重要资产处置、资产重大损失情况的说明；⑥以名义金额计量的资产名称、数量等情况，以及以名义金额计量理由的说明；⑦以前年度结转结余调整情况的说明；⑧有助于理解和分析会计报表需要说明的其他事项。

（2）法律、行政法规和国家统一的会计制度另有规定的，从其规定。

课后思考

1. 基层工会应设置哪些账簿？
2. 工会会计恒等式是什么？
3. 如何区别"借出款""借入款""其他应收款""其他应付款"？
4. 电子发票可以在工会报销入账吗？

> **知识小链接**

工会会计业务处理的基本流程是什么？

工会会计核算的日常流程是"证—账—表"，一般情况下，只有当前一个程序完成以后，后一个程序才能开始。会计凭证作为会计核算流程的起点，按照其记录的内容又分为两个类别：一是记录经济业务发生的凭证，也叫原始凭证或者单据；二是根据原始单据填制的记账凭证，即实际工作中的"下账"，"下账"的依据是《工会会计制度》。

原始凭证按照来源又可以分为外来原始凭证和自制原始凭证，前者如买东西的发票、银行提供的"授权支付到账通知书"以及上级工会的补助通知书（单）和下级工会经费收缴报告表；后者如本级工会的工资发放表、物料领用表以及入库单、借据等。按照要求，记账凭证应由会计人员根据审核无误的原始凭证编制。按照内容，记账凭证分为收款凭证、付款凭证和转账凭证三类。根据《工会会计制度》的规定，凡是涉及收款业务的，应填制收款凭证；涉及付款业务的，应填制付款凭证；如果业务既不涉及收款也不涉及付款，则填制转账凭证。与会计凭证不同，会计账簿是在审核无误的记账凭证的基础上，对同一经济业务进行的连续登记。在实务工作中，常见的会计账簿有日记账、分类账和备查簿；而按照账簿反映的信息详略程度，又可以分为总账和明细账。按照规定，工会的库存现金、银行存款日记账应由出纳根据审核无误的收款或者付款凭证填制，并做到"日清月结"；分类账则可以在结账前一次性处理，但备查簿应在经济业务发生时记录主账户的同时登记。对工会而言，制度要求已经核销的资产需要建立备查簿，即"账销案存"，以加强对已核销资产的管理。

工会会计报表是反映各级工会财务状况、业务活动和预算执行结果的书面文件，是各级工会领导、上级工会及其他会计报表使用者了解情况、掌握政策、指导工作的重要资料。工会组织应在规定的时间完成相关报表的编制和报送。目前，绝大部分工会组织已经开始使用电算化系统。因此，上述程序中有关记账凭证、账簿登记以及报表编制（不含附注）等内容实际上已经在财务人员输入原始凭证后，由电算化系统自动完成。为确保会计核算的准确性、合规性，工会组织应建立和完善与电算化系统相适应的内部控制制度。实际工作中的"会计造假"一般发生在会计凭证的处理阶段，所以，加强会计凭证管理，尤其是原始凭证的管理，已经成为提高工会会计信息质量的重要环节。

第六章

基层工会经审工作实务

本章导读

工会经审工作的基本职责是对工会经费收支和财产管理情况进行审查监督。工会经审工作是工会全局工作的重要组成部分，为此，要通过建立健全以审计为基础的经费审查监督机制，维护国家财经法纪，促进收好、管好、用好工会经费，保障工会经济活动规范运作和工会系统党风廉政建设的开展。

一、工会经审工作概述

工会经费审查监督工作（以下简称"工会经审工作"）是工会经费审查委员会（以下简称"经审会"）对工会经费收支、资产管理以及相关经济活动依法进行审查的经济监督。各级工会经审会依据《工会法》《中华人民共和国审计法》《中国工会章程》《中国工会审计条例》等法律法规规章，依法依规履行监督职责，对工会经费、资产管理等全部经济活动的真实性、合法性与效益性实施审查审计监督。

（一）工会经审工作的重要意义

工会经审工作是工会依法治会、贯彻工会经费独立原则的客观要求，是对工会经费收支和财产管理实行民主监督和审计监督的有效途径，是健全工会监督制约机制的重要措施。重视和加强工会经审工作，是工会组织在新形势下提高服务大局、履行职责的重要内容，也是工会组织完善监督制约机制的需要。

第一，保障工会经费和资产安全、完整、效益的需要。各级工会组织要增强做好工会经费和资产管理的责任感、使命感，切实发挥好监督作用，把好工会经费收、管、用各个关口，确保工会经费正确使用方向和资产的保值增值。

第二，管好、用好专项资金，保证专项资金专款专用的需要。党和政府高度重视保障改善民生，非常关心职工群众的生产生活。近年来，国家财政和上级工会拨付、社会捐赠的困难职工帮扶、劳模困难补助、送温暖等专项资金逐年增加。管好、用好这些专项资金，工会经审组织肩负着重要的审计监督责任。

第三，促进工会系统党风廉政建设，保护爱护工会干部的需要。各级工会要进一步加强对领导干部的经济责任审计和权力运行过程中的监督制约，及时发现和纠正制止违法违纪现象。

（二）工会经审工作的基本职责

工会经审工作主要是对同级工会和下一级工会经费收支与财产管理情况进行审查监督，其基本职责如下：

（1）贯彻落实党和国家相关重大经济社会政策措施以及全国总工会决策部署情况。

（2）与经济活动有关的发展规划、战略决策、重大措施以及年度业务计划执行情况。

（3）经费预算编制和调整、预算执行、决算草案以及其他财务收支情况。

（4）经费计提和拨缴情况。

（5）专项资金物资的筹措、拨付、管理和使用情况。

（6）资产的管理、使用和处置情况。

（7）本级工会及所属企事业单位建设项目情况。

（8）本级工会及所属企事业单位对外投资情况。

（9）内部控制及风险管理情况。

（10）经费使用效益和资产经营效益情况。

（11）撤并时的财务清算情况。

（12）工会管理和委托其他单位管理的社会捐赠资金、各类基金的收支情况。

（13）其他需要审计的有关事项。

以上事项，必要时可以进行延伸审计。

经审会对本级工会预算执行情况要每年审计，对下一级工会预算执行情况的审计至少在本届任期内全覆盖。经审会接受本级工会干部管理部门的书面委托，对本级工会内部管理的领导人员履行经济责任情况进行审计。经审会在实施经济责任审计时，参照执行国家有关经济责任审计的规定。经审会可以对被审计单位依法依规应当接受审计的事项进行全面审计，也可以对其中的特定事项进行专项审计或者专项审计调查。上级经审会对其审计职责范围内的审计事项，可以授权下级经审会进行审计。下级经审会应当配合协助上级经审会开展各项审计工作。

（三）工会经审工作的具体内容

（1）审查工会预算、工会经费收支和财产管理情况；审查工会所属企事业单位的财务收支和经营管理情况；监督工会及其所属企事业单位，认真贯彻执行国家财经政策、纪律、法规和工会财务工作的方针、政策、规章制度。

（2）督促工会发扬财务民主，定期公布财务账目和向会员大会或会员代表大会报告财务收支情况。

（3）检查工会对会员大会或会员代表大会关于工会工作的决议的执行情况，以及对经审会的建议和决议的执行情况。

（4）深入实际调查研究，密切联系群众，广泛听取和征求会员与职工的意见，积极参与和支持工会财务改革，帮助完善工会财务管理制度。

（5）当工会财务管理机构变动或财务管理人调动而办理交接时，负责监督交接工作。

（6）接受工会会员大会或会员代表大会和上级工会交办的其他经济审查任务。

（7）宣传党和国家有关方针政策，同铺张浪费、私分钱物、贪污盗窃、侵占国家和工会财产的现象进行斗争；对模范执行财经法纪、财务工作成绩显著的，建议给予表扬奖励；总结经验，对经费收支和财务管理，提出切实可行的意见或建议，以保证工会财务工作更好地为职工群众和发展工运事业服务。

（四）工会经审机构

基层工会经费审查监督机构为基层工会经审会，是代表会员群众对工会经费收支和财产管理情况进行审查监督的组织。它的组建或换届改选，与基层同级工会委员会同时进行。

1. 工会经审机构和人员

（1）经审会应当与同级工会委员会同时考察、同时报批、同时选举产生。

（2）经审会向同级工会会员大会或者会员代表大会负责并报告工作；在大会闭会期间，向同级工会委员会负责并报告工作。上级经审会对下级经审会进行业务指导和监督考核。经审会定期向同级工会党组织报告审计工作。

（3）经审会委员由政治素质高、业务能力强、具有相关专业知识的工会干部和会员担任并经民主选择产生。

（4）基层工会经审会委员人数一般为3至11人。经审会委员中具有审计、财会专业知识的人员不少于三分之二。

（5）工会主席、分管财务和资产的副主席、工会财务人员和资产管理人员，不得担任同级工会经审会委员。

（6）工会应当建设信念坚定、为民服务、业务精通、作风务实、敢于担当、清正廉洁的高素质专业化审计队伍。经审会应当加强对审计人员遵守法律法规和履行职责情况的监督，督促审计人员依法履职尽责。

（7）工会审计人员应当具备与其从事审计业务相适应的专业知识和职业能力。

（8）经审会根据工作需要，可以委托具有相应资质的社会中介机构对有关事项进行审计；可以聘请具有审计、财会等专业资格和职业能力的人员参与审计工作。经审会应当加强对外聘社会中介机构和人员的指导检查、监督评价和质量控制，对审计方案、审计工作底稿、审计报告等进行审核，根据审计工作完成情况，建立考评和退出机制。

（9）工会审计人员不得从事可能影响独立、客观履行审计职责的工作，不得参与、干预、插手被审计单位及其相关单位的经济管理活动；在办理审计事项中，与被审计单位或者审计事项有利害关系的应当回避；对在履行职责中知悉的国家秘密、工作秘密、商业秘密、个人隐私和个人信息，应当予以保密，不得泄露或者向他人非法提供。

2. 工会经审权限

（1）经审会有权要求被审计单位提供财务、会计资料以及与财务收支有关的业务、管理等资料，包括电子数据和有关文档。被审计单位不得拒绝、拖延、谎报。被审计单位负责人应当对本单位提供资料的及时性、真实性和完整性负责，并作出书面承诺。经审会对取得的资料进行综合分析，需要向被审计单位核实有关情况的，被审计单位应当予以配合。

（2）经审会进行审计时，有权检查被审计单位的财务、会计资料以及与财务收支有关的业务、管理等资料和资产，有权检查被审计单位信息系统的安全性、可靠性、经济性，被审计单位不得拒绝。

（3）经审会进行审计时，有权就审计事项的有关问题向有关单位、部门和个人进行调查与询问，并取得有关证明材料。有关单位、部门和个人应当配合、协助经审会工作，如实向经审会反映情况，提供有关证明材料。

（4）经审会进行审计时，经经审会主要负责人批准，有权对可能被转移、隐匿、篡改、毁弃的财务、会计资料以及与财务收支有关的业务、管理等资料，采取暂时封存的措施。

（5）经审会进行审计时，有权对正在进行的严重违法违规、严重损失浪费行为及时向单位主要负责人报告，经同意作出临时制止决定。经审会有权提出纠正、处理违法违规行为的意见和改进管理、提高绩效的建议。

（6）经审会有权对审计结果以适当方式进行通报。经审会有权对违法违规和造成损失浪费的被审计单位和人员，给予通报批评或者提出追究责任的建议。经审会对严格遵守财经法规、经济效益显著、贡献突出的被审计单位和个人，可以向单位党组织、主要负责人提出表彰建议。

（7）经审会对审计中发现的严重违法违规、严重损失浪费等问题，以及被审计单位经济运行中存在的重大风险隐患，有权向同级工会党组织、工会委员会和上一级经审会报告。

二、工会经审方式与程序

《工会法》在坚持工会经费独立原则的同时，强调"工会经费的使用应当依法接受国家的监督"，确立了"经费独立，国家监督"的工会经费管理和监督体制，因而工会经审工作应采用内部审查监督与外部审查监督相结合的形式。

（一）工会经审方式

工会经审方式是工会经审会落实审查任务，进行审查监督活动的形式。

（1）按照经审活动的场所划分，可分为会议审查、报送审查、就地审查、巡回审查和张榜公布审查。会议审查是指以会议形式所进行的审查，即召开经审会全体会议，听取汇报，进行审议并作出相应的决议。报送审查是指被审查的工会及所属企、事业单位财务部门，按照上级经审会的要求，定期或按时将其会计凭证、账簿、报表、财务收支计划、预算执行进度分析报告及有关文件资料，报送经审会的日常办事机构——经审会办公室（审计处、室），由其按一定的工作程序进行审查。就地审查是指工会经费审查人员直接到被审查对象所在地进行的审查。巡回审查是指工会经审会对其所属的驻地较分散的一些企业、事业单位进行经常监督和对下一级经审工作进行抽查指导所采取的一种审查方式。张榜公布审查是指厂矿企业等基层工会经审会督促本级工会委员会及时张榜公布当月、当季、当年的经费收支情况，直接接受会员群众监督的审查方式。

（2）按照经审活动的组织形式划分，可分为自查、委托审查和联合审查。自查是指工会经审会对同级工会委员会的财务工作进行审查监督，不依靠外部力量进行。这是工会经费审查的 种最普遍的形式。委托审查是指工会经审会委托工会以外的审计组织（国家审计机关或社会审计组织）进行审查的一种经审方式，是工会经费自查的一种补充形式。联合审查是指由工会经审会会同其他有关单位联合起来进行审查的方式，例如，与同级工会委员会及有关部门组成工会财务大检查领导小组，同地区或同行业工会经审会联合起来互查；与企业、事业单位行政方面的内审机构联合起来对计拨经费是否足额和及时、行政补贴款项是否合理等进行审查；与国家或社会审计组织组成对某些审查项目的联合审查。

（3）按审查范围划分，可分为全面审查、局部审查、专项审查和重点审查。全面审查是指范围很广的，对被审查单位在一定时期内的全部财务收支、经济活动所进行的检查、分析和评价。局部审查是指相对全面审查而言比较局部性地对被审查对象的某些经济活动、收支情况或其某些方面而进行的审查。专项审查是指比局部审查范围更小的审查活动，是有特定目的、有特定范围并在特定时间内进行的审查。重点审查是指为专门查清某一种特定问题所进行的专题审查。通常是在进行上述全面审查、局部审查或专题审查过程中，发现了某一重要问题，而搞清这一问题对整个审查工作有关键作用，因此有必要把这一问题单独作为重点进行审查。

（4）按与审查对象的时间关系划分，可分为事前审查、事中审查和事后审查。事前审查是指在某一经济活动发生之前对它进行的审查，如对年度预算、经营目标、经济合同、投资方案等进行的审查，工会经审会必须对本级工会及其财务部门提出的预算方案进行审查，帮助同级工会制订科学的预算收支计划。事中审查是指在预算执行到一定阶段或在某一经济活动进行的过程中所进行的审查。事后审查是指在年度末或某一经济活动结束时，对某决算报告进行的审查。

（二）工会经审操作程序

（1）经审会根据同级工会委员会的工作部署和上级经审会的要求，制订年度审计工作计划。

（2）经审会根据年度审计工作计划，确定审计项目，成立审计组，制订审计实施方案。审计组审计人员不得少于2人，实行审计组组长负责制。

（3）经审会应当在实施审计3日前，向被审计单位送达审计通知书。遇有特殊情况，报经审会主要负责人批准后，可以直接持审计通知书实施审计。

（4）审计人员通过审查财务、会计资料，查阅与审计事项有关的文件、资料，检查现金、实物、有价证券和信息系统，向有关单位和个人调查等方式进行审计，取得审计证据，做好审计记录，编制审计工作底稿。向有关单位和个人进行调查时，审计人员应当不少于2人。

（5）审计组对审计事项实施审计后，依据相关法律法规和内部控制制度作出审计评价，对需要整改的事项提出审计意见和建议，形成审计组的审计报告，并征求被审计单位的意见。

（6）被审计单位自接到审计组的审计报告之日起10日内，应当向审计组回复书面意见，逾期不回复的，视同无异议。

（7）经审会审核审计组的审计报告、研究被审计单位的书面意见后，出具经审会的审计报告，对违反财经法律法规的行为在职权范围内作出审计决定，并将经审会的审计报告或者审计决定送达被审计单位。审计决定自送达之日起生效。

（8）被审计单位自收到经审会的审计报告或者审计决定之日起30日内，将整改落实情况书面报告给出具审计报告或者审计决定的经审会。

（9）被审计单位或者相关责任人员对经审会作出的审计决定不服的，自收到审计决定之日起60日内，可以向出具审计决定的上一级经审会书面申请复审。上一级经审会自收到书面复审申请之日起60日内，应当作出复审决定。复审期间执行原审计决定。

（10）经审会发现下一级经审会作出的审计决定违反国家有关规定或者有重大错误的，应当责成下一级经审会予以变更或者撤销，必要时可以直接作出变更或者撤销决定。

（11）经审会应当建立健全审计整改监督检查机制，对被审计单位进行审计回访，督促其落实整改意见，执行审计决定。审计组在审计实施过程中，应当及时督促被审计单位整改审计发现的问题。经审会在出具审计报告、作出审计决定后，应当在规定的时间内检查或者了解被审计单位和其他有关单位的整改情况。对于定期审计项目，经审会可以结合下一次审计，检查或者了解被审计单位的整改情况。

（12）经审会应当每年向同级工会党组织和工会委员会报告审计结果和整改落实情况。

（13）经审会对办理的审计项目、专项审计调查、审计复审、审计整改监督检查等，按照工会审计业务公文处理规定和审计档案管理规定建立档案。

三、工会实务审计

根据《中国工会审计条例》第二十一条规定的审计事项，工会审计项目一般分为以几类。

（一）工会预决算审计

工会预算是经过一定的程序审核批准的各级工会的财务收支计划，是为实现工会各项职能，有计划地筹集和分配工会资金的重要工具，是工会财务工作的重要工作，也是工会经费审查的重点对象之一。工会预算制度包括三个环节：工会预算的编制、工会预算的执行和工会预算的决算。

工会预算一般分为以下几个级次：全国总工会的预算、省总工会的预算、市级总工会的预算、县级总工会的预算、乡镇级工会的预算和企业、事业单位、国家机关、社会团体工会的预算。

1.对工会预算编制的审计

（1）审查工会预算是否贯彻了工会工作指导方针，工会的预算安排是否体现了用工会经费更好地为职工群众服务的精神。

（2）审查工会预算是否贯彻了"收好、管好、用好"的方针，是否制定积极可靠、稳妥可行的措施。

（3）审查预算编制是否贯彻了"统筹兼顾、勤俭节约、量力而行、讲求绩效、收支平衡"的原则。

（4）审查预算编制是否符合以下要求：预算编制中涉及的科目、表格、计算口径是否符合统一规定的要求。预算的内容是否完整，材料是否齐全，数字是否真实准确、有理有据，规定编列的项目是否全部列入，有无错列、漏列、不列等问题。预算是否附有文字说明和补充资料，说明是否清楚详尽。

2.对工会预算执行情况的审计

在预算执行过程中所进行的审计称为事中审计，这是一般审计工作，也是工会经费审查工作中的一个重要环节。一般来说，对预算执行情况的审计，集中于以下几个方面：

（1）对于预算收入计划是否按期完成的审计。

（2）对实际开支中无预算、超预算的不合理开支的审计。

（3）对预算执行过程中出现需要追加、调整预算的情况加以审计。

（4）对列支非本级工会应支付费用的审计。

3.对工会经费收支决算的审计

工会财务决算或工会经费收支决算，是执行预算收支计划及其效果的总结和考评，也是全面、系统地反映工会工作计划及其发展计划执行结果的财务表现。基层工会预算单位的决算审计如下：

（1）对决算报告进行审查，目的是总结经验、揭露问题，提出改进建议，为制定财务决策提供依据。

（2）决算审查的重点是审查决算编报的真实性和合法性。

（3）决算审查包括技术性审查和实质性审查两方面的内容。技术性审查是对决算报表是否真实有效的审计。实质性审查是对被审单位是否执行财经纪律、其活动是否合法合规的审查。

（二）工会经费收入审计

工会经费收入来源是各级工会依法组织收入的依据。基层工会经费收入主要包括会费收入、拨缴经费收入、上级补助收入、行政补助收入、其他收入等。

1.对会费收入的审计

对会费收入的审计的具体内容主要有：

（1）工会会员有无不交会费的现象，如有要查明原因。

（2）缴纳会费是否足额，有无少交或多收现象，增资补发工资后是否按比例补交会费。

（3）特殊会员缴纳会费的情况。如待岗职工、系统内挂职交流职工、劳务派遣工等如何缴纳会费，有何依据，是否合法合规。

2.对拨缴经费收入的审计

对拨缴经费收入的审计的具体内容主要有：

（1）有无应拨缴经费而不拨缴经费现象。

（2）拨缴经费的基础，全部职工的工资总额构成项目是否有遗留。

（3）拨缴经费的留存和上解比例计算是否正确。

（4）拨缴经费的时间是否及时。

（5）拨缴经费的账面处理是否规范。

3.对上级补助收入的审计

对上级补助收入的审计具体内容主要有：

（1）上级补助收入是否及时足额拨入所属工会账户；看有无拖欠和该补而不补的现象，如有要查明原因。

（2）查收到上级补助收入后是否按规定准确地记入相应的科目，看有无记错会计科目现象。

4.对行政补助收入的审计

对行政补助收入的审计具体内容主要有：

（1）按规定应由行政补助工会的各种款项是否及时足额拨入工会账户，看有无违反规定不补、欠补或少补的现象。

（2）有无借工会账户替行政转移资金或设小金库的现象。

5.对其他收入的审计

对其他收入的审计具体内容主要有：

（1）在其他收入中，单位银行存款的利息收入与银行存款额是否匹配，有无少计或不计利息的现象。

（2）有无将无关收入纳入其他收入的现象。

（3）单位的废旧物品如何处理，其收入是否如数入账。

（三）工会经费支出审计

基层工会经费支出方向主要包括职工活动支出、职工服务支出、维权支出、业务支出、资本性支出、其他支出。对工会经费支出审计主要侧重以下几个方面：

（1）对工会业务经费支出的审计。这种审计主要依据国家有关的法规和财经纪律、工会的方针任务和工会财会制度，本着从严控制、压缩支出、厉行节约、严禁浪费的精神进行审计。对一切擅自提高开支标准、扩大开支范围的行为要予以有力制止。看是否借会议培训的名义公款旅游，到名胜景区度假村培训开会，组织会餐或安排宴请，组织发放礼品、纪念品和土特产等行为。

（2）对工会活动支出的审计。对工会活动审计看是否坚持勤俭办事的原则，会员活动是否普惠均等，严禁铺张浪费、大吃大喝、乱发纪念品、公款旅游等不正之风。看是否超标超范围发放奖励，违规乱设奖项，用现金代替慰问品，到明令禁止景区组织活动；看是否超标超范围发各种劳务、伙补、现金补贴；审查；看是否擅自提高会费弥补标准。

（3）对职工服务支出的审计。这类审计主要把好"三关"：服务项目预算审计；服务项目进度质量审计；服务满意度审计。

（4）对资本性支出的审计。主要审计工会各项设备采购程序，以及有无乱添办公设备、摆阔气的现象等。

（5）对维权支出的审计。看是否有按职务级别进行困难补助等行为。

（6）对会员活动的审计。看是否超标发放节日慰问品；用现金发放节日慰问品；是否用现金发放蛋糕、电影券；是否按职务级别划分发放标准。

（7）对是否超工会责任范围列支经费的审计。有些开支，如工会活动场所、工会办公用房、职工宿舍的购建、职工民主管理费用支出、党团组织单独举办的活动费用、劳动保护费用、人身及财产保险费等应由行政方面支出，不能列入工会经费支出。

（8）对经费支出管理的审计。这类审计主要审查是否出租出借账户，有无小金库；是否有支出事项与发票不符、虚假发票、发票无明细、支出无明细、无发放记录或无签字、白条入账等不规范财务行为；是否将经费划拨给同级行政使用；是否不按规定办理固定资产购置、处置审批程序，要对固定资产进行不定期盘点。

（四）工会财务报表审计

1.对资产负债表的审计

（1）对资产负债表审计的意义。资产负债表是反映工会在某特定日期财务状况的报表。它是根据"资产＝负债+净资产或资产"或"资产+支出＝负债+净资产+收入"的会计平衡公式，反映工会在月末、季末以及年末财务状况的静态报表。它提供的信息是工会领导和有关部门、会员职工最为关心的。审计人员通过对工会资产负债表的审计，可以了解和证实工会的下述情况：一是在一定日期，工会所拥有的资产的真实情况；二是在一定日期，工会负债的真实情况；三是在一定日期，工会净资产的真实情况；四是在一定日期，工会的收入、支出和结余的真实情况。对工会资产、负债能力，以及净资产结构的分析，可以为工会决策者提供更加有用的信息。

（2）对资产负债表审计的主要内容。对资产负债表的审计主要是确认工会资产、负债及净资产是否真实可靠。为了达到这一目的，审计时要把握以下要点：一是审查资产负债表的格式，表内的项目和分类是否符合工会最新会计制度的要求；二是审查资产负债表内的项目内容和填列方法是否符合工会新会计制度的要求，表内数字的来源是否真实可靠。

2. 对收支决算表的审计

（1）收支决算表审计的意义。收支决算表是反映工会在一定期间预算执行结果的一种财务报表。审计人员通过对工会收支决算表的审计，可以了解下列情况：一是工会一定时期的收支成果，考核工会的经费结余情况；二是工会预算的执行情况，考核评价工会本年的预算完成情况；三是可以利用表的有关数字分析经费收入、支出增加减少的原因，从而提出切实可行的建议。

（2）对收支决算表审计的内容。与资产负债表审计不同，收支决算表中的各项目，主要是反映收支活动的结果，其正确性主要由收支业务及其处理的会计资料来证明，而不像资产、负债项目的正确性可由事实来验证。因此，验证收支决算表审计的内容及重点与资产负债表有所不同。在验证收支决算表项目的内控制度可行性的基础上，重点审查收支决算表数字来源及计算是否正确，考核工会经费结余的真实性。

①验证收支决算表项目内部控制的可行性。审计人员可用调查表的方式调查了解收支决算表项目内控制度的情况。

②审查核对收支决算数字来源的真实性、可靠性。

在具体审查时，应注意：

A.各收入项目是否按各收入科目的实际发生额填列，有无虚列或隐匿收入的问题。

B.各支出项目是否按各支出科目的实际发生额填列，有无虚列或隐匿支出的现象。

C.专项资金支出项目是否按"专项资金支出"科目的实际发生额填列，有无不经"专项资金占用"科目核销而直接列支的现象。

D.本年经费结余项目是否真实反映工会当年的收支结果。

③收支表中有关数字的计算是否正确。检查时，主要核对下列各项数字是否相等。

A.本年收入合计＝会费收入＋拨缴经费收入＋上级补助收入＋行政补助收入＋其他收入。

B.本年支出合计＝职工活动支出＋职工服务支出＋维权支出＋业务支出＋资本性支出＋其他支出。

C.本年经费结余＝本年收入合计－本年支出合计。

D.年末资金结余。

E.年末资金结转。

3.对会计报表分析说明书的审计

（1）会计报表分析说明书的主要内容包括预算收支完成总情况的分析、预算收支完成情况的分析和预算支出完成情况以及资产负债情况的分析。通过对会计报表分析说明书的审计，一方面帮助审计人员了解和熟悉被审单位预算完成情况和财务状况；另一方面为下一步对会计报表的审计提供线索，以确定审计的重点。

（2）对会计报表分析说明书审计的内容。一是审查分析说明的内容是否齐全，有无遗漏。二是审查说明是否清楚，分析是否中肯。

（五）工会资产管理审计

工会资产包括库存现金、银行存款、实物资产等，是构成工会存在和发展的物质基础。

1.工会资产管理审计的目的

（1）维护工会财产的安全与完整，防止被盗、损坏、丢失等问题的发生。

（2）充分发挥工会财产的使用价值，使其更好地为广大职工群众服务，为工运事业服务。

（3）监督财产的合理使用，维护财产性能，延长其使用寿命。

2.工会资产审计的主要内容

（1）对工会资产管理制度的审计。对资产管理制度的审计是资产审计的基础，主要看资产管理制度是否完善。通过审计，发现漏洞，督促进一步完善制度，从制度上解决资产管理中存在的问题。

（2）对库存现金的审计。主要看库存现金是否过大，是否有超额度现金支付。

（3）对银行账户的审计。看银行印鉴章是否分开保管；看银行账户是否有与工会无关的业务往来。

（4）对实物资产的审计。主要看是否有家底不清、账实不符、管理不到位等问题。

（六）工会主席离任审计

这是指工会主席由于任职届满、工作调动、职务变更、离退休等原因，在离开原工作岗位前对其任期内各年度财务工作和经济活动进行经济责任审计。审计的具体内容包括以下几个方面。

1.对工会经费收入、支出和结余、结转的审计

（1）审查工会经费收支和结余结转的合法性、合理性和真实性。

（2）在经费支出方面，审查是否坚持民主当家理财，坚持预算制度，坚持审批制度，能否把工会经费最大限度地使用在广大职工群众身上；审查是否有重大的违规违纪和以权谋私的现象。

（3）审查工会经费的使用效益，看经费使用是否贯彻少花钱、多办事、勤俭节约的原则，职工群众的满意程度如何。

（4）审查工会经费收支相抵后结余结转情况。

2. 对工会资产保值、增值及使用和管理情况的审计

（1）正确计算该工会主席任职期间工会资产的增加和减少金额，审查有无因决策失误和管理不严导致工会资产流失现象。

（2）审查工会资产内控制度是否健全完善，贯彻执行情况是否良好。

（3）审查工会实物资产使用情况，是否做到了按需购置，按财力添置，有无闲置资产；是否做到了定期清查，经常保养维修。

（4）审查工会资产是否安全完整，有无账外资产。

（5）核对银行存款、库存现金，看账、物是否相符，看有无白条抵库等现象。

3. 对工会内部管理控制制度的审计

（1）审查该工会制定了哪些内部管理控制制度，健全程序如何。

（2）审查内部管理控制制度的贯彻执行情况，看有无执行不力或流于形式的现象。

（3）审查该领导同志是否能自觉遵守规章制度，做到严于律己，有无凌驾于党纪国法、规章制度之上的不良行为。

四、工会经审会的工作制度和规范

（一）工会经审会的组织原则

民主集中制是工会经审会的根本组织原则和组织制度，是充分发挥经审会职能作用的重要保证。经审会坚持民主集中制的主要内容包括以下几个方面。

首先，委员个人服从组织，少数服从多数。按照少数服从多数的原则，经审委员个人服从经审委组织所作的决议和决定。

其次，工会经审会都由会员大会或会员代表大会自下而上地选举产生。

再次，上级工会经审会有权对下级工会经审会的工作进行业务指导、督促检查。下级工会经审会既要向上级经审会请示和报告工作，又要独立负责地解决职权范围内的问题。上下级工会经费审查组织之间要互通情报，互相支持。

最后，经审会要经常听取下级组织和会员群众的意见，只有这样，才能保证经审组织在充分了解下级组织和会员群众的意见和要求的基础上，做出正确的决定，并使在集中正确意见的基础上所作的决定，得到下级组织的正确贯彻执行和会员群众的拥护。

（二）工会经审会的议事规则

工会经审会的议事规则，是指工会经审会开会议事时共同遵守的章程和制度。它的内容主要包括以下几个方面。

1. 议事范围

（1）定期或不定期地举行全体委员会议，听取同级工会及所属企事业单位财务工作报告。对同级工会及所属企事业单位的经费收支和重大开支事项、经济活动等进行审查监督，并依据有关方面方针、政策、法规、制度等做出相应的评价、结论和决议。

（2）审查并通过本级工会经审会制定的有关规章制度和计划方案等。

（3）审议通过检查指导下级工会经审会的要求和法规性的文件等。

（4）审议经审会办事机构（审计机构）的审计报告和审计结论。

（5）听取和审议本级工会经审会常务委员会的工作报告。

（6）审定本级经审会向同级工会代表大会和工会委员会的工作报告。

2. 会议制度

（1）工会经审会要制定和坚持例会制度，按时举行委员会全体会议。

（2）会议的议题和日期应提前通知委员，委员应按时出席会议。

（3）各级工会经审会的全体会议，需要有三分之二以上的委员出席，方能举行。讨论、审议问题，应充分发扬民主。

（4）工会经审会举行全体会议时，同级工会有关领导和有关部门负责人应到会汇报情况，听取审查意见并回答委员所提出的问题。

3. 议案执行

审议、讨论以及决定的事项，均应有会议记录，并形成纪要。会议表决的重要事项和会议纪要,送同级工会委员会或常务委员会阅处,并催办和听取处理意见,检查处理结果。

4.工作制度

工会经审会的工作制度应包括岗位责任制度,目标和计划管理制度,对下检查指导制度、请示报告制度、深入基层联系群众制度,接待处理来信来访制度,档案管理制度,保卫保密制度与相关部门联系制度,政治思想工作制度,干部学习和培训制度等。

经审会主要建立健全集体领导、分工负责制度,会议制度,上下联系制度,开展经常性的活动制度等。

(三)工会经审人员的职责和纪律

工会经审人员包括经审会成员和经审会办事机构(内审机构)工作人员。经审人员是经审工作的主体,即进行经审行为的当事人。经审人员在审查监督工作中,必须尽职尽责,遵守职业道德和工作纪律。

1.经费审查人员的职责

工会经审人员是受会员群众委托,做经费审查监督工作的,责任重大,要自觉树立监督意识,忠于职守,依法做好工作。为此,必须做到:

(1)坚持党的基本路线,为基层服务,为职工群众服务。

(2)坚定理想信念,经得起反腐拒变的考验。

(3)认真学习和贯彻执行党、政府和上级工会的有关方针、政策、制度和规定,不断提高政策水平和业务水平。

(4)密切联系群众,了解会员群众的意见和要求,宣传财经法纪,自觉接受会员群众的监督。

(5)工作严肃认真,注重调查研究,一切以事实为依据,对审查工作质量和审查材料所反映问题的真实性负责。

(6)坚持原则,客观公正,秉公办事,廉洁清正。

2.经审人员应遵守的纪律

为了维护经费审查工作的独立性、权威性,经审人员必须严格遵守工作纪律、保密纪律和行为纪律。

(1)工作纪律。主要包括:一是严格依照审查审计标准,首先是依照审查审计法规,进行审查审计;二是必须严格按照审计程序进行审查审计;三是对特殊部门和保密单位进行审查审计,必须经过有关领导机关批准,未经批准不得擅自进行;四是对查、借、调、阅、使用被审单位的资料,应做到手续完备,专人负责,妥善保管,及时归还,不得乱拆、乱放、涂改或丢失;五是调查取证必须由2名以上审查审计人员进行;六是查证事实,严禁诱供或逼供;七是清点钱物要有2名以上审查人员,被审单位领导和经办人员必须要在场,不得单方面进行;八是在审查中发现重大问题或重要线索要及时请示、汇报;九是审查报告、审查结论和处理决定必须做到证据确凿,依据充分,定性准确,处理宽严适度;十是审查对象涉及审查人员本人的家属、亲友时,一般应请示领导,自觉回避。

(2)保密纪律。主要包括:一是审查计划未公开前,不得泄露;二是审查内容未公开前,不得泄露;三是审查发现的疑点、线索和问题,不得泄露;四是对检举人、揭发人、证人的姓名、单位、地址及情况和提供的资料,不得泄露、丢失;五是对审查对象采取的审查方案和方法不得泄露;六是审查报告未公开前,不得泄露;七是未做结论的问题,审查结论和审查决定未公开前,不得泄露;八是审查人员内部的不同意见,不得泄露;九是保密性业务、财务和审查文件、资料等,应按保密制度的规定严格管理,不得丢失、泄露;十是在公共场所和家属、亲友等无关人员面前,不得泄露审查内容。

(3)行为纪律。主要包括:一是遵纪守法,不得违法乱纪;二是廉洁奉公,不得索贿受贿;三是秉公办事,不得徇私舞弊;四是客观公正,不准包庇袒护;五是文明审查,不准蛮横无理、恶语伤人;六是不得违反规定吃喝;七是不准享受被审计单位的任何特殊待遇;八是不准低价、廉价购买被审计单位的物品;九是不准向被审计单位强制摊派;十是不准利用职权,要求被审计单位为个人办私事。

课后思考

1. 工会主席、分管财务和资产的副主席、工会财务人员和资产管理部门的人员能否担任同级工会经审会委员？
2. 哪些部门能对工会进行审计？
3. 工会经费是否纳入国家审计范围？
4. 工会审计工作的主要依据有哪些？

知识小链接

同级行政领导离任审计时，需要对工会进行审计吗？

根据《全国总工会财务部关于地方财政能否对工会经费全部收支情况进行全面检查监督问题的答复》（工财字〔2005年〕86号）文件，《工会法》第四十五条第四款规定："工会经费的使用应当接受国家的监督。"国家对工会经费的使用监督，主要表现为：由政府财政拨给工会用于修建办公和职工活动设施与设备的基本建设费、县级以上工会离退休人员所需费用以及政府对工会疗养院的财政补贴等，必须接受政府的监督检查，发现问题，及时纠正。据此，各级地方财政部门对同级工会的检查监督仅限于拨给工会使用的财政性资金，其余非财政性资金，如工会经费收支、会费收支、事业收支、其他支出的预算执行情况，同级财政部门无权检查和监督。因此，参照以上文件内容，同级的行政领导离任审计，是不能审计工会开支的，但对于由行政拨付给工会的一些补助或其他款项，工会可以提供这些款项的去向说明。

第七章

基层工会常见财务问题解答

本章导读

基层工会财务工作专业性强,在实践中会遇到诸多把握不准的问题。本着简明、实用的原则,本章采用问答的形式,针对基层工会在经费收缴、经费使用、经费管理等方面存在的共性问题和常见困惑,进行逐一解答。

一、收入类

1. 基层工会筹建期间筹备单位需要拨缴工会经费吗

工会经费，是指工会依法取得并开展正常活动所需的费用。根据建会阶段不同，已建立工会组织的单位拨付的活动经费叫工会经费，未成立工会组织的单位在筹建工会期间拨付的经费叫工会建会筹备金。根据《中国工会章程》第三十八条规定，未建立工会的企业、事业单位、机关、社会组织，按工资总额的2%向上级工会拨缴工会建会筹备金。2021年7月中华全国总工会办公厅下发《关于规范建会筹备金收缴管理的通知》（厅字〔2021〕20号），规定相应的拨缴办法：一是自上级工会批准筹建工会的次月起，筹建单位每月按全部职工工资总额的2%向上级工会拨缴建会筹备金。实行委托代收建会筹备金的，上级工会应向代收部门提供筹建单位的名称、职工人数、工资总额、建会筹备金等信息。筹建单位凭"工会经费收入专用收据"或合法有效的工会经费代收凭据税前列支。二是自上级工会批准筹建单位成立工会组织的次月起，单位不再向上级工会上缴建会筹备金，改为按单位所在地方总工会经费收缴办法规定的方式、比例上缴工会经费。上级工会批准筹建单位成立工会之前，上级工会收取的建会筹备金不得按比例分成。自批准成立当月起，上级工会应将扣除工会组建相关支出后的建会筹备金余额，按照全国总工会和所在省级工会的规定比例及时进行分成、解缴，其中属于新组建工会的留成经费必须在2个月内返还到位。

注意：建会筹备金收取的根本目的是推动和促进企业建立工会组织并保障职工的权益，各级工会组织在收取建会筹备金的同时应加大对企业建会的帮助力度，力争早日完成建会工作。收取的建会筹备金中基层工会留成部分应在建会完成后尽快拨付给企业工会。

2. 基层工会应如何规范收取会费

考核会员会费是否收齐的主要标准就是看该工会组织是否按照会员工资收入的5%来收缴会费。各基层工会应当依据有关规定，扎实做好收缴会费的基础工作，如实编制会员名册，全面统计会员工资收入，准确计算缴费数额，主动及时送交工会财务部门等，确保会员会费能够及时收足、收齐。

3.工会是否可以将所得会费收入返还给会员

不可以。按照规定，工会依法收取的会费收入只能用于会员的集体活动，不能以现金等方式返还给会员，已经上交会费收入的所有权属于工会。

4.基层工会借调人员的会员组织关系和工会经费应该怎么处理

（1）工会会员组织关系的处理。借调时间6个月（含）以内的，会籍不作变动；借调时间6个月以上，借调单位已建立工会的，经会员本人向所在单位提出申请，可将会籍转到借调单位管理，借调期满后，将会籍转回所在单位。

（2）工会经费的处理。借调时间6个月（含）以内的，借调人员经费不作划转；借调时间6个月以上，借调单位已建立工会的，经会员本人提出申请，原单位工会应当按照人数比例、当年工会预算执行情况及时将借调人员工会经费划拨到借调单位的工会账户。

5.集团工会的经费应如何收缴

全国总工会办公厅2018年印发的《中华全国总工会关于企业集团建立工会组织的办法》（总工办发〔2018〕23号）中第四章第二十条详细规定了集团工会经费的收缴。

（1）集团工会经费收缴，实行属地管理原则。铁路、民航、金融等行政管理体制实行垂直管理的产业所属企业集团子（分）公司除外。

（2）企业集团所在地的子（分）公司工会，其工会经费按规定的比例上缴给集团工会，由集团工会按比例上缴给上级工会。集团工会与所在地子（分）公司工会经费分成比例由集团工会确定。

（3）企业集团所在地以外的子（分）公司，工会经费上缴所在地工会。集团工会可与其子（分）公司所在地工会协商，从子（分）公司上缴所在地工会经费中明确一定比例上缴集团工会。

注意：根据《全国总工会财务部关于对新组建基层工会经费拨缴和使用问题的答复》（工财字〔2007〕8号），企业总部在省外，但分支机构（含分公司、子公司、办事处等）在省内的新组建基层工会，除全国总工会、省总工会另行规定外，一律按照属地管理原则，并执行所在地省级工会确定的上缴比例，向所在地总工会按时足额上缴工会经费。

6.会费收入和拨缴经费收入有何区别

会费收入和拨缴经费收入是基层工会组织必要的两项收入来源，但两者有着较大的区别，主要表现为以下5个方面，如表7-1所示。

表7-1　会费收入和拨缴经费收入的区别

项目	会费收入	拨缴经费收入
缴费主体不同	工会会员本人	机关、企事业单位
缴费基础不同	工资收入	工资总额
缴费范围不同	只有会员才需缴纳	全部职工
缴费比例不同	5%	2%
适用对象不同	全部留在基层工会，基层工会开展会员集体活动所用	单位行政拨缴后，需逐级分成

7.哪些情况下可以免交工会会费

根据《中国工会章程》第八条规定，会员离休、退休和失业，可保留会籍，保留会籍期间，免交会费。工会会员有特殊生活困难时，可由本人申请，工会小组讨论，基层或车间工会批准，在一定时期内免交会费。机关提前离岗休息的会员和企业下岗待岗的会员，如果其取得收入已不列入本单位的工资总额组成范围，可以保留会籍，免交会费。

8.基层工会应如何加强行政补助收入的管理

《基层工会经费收支管理办法》第五条对基层工会加强行政补助收入的管理提出了三点要求：

（1）要统筹安排行政补助收入。基层工会要加强与单位行政部门的沟通，根据单位年度工作和经费计划，统筹安排工会活动和行政补助收入。对因工会经费不足确需单位行政给予补助的，应在制订活动计划和编制经费预算之前征得单位行政和主要负责人的同意。

（2）按照预算确定的用途开支。工会预算是刚性执行，同样，行政补助收入要按照预算确定的用途开支，不能随意改变预算资金的用途，要做到专款专用。

（3）不得将与工会无关的经费以行政补助名义纳入工会账户管理。

注意：基层工会应根据《工会法》和《中国工会章程》的相关规定争取行政补助收入，对依规争取到的行政补助收入，要做到：一是资金使用一定要和工会工作相关，用于为职工服务和工会活动，以防工会的"行政补助收入"成为单位行政的"小金库"。二是按照预算管理的要求来争取。事先统筹，并将行政补助收入列入预算收入管理，根据资金的使用项目形成详细的预算报告。三是严格按照预算确定的补助项目开支补助资金，做到专款专用。要根据《企业会计准则》相关条款的规定对企业行政补助经费的内容和形式进行合理的筹划，以获得行政补助收入的最大效果。

二、支出类

1.基层工会职工教育开支与企事业单位行政的职工教育经费有何关联

基层工会开展职工教育活动费用的开支范围包括以下四项：

一是基层工会举办政治、法律、科技、业务等专题培训和职工技能培训所需的教材资料、教学用品、场地租金等方面的支出；二是支付职工教育活动聘请授课人员的酬金；三是职工素质提升补助；四是职工教育培训优秀学员的奖励。奖励原则为"以精神鼓励为主、物质激励为辅"。企事业单位行政和工会组织都肩负教育培训职工的职责，但职工教育经费是企事业单位行政服务职工工作的重要保障经费之一。所以，企、事业单位行政才是职工教育经费的责任主体，工会要代表职工进行监督，督促单位行政落实职工教育经费支出的主体责任，并积极发挥拾遗补缺作用，和单位行政共同承担起服务好教育职工群众的责任。此外，根据财政部和国家税务总局发布的《关于企业职工教育经费税前扣除政策的通知》（财税〔2018〕51号）的规定："企业发生的职工教育经费支出，不超过工资薪金总额8%的部分，准予在计算企业所得税应纳税所得额时扣除；超过部分，准予在以后纳税年度结转扣除。"

2.基层工会经费可以用于劳动模范和先进职工疗休养活动吗

基层工会经费可以用于劳动模范和先进职工疗休养活动，但应注意以下四个问题：

（1）基层工会应积极配合行政部门组织好劳动模范和先进职工的疗休养活动。

（2）疗休养费用，如往返交通费、伙食补助费、住宿费，由所在单位行政承担。基层工会可以根据实际情况安排劳动模范和先进职工进行活动，如组织劳模集体参观学习或交流经验的活动费和公杂费可由工会经费补贴。补贴的标准遵照所属省级工会《基层工会经费收支管理办法》实施细则执行。

（3）不得安排收费旅游景点的相关活动。开展疗休养活动要与爱国主义教育、提升劳动模范和先进职工的素质结合起来，严禁借疗休养名义组织公款或变相公款旅游。通常参观考察以免费的革命传统教育基地、先进企业及社区、社会主义新农村、博物馆、纪念馆等为主。外出参观原则上不超过休养时间的三分之一。

（4）依规选择疗休养地点、合理安排疗休养内容。疗休养的时间、地点、形式、人数等安排执行所属省级工会的相关规定。通常包括，疗休养时间不超过7天（含往返），疗休养地点一般要求优先选择工会系统或本系统内的疗养基地；疗休养活动主要以休息疗养、康复治疗、开展健康体检和文化讲座，形势报告、座谈交流、文体活动等形式组织开展；休养期一般不得跨省（区、市）活动，原则上住宿地点不变；等等。

3.基层工会应如何组织职工的疗休养活动，以及相关费用应该由谁承担

职工疗休养是劳动者休养生息的福利事业，是我国社会保障体系的重要组成部分。《中华人民共和国劳动法》第七十六条规定："国家发展社会福利事业，兴建公共福利设施，为劳动者休息、休养和疗养提供条件。"《工会法》第三十一条规定："工会协助用人单位办好职工集体福利事业，做好工资、劳动安全卫生和社会保险工作。"《中国工会章程》第三条规定，工会会员享有工会提供的文化、教育、体育、旅游、疗休养、互助保障、生活救助、法律服务、就业服务等优惠待遇。可见，开展职工疗休养活动是党和政府赋予工会的社会职责，是保护和促进广大职工身心健康、落实全心全意依靠工人阶级根本方针的具体体现。

各企事业单位工会负责制订本单位职工疗休养计划并具体组织实施。疗休养应当面向广大职工，以生产、工作一线职工和工会会员为主，优先考虑长期从事有毒、有害（或工作强度大）岗位的职工、各类先进模范人物，照顾因工负伤和即将退休的职工。疗休养的主要内容是为职工提供休息养生的服务，也可就地、就近适当安排参观学习，严禁以疗休养为名搞疲劳拉练式旅游或公款旅游。

疗休养费用包括交通费、住宿费、伙食费等。党政机关和事业单位疗休养费用按照标准限额，凭据在单位提取的福利费中列支；国有企业疗休养费用标准根据财务规定在成本费用中据实列支，超标准支出部分由参加疗休养的职工个人承担。其他企业单位职工疗休养费用标准由企业职工大会或职代会讨论决定，在成本费用中据实列支。

4.工会经费慰问会员项目包括哪些，单位行政为职工提供的福利待遇包括哪些

可从工会经费支出的慰问会员项目包括两类：一是逢年过节慰问，是指国家规定的法定节日（即元旦、春节、清明节、劳动节、端午节、中秋节、国庆节）和经自治区以上人民政府批准设立的少数民族节日；二是会员大事件慰问，指对会员生日、会员生病住院、会员结婚生育、会员退休离岗和会员及其直系亲属去世时的慰问。

根据《财政部关于企业加强职工福利费财务管理的通知》（财企〔2009〕242号），应由企业为职工提供的职工福利待遇包括：一是为职工卫生保健、生活等发放或支付的各项现金补贴和非货币性福利，包括职工因公外地就医费用、暂未实行医疗统筹企业职工医疗费用、职工供养直系亲属医疗补贴、职工疗养费用、自办职工食堂经费补贴或未办职工食堂统一供应午餐支出、符合国家有关财务规定的供暖费补贴、防暑降温费等；二是企业尚未分离的内设集体福利部门所发生的设备、设施和人员费用，包括职工食堂、职工浴室、理发室、医务所、托儿所、疗养院、集体宿舍等集体福利部门设备、设施的折旧、维修保养费用以及集体福利部门工作人员的工资薪金、社会保险费、住房公积金、劳务费等人工费用；三是职工困难补助，或者企业统筹建立和管理的专门用于帮助、救济困难职工的基金支出；四是离退休人员统筹外费用，包括离休人员的医疗费及离退休人员其他统筹外费用；五是按规定发生的其他职工福利费，包括丧葬补助费、抚恤费、职工异地安家费、独生子女费、探亲假路费，以及符合企业职工福利费定义但没有包括在本通知各条款项目中的其他支出。

5.基层工会开展会员生日慰问时应注意哪些问题

（1）慰问形式可以是发放生日蛋糕实物，也可以发放指定蛋糕店的蛋糕券。

（2）慰问对象只针对本单位会员。

（3）不能超标准慰问。目前大多数省级工会规定的标准是每人每年最高不得超过300元，部分省级工会的标准是400元。

（4）建议尽量是在工会会员生日的当月发放。

（5）需实名发放、实名签收蛋糕或蛋糕券。

6.基层工会开展会员生病住院、婚丧嫁娶等慰问时应注意哪些问题

（1）生病住院和婚丧嫁娶慰问遵循普惠与均等原则，即不同会员在生病住院和婚丧嫁娶时，工会都可以给予慰问且慰问标准相同。

（2）男女工会会员只要是符合国家法律政策的结婚和生育，基层工会均可给予一定金额的慰问品；生育慰问不分男女会员，均可慰问。

（3）兄弟姐妹在同一个单位的，对父母去世慰问时应该分别慰问。

（4）工会会员去世的丧葬费和抚恤金应由单位行政在职工福利费中开支。

7.基层工会在慰问退休离岗的会员时应注意哪些问题

（1）退休离岗是指职工达到退休年龄离开工作岗位，因工作调动、辞职或其他原因离开岗位的不得用工会经费慰问。

（2）不能超标准慰问。慰问标准应遵循属地工会/产业工会规定，或者自定标准。

（3）慰问方式为发放具有纪念意义的纪念品，不得发放现金，也不得购买党风廉政建设有关规定明令禁止发放的物品作为慰问品发放。纪念品的发放需本人签领并附退休审批文件。

（4）同时可以采用组织荣休欢送座谈会的形式开展。

8.基层工会对困难职工帮扶时应注意哪些问题

困难职工帮扶是各级工会的重要工作之一。实践中，基层工会在对困难职工进行帮扶时，应注意以下四个要点：

（1）对困难职工的帮扶，既可以是资金帮扶，也可以是物质帮扶。

（2）应建立困难帮扶制度，并严格执行，做到公开、公平、公正。

（3）应建立困难职工档案，确保精准帮扶，并实行动态管理，确保工会帮扶工作常态化、长效化。

（4）《基层工会经费收支管理办法》新增加了"工会会员本人及家庭因大病、意外事故、子女就学等原因致困时，基层工会可给予一定金额的慰问"规定，慰问的标准按照所属省级工会《基层工会经费收支管理办法》实施细则执行。若细则中未明确的，基层工会需结合本单位实际，经相关民主程序制定规章制度后公布，并严格执行。

9.基层工会开展送温暖活动时应注意哪些问题

当前，基层工会送温暖工作已经常态化，送温暖费包括开展春送岗位、夏送清凉、金秋助学和冬送温暖等活动发生的支出。基层工会送温暖开支时应注意如下问题：

（1）金秋助学是指帮助子女上学有困难的家庭，而非对每一个有上学子女家庭的奖学。所以，对于职工子女考上大学可不可以用工会经费奖励，只有符合金秋助学困难家庭标准的可以用工会经费救助，不符合标准的不能用工会经费奖学。

（2）劳保用品和防暑降温经费都应是企事业单位行政方的主体责任，工会督促落实。但如遇高温、寒冷和雾霾等极端天气，基层工会可以通过购买防暑降温、防寒保暖、防雾霾用品以及食品饮料等方式慰问在岗一线职工。但须注意是在岗一线职工，并非每个职工都有份。

（3）金秋助学和极端天气实物慰问的标准，所属省级工会《基层工会经费收支管理办法》实施细则中有规定的，基层工会遵照执行即可；如果没有详细规定，基层工会则需结合自身财力，制定相应的规章制度，并严格执行。

10.工会业务支出是指什么，工会业务支出中的培训支出和会议支出应注意什么问题

工会业务支出是指工会培训工会干部、加强自身建设及开展业务工作发生的各项支出。工会业务支出的开支范围包括培训支出、会议支出、专项业务支出和其他业务支出。

培训支出和会议支出是企事业单位行政和工会组织都会发生的费用，是审计的重点之一。

（1）培训支出。工会业务支出中的培训支出是指工会开展工会干部和积极分子培训发生的支出，需要注意的是，培训的对象一定是工会干部或是工会积极分子，如若培训对象是职工或是普通工会会员，则属于职工活动支出中的职工教育支出。此外，工会培训支出的开支范围和标准与企事业单位行政一样，通常都是以同级财政部门制定的培训费管理办法为准。

（2）会议支出。工会业务支出中的会议支出是指工会召开的专业会议，如工会会员大会或会员代表大会、委员会、常委会、经费审查委员会以及其他专业工作会议的各项支出。而职代会，企业、事业单位召开的劳模、积极分子及先进生产工作者等会议则不属于工会的专业会议，其费用不能使用工会经费支出，应由企事业单位开支。同样，会议支出的开支范围和标准通常都是以同级财政部门制定的会议费管理办法为准。

11. 工会在组织各种活动中向外请教师、教练、裁判等支付劳务报酬时，是否具有个人所得税的代扣代缴义务

现实中，很多工会财务人员认为工会组织无须代扣代缴个人所得税。理由有三：一是工会组织没有纳税账号；二是《工会会计制度》中没有"应交税费—应交个人所得税"等相关会计科目；三是支付劳务报酬时在支出单据上已经注明了是税前报酬。

《中华人民共和国个人所得税法》第九条明确规定："个人所得税以所得人为纳税人，以支付所得的单位或者个人为扣缴义务人。"可见，各级工会组织在向外请教师、教练、裁判等支付劳务报酬时是个人所得税的扣缴义务人。同时，《中华人民共和国个人所得税法实施条例》第二十四条规定："扣缴义务人向个人支付应税款项时，应当依照个人所得税法规定预扣或者代扣税款，按时缴库，并专项记载备查。"

注意：实务中，没有纳税账号的工会组织应如何代扣代缴所支付劳务报酬的个人所得税呢？通常有两种做法：一是把教师、教练、裁判等的身份证复印件和支出费用签字单复印件等交给行政财务，由行政财务代为缴纳个人所得税；二是工会财务人员可以携带教师、教练、裁判等的身份证复印件和支出费用签字单到所在地税务部门自行申报缴纳。

12.单位先进个人奖励是否可从工会经费列支

根据《基层工会经费收支管理办法》的规定，可以发放奖励的事项有：职工教育培训优秀学员的奖励；文体活动优胜者的奖励；劳动和技能竞赛活动及其奖励支出；优秀工会干部和积极分子的奖励。因此，单位评选的年度先进个人奖励应由单位行政支出，又根据谁评奖谁发奖的原则，工会经费不可以列支该费用。

注意：上述支出是否可以从单位行政列支以及奖励标准等，应根据行政有关规定执行。但也有要求、提倡对获奖选手或代表队由基层配比奖励的先例，如对全国技能大赛的冠军等，一般配比奖励都是要求行政方进行奖励，要求基层工会奖励的较少。

13.离、退休职工是否能享受工会的福利

根据《中国工会章程》第八条规定："会员离休、退休和失业，可保留会籍。保留会籍期间免交会费。"同时，根据财政部和国家统计局的有关规定，职工离、退休以后，本人所得离、退休费不列入单位职工工资总额，原单位行政也不向工会计拨这部分会员的工会经费。因此，离、退休职工不再享受工会经费开支的年节福利，工会经费也不开支离、退休职工管理部门的各项费用，由政府和行政部门安排专项活动经费和具体慰问费用。每年一次的节日联欢和文体活动，离、退休职工是否参加，由各单位工会根据本单位情况确定。针对离、退休职工的各项费用不能在工会开支的依据是《关于离、退休行员管理活动经费不能从工会经费中列支的复函》（工财字〔2000〕46号）规定：根据财政部和国家统计局的规定，离、退休职工的离、退休费不列入工资总额组成范围，也不计提工会经费。又根据工会财务制度规定，工会经费中不开支离、退休人员管理部门的各项费用。

14.企业破产或企业欠债，能用工会经费来偿还吗

根据《最高人民法院关于产业工会、基层工会是否具备社团法人资格和工会经费集中户可否冻结划拨问题的批复》（法释〔2020〕21号）的规定：工会的经费一经拨交，所有权随之转移。在银行独立开列的"工会经费集中户"，与企业

经营资金无关，专门用于工会经费的集中和分配，不能在此账号开支费用或挪用、转移资金。因此，人民法院在审理案件中，不应将工会经费视为所在企业的财产，在企业欠债的情况下，不应冻结划拨工会经费及"工会经费集中户"的款项。

15.基层工会不准在哪些地方开会办班

基层工会要严格遵守中共中央办公厅、国务院办公厅印发的《关于严禁党政机关到风景名胜区开会的通知》的有关精神，在工会财务报销时，一律不准出现八达岭—十三陵、承德避暑山庄外八庙、五台山、太湖、普陀山、黄山、九华山、武夷山、庐山、泰山、嵩山、武当山、武陵源（张家界）、白云山、桂林漓江、三亚热带海滨、峨眉山—乐山大佛、九寨沟—黄龙、黄果树、西双版纳和华山21个风景名胜区的任何发票。

16.哪些情况下，基层工会可以用工会经费发放奖励、慰问、补助、补贴

根据《基层工会经费收支管理办法》的相关规定，基层工会可以在以下情况下用于奖励、慰问、补助、补贴。

（1）奖励：教育培训职工时对优秀学员的奖励；开展文体活动时对优胜者的奖励；开展合理化建议、技术革新、发明创造、岗位练兵、技术比武、技术培训等劳动和技能竞赛活动时的奖励；表彰优秀工会干部和积极分子的奖励。以上奖励都需遵循"以精神鼓励为主、物质激励为辅"的原则。

（2）慰问：对会员逢年过节发放慰问品、生日蛋糕或蛋糕券慰问、结婚生育发放慰问品、生病住院去世发放慰问金和退休离岗时发放慰问品；工会会员本人及家庭因大病、意外事故、子女就学等原因致困时，基层工会可以给予一定金额的慰问金；夏送清凉和冬送温暖活动时对在岗一线职工的实物慰问，以及金秋助学的资金慰问。

（3）补助：职工素质提升补助；开展文体活动时的必要伙食补助；开展互助互济保障活动时的补助；对独立核算的附属单位的支出。

（4）补贴：开展劳模和先进职工疗休养时的补贴；对兼职工会干部和专职社会化工会工作者发放补贴。

三、管理类

1. 基层工会用工会经费发放的奖励、慰问、补助、补贴方面的支出，需遵循哪些规范

基层工会必须严格按照规定的范围和标准规范发放奖励、慰问、补助、补贴，实践中需注意以下四点：

（1）必须在《基层工会经费收支管理办法》及所属省级工会实施细则规定的支出项目内开支，不得另行增加支出项目。

（2）必须在《基层工会经费收支管理办法》及所属省级工会实施细则规定的标准内开支，不得超过规定的开支标准，如文体活动奖励范围不得超过参与人数的2/3等。

（3）《基层工会经费收支管理办法》及所属省级工会实施细则明确规定以实物形式发放的慰问品、纪念品，不得以现金、购物卡、代金券的形式发放，如基层工会逢年过节发放的节日慰问品等。

（4）《基层工会经费收支管理办法》没有明确具体规定开支范围和标准的，基层工会必须严格执行所在省级工会实施细则中的规定，如若实施细则中也未明确的，基层工会须根据上级工会文件精神结合本单位实际，经相关民主程序制定规章制度后公布，并严格执行。

2. 工会经费使用"八不准"的具体内容是什么

《基层工会经费收支管理办法》第二十二条指出，基层工会应严格执行关于工会经费使用的八项不准的规定，即"八不准"。具体内容为：

（1）不准使用工会经费请客送礼。

（2）不准违反工会经费使用规定，滥发奖金、津贴、补贴。

（3）不准使用工会经费从事高消费性娱乐和健身活动。

（4）不准单位行政利用工会账户，违规设立"小金库"。

（5）不准将工会账户并入单位行政账户，使工会经费开支失去控制。

（6）不准截留、挪用工会经费。

（7）不准用工会经费参与非法集资活动，或为非法集资活动提供经济担保。

（8）不准用工会经费报销与工会活动无关的费用。

3.基层工会如何规范管理工会经费的支出

（1）经费支出要有制度依据。《会计法》第二十七条规定："各单位应当建立、健全本单位内部会计监督制度。"基层工会作为一个非营利性社团的会计主体，要建立、健全完善各项会计制度。《基层工会经费收支管理办法》第十八条规定："基层工会应加强财务管理制度建设，健全完善财务报销、资产管理、资金使用等内部管理制度。"中国工会十七大对今后五年工会财务工作提出的六点建议之一就是要努力构建"制度＋科技"的工会财务工作新机制。其中的"制度"就是指各级工会要建章立制，做到各项经费支出有制度上的依据。而中国工会十八大则进一步提出要"创新工会财务管理和监督检查机制"。因此基层工会要加强工会财务管理制度建设，不断提升工会财务管理水平。

（2）经费支出要有预算。《工会法》第四十五条规定，工会应当根据经费独立原则，建立预算制度。《基层工会经费收支管理办法》第三条第（三）项规定了基层工会经费收支管理应遵循的六大原则之一即是"预算管理原则"。

（3）经费支出要有重点，支出结构要优化。基层工会经费的七项支出中，职工活动支出、职工服务支出、维权支出和业务支出是主要支出范围。基层工会应把更多的资金用到职工技能提升、困难职工帮扶、维权服务等主业主责上来，进一步优化工会经费的支出结构。

（4）经费支出要有界限。基层工会经费支出的界限包括三个方面：一是可以开支的范围具体包括七项；二是绝对不可以开支的"八不准"；三是注意与单位行政方面有关经费的划分。

（5）经费支出要符合财务和审计的要求。基层工会要规范财务行为，所有支出项应真实合法，还得合规。一是开展活动要有具体方案、书面通知、实际参加人员签到表等；二是购物发票要写明单位、具体品名、数量、单价及明细清单等，用餐要附用餐人员名单；三是不能超范围、超标准发放各种奖励、慰问、补助等。应严格区分慰问品和慰问金的发放；四是发放奖励、慰问、补助时，审批和发放手续都要齐全，发放的实物和资金都要有签领单，且为实名制本人签收；五是原始票据要有经办人、审核人、审批人签字；六是财务报销附件要齐全，如已批复的年度预算、报批准的活动方案、活动通知、业务合同或协议、合法发票、参加活动人员签到名单、实名签收单等。

4.各级工会建立和完善工会财务管理制度的主要依据有哪些

（1）一是国家的法律法规，如《工会法》《会计法》《预算法》等。二是财政部和全国总工会等有关部门的规章，如《会计基础工作规范》《工会会计制度》《工会预算管理办法》《基层工会经费收支管理办法》《中国工会审计条例》等。三是上级工会的规范性文件，如《工会预算管理办法》实施细则、《基层工会经费收支管理办法》实施细则等。四是本级工会业务工作制度等。

（2）基层工会一般应分别制定以下制度：工会预算决算制度、货币资金管理制度、票据管理制度、经济合同管理办法、财务收支管理制度、债权债务管理制度、招标采购管理制度、财务处理程序制度、内部会计控制制度、经费定额管理制度、资产购建处置制度、财产清查制度、岗位责任制度、责任追究制度、专项资金管理办法、固定资产管理办法、会计档案管理制度等。如有其他情况要求，基层工会可在综合性制度中进一步明确内容。

5.基层工会如何才能做到工会经费独立管理

基层工会要做到工会经费独立管理至少包括三个方面：

（1）独立的法人资格。基层工会在符合《中华人民共和国民法典》《工会法》和《中国工会章程》规定的成立条件，报上级工会批准后，即具有社团法人资格。所以，基层工会首先要按照《基层工会法人登记管理办法》（总工办发〔2020〕20号）的要求取得工会社团法人资格，依法享有民事权利和承担民事义务，这是工会经费独立管理的前提。

（2）账户独立。根据财政部、中国人民银行的有关规定，基层工会需凭工会社团法人资格证书办理银行账户开户手续，设立专门管理工会经费的银行账户。

（3）核算独立。基层工会应独立进行会计核算，不允许与本单位行政财务或党、团等其他组织财务合并账户集中核算，也不允许将工会财务纳入地方财政会计委派管理中心实行集中核算管理。

6.基层工会财务可以委托行政财务人员代管吗

基层工会财务可以委托行政财务人员代为管理，但工会需要独立开设银行账户、独立建账并独立核算，切不可将工会经费在单位行政挂账。同时，建议出纳由工会方担任。凡因特殊原因无独立工会账户的，其工会经费应由上一级工会代管。

7.工会主席"一支笔"审批制度是指什么，单位行政负责人能否对工会经费使用进行审批

（1）工会主席"一支笔"审批，是指由工会主席本人或其指定的某一位工会干部对工会所有的支出凭证进行审核签字，工会财务人员必须凭经过其审批的支出凭证才能予以报销，并登记入账核算。

（2）单位行政负责人不可以对工会经费使用进行审批。工会经费实行独立管理，工会主席是工会组织的法定代表人，也是工会财务管理的第一责任人，将工会经费的审批权交由单位行政负责人等行使既不符合法律的规定，也不符合工会的实际。

注意：工会各项收支实行的是工会委员会集体领导下的主席负责制，重大收支必须集体研究决定。

8.基层工会经费审批权该如何落实

工会经费是工会财务工作的核心，也是工会职能履行的财力保障。加强工会经费的管理，首先要明确工会经费的审批权。从现有的制度规定来看，工会各项收支实行的是工会委员会集体领导下的主席负责制。但在实际工作中，要注意的一个问题就是审批责任。

工会经费审批责任应按照"谁审批、谁负责"的原则来界定，但在具体的工作中，要注意"一支笔"审批的问题。基层工会可以按照内部的管理规定，将审批权委托给相应的人员行使，审批权的委托应由工会主席以书面的形式进行。但不管工会经费审批权形式如何，有关审批的责任最终都应由工会主席承担。《会计法》第四条规定："单位负责人对本单位的会计工作和会计资料的真实性、完整性负责。"而该法把单位负责人界定为"单位法定代表人或者法律、行政法规规定代表单位行使职权的主要负责人"。工会主席作为基层工会的法定代表人，当然应对包括工会经费审批等在内的工作负有法律责任。

9.基层工会组织在合并、分立、撤销、解散时，其经费资产应如何处置

（1）《工会法》第四十七条规定："工会的财产、经费和国家拨给工会使用的不动产，任何组织和个人不得侵占、挪用和任意调拨。"《中国工会章程》第四十一条规定："工会组织合并，其经费资产归合并后的工会所有；工会组织撤销或者解散，其经费资产由上级工会处置。"

（2）基层工会在合并、分立、撤销、解散前，其财产、经费应当进行清查盘点，编制包括清查资产负债表、收入支出表、往来款项明细表、固定资产明细表在内的清查报告，并经同级经费审查委员会或第三方专业机构审查通过。

（3）合并的单位，其财产、经费按照清查报告的金额归合并后的工会所有。

（4）拆分和新建的单位，其财产、经费由原工会依据清查报告，按照人数比例、当年工会预算执行情况编制财产、经费分配方案，报同级工会委员会及同级经费审查委员会审查通过后，原工会应当在一定时期内按照分配方案及时将财产、经费划拨到分立后的工会。

（5）撤销或者解散的单位，其财产、经费按照清查报告的金额交由上级工会处置。

10.工会预算批准前，可以提前开支哪些项目

《工会预算管理办法》第四十四条分别规定了预算批准前可以提前使用和必须经集体研究决定后方可提前使用的各种情形。

（1）可以提前使用的：①上一年结转的项目支出；②必要的基本支出。

（2）必须经集体研究决定后方可提前使用的：①送温暖支出；②突发事件支出；③本级工会已确定年度重点工作支出。

11.基层工会经费收支决算报表通常需要报送的材料有哪些

基层工会年末的工会经费收支决算报表需要报送的材料通常包括两部分：一是决算表；二是会计报表。

（1）决算表。一是工会经费收支决算表；二是工会经费收支决算说明书。工会经费收支决算说明书是决算表中全年预算执行情况的文字说明，决算说明书要

全面反映工会预算执行情况以及基层工会在经费收缴、使用、管理中的实效和问题。所以，基层工会首先要分别说明各项收入和支出以及经费结余的核定预算数、决算数和完成预算情况，在此基础上应逐个分析各项收支及结余增加或减少的原因。与此同时，还应重点检查经费收缴、主要收支构成情况和问题以及采取的措施、取得的效果等。

（2）会计报表。基层工会的工会经费收支决算材料除决算表外，还应同时报送决算后的年度资产负债表和年度收入支出表。会计报表要做到数字准确、内容完整、报送及时。

12.基层工会在编报工会决算前，应做好哪些重点工作

要严格按照《工会会计制度》和《工会预算管理办法》的要求，全面清理各项账户和业务、准确办理年度结账，在此基础上及时、准确、完整地编制年度工会经费收支决算。其中，期末应重点做好如下工作：

（1）盘点、核对各类货币资金。基层工会在年度终了前，应对银行存款、库存现金、有价证券等各类货币资金进行全面核对。按规定严格控制现金额度，编制年终库存现金盘点表；对银行"未达账项"，编制"银行存款余额调节表"，做到账账相符。

（2）清查、盘点固定资产。基层工会期末要认真清查盘点固定资产，对清理中发现的资产报废、毁损、盘盈、盘亏等情况，按照《工会固定资产管理办法》规范进行会计处理，做到账账、账实相符。

（3）核对、清理各往来款项及代管经费。基层工会要认真核对决算年度中的各往来款项及代管经费。应收、应付款项原则上在年内清偿完毕，对逾期三年以上的往来款项，须认真核实，确实无法收回的，按照《工会经费呆账处理办法》（总工发〔2002〕20号）核销。不得长期挂账，不得有私人借款。代管经费要严格按照规定的核算范围做好管理。

（4）核对各项收支。基层工会要全面清理各项收入、支出的结算内容，尤其是做好"拨缴经费收入"和"上级补助收入"的核对，对已经实现的收入和发生的支出，据实核算，保证经费结余的真实性。

（5）做好年终结账。年终结账包括年终转账、结清旧账和登记新账。

四、综合类

1. 基层工会应如何设置会计机构和配备会计人员

《基层工会经费收支管理办法》第十九条规定:"基层工会应根据自身实际科学设置会计机构、合理配备会计人员。"具备条件的基层工会,应当设置会计机构或在有关机构中设置专职会计人员。不具备条件的基层工会,根据自身实际情况,可以选择以下操作方式:一是由设立工会财务结算中心的乡镇(街道)、开发区(工业园区)工会实行集中核算,分户管理;二是委托本单位行政财务部门代理记账;三是委托经批准设立从事会计代理记账业务的中介机构代理记账。

2. 工会财务会计管理规范化建设的内容和要求有哪些

根据全国总工会制定的《工会财务会计管理规范》,基层工会财务会计管理规范化建设应包括的内容和具体要求如表7-2所示。

表7-2 工会财务会计管理规范化建设内容及具体要求

规范化建设内容		具体要求
会计机构设置人员配备	1.组织建设	按有关规定设置财务会计机构、配备相应专兼职会计人员
	2.岗位职责	明确会计岗位职责及任免、调动或离职规定
	3.从业条件	具备从事会计工作所需要的专业能力
财务管理	4.制度建设	建立健全各种财务会计管理制度
	5.预决算管理	按《基层工会预算管理办法》,做好预算编制、审批、执行、调整、决算等各环节工作
	6.货币资金管理	符合《现金管理暂行条例》《人民币银行结算账户管理办法》《支付结算办法》
	7.内部控制	职务不相容:出纳不得兼任稽核、会计档案保管和收支、费用、债权债务账目登记工作;不得一人负责资金业务全程;不能一人保管支付款项所需全部印章
	8.审批制度	建立严格经费开支程序和授权批准制度及重大开支集体研究决定
	9.票据管理	各种票据领购、使用和保管符合《票据管理制度》

续表

会计核算及会计档案	10.账务处理	按《工会会计制度》要求，正确使用会计科目进行账务处理
	11.原始凭证	原始凭证格式、内容、填制方法、审计程序等要符合规定要求
	12.记账凭证	格式、内容、填制方法、附原始凭证、更正错误方法符合要求，签章齐全、字迹清楚、装订整齐
	13.会计账簿	设置齐全，有总账、明细账、日记账、必要辅助账和备查账；各类账簿的启用、登记、结账、错误更正方法符合国家有关规定和《工会会计制度》，记账及时，文字规范
	14.账实情况	账证、账账、账表、账实核对要相符
	15.会计报表	数字准确，内容完整，报送及时；需经会计主管人员和单位负责人审阅签章并加盖审查公章后上报
	16.会计档案	会计凭证、会计账簿、会计报表和其他会计资料要按照国家有关规定定期整理归档、妥善保管；调阅和销毁要符合规定手续

3.工会会计科目使用错了应该怎样修改

例：2022年8月22日，某基层工会为职工购买蛋糕300元，用现金支付。该基层工会的账务处理如下：

借：维权支出——送温暖费　　　　　　　　　　　　　　　300
　　贷：库存现金　　　　　　　　　　　　　　　　　　　　300

根据《工会会计制度》（财会〔2021〕7号）中有关会计处理规定，会员本人过生日的慰问费应在"职工活动支出——会员活动支出"账户中列支，需要修改以上凭证。正确的修改方式应该是先用红字填写一张会计科目与原错误记账凭证完全相同的凭证，再用蓝字填写一张正确的凭证（由于本书为单色印刷，故用负号表示红字）。

借：职工活动支出——会员活动支出　　　　　　　　　　　300
　　贷：库存现金　　　　　　　　　　　　　　　　　　　　300

4.怎样理解工会会计分录的收支两条线原则

所谓收支两条线，简单说就是指收入类的科目会计记账分录的发生额一定在贷方，支出类的科目会计记账分录的发生额一定在借方（结转凭证除外）。手工记账和电算化记账，在实际工作中都是填制记账凭证，并无不同。会计分录只是为了方便教学而采取的一种简化处理方式。

5.工会会计档案的打印和保管年限是多少

工会会计档案的打印和保管年限具体见表7-3。

表7-3　工会会计档案保管年限

序号	档案名称	保管期限	备注
	会计凭证类		
1	原始凭证	30年	
2	记账凭证	30年	
	会计账簿类		
3	总账	30年	
4	明细账	30年	
5	日记账	30年	
6	固定资产卡片		固定资产报废处理后保管5年
7	辅助账簿	30年	
	财务报告类		
8	月、季度财务报告	10年	
9	年度财务报告（决算）	永久	
	其他类		
10	会计移交清册	30年	
11	会计档案保管清册	永久	
12	会计档案销毁清册	永久	
13	银行余额调节表	10年	
14	银行对账单	10年	
15	纳税申报表	10年	

6.工会的会计业务需要每月进行结转吗

工会的会计业务不需要每个月进行结转，只需年底结转一次。手工记账的单位需要出具资产负债表，需要在记账外进行结转，不然资产负债表的结余数无法计算。实行电算化记账的单位，因为报表内定了公式，所以实现了自动结转。

7.基层工会应设置哪些账簿

根据《工会财务会计规范管理》的规定，工会应设置总账、明细账、日记账、必要的辅助账簿和备查账簿。

（1）明细账：包括各类收入明细账、各类支出明细账、拨缴经费收入台账、固定资产明细账、往来款项明细账等。

（2）日记账：包括现金日记账、银行存款日记账。

（3）必要的辅助账簿：如财政划拨工会经费辅助账、税务代收工会经费辅助账等。

（4）备查账簿：如低值易耗品备查账、呆坏账处理备查账等。

8.工会财务报表主要包括哪些内容

根据新《工会会计制度》的规定，工会财务报表是反映各级工会财务状况、业务活动和预算执行结果的书面文件，包括会计报表和附注。基层工会会计报表包括资产负债表和收入支出表。

（1）资产负债表，是反映工会某一特定日期全部资产、负债和净资产情况的报表。

（2）收入支出表，是反映工会某一会计期间全部收入、支出和结转结余情况的报表。

9.基层工会的财务活动必须接受哪些监督

根据《工会法》及其他相关规定，基层工会的财务活动必须接受以下四种监督：

（1）工会财务监督。工会财务监督是指各级工会财务部门根据国家有关法律法规和工会财务制度，运用一定的监督方法对本级机关和所属单位及下一级工会财务活动进行的监督检查。

（2）经审监督。经审监督主要由经费审查委员会及其办公室具体负责日常工作。经审会及其办公室是独立于工会财务部门，专门对工会经费进行审查监督的单位。经审组织对工会经费及资产进行审查监督，主要为事后审计，是依法履行职能的行为，各级工会必须接受其审查监督。

（3）国家和社会监督。《工会法》第四十五条规定："工会经费的使用应当依法接受国家的监督。"主要有审计署审计监督、财政监督、纪检监督、社会审计机构监督等形式。由政府委派有关部门对工会经费使用情况、工会资产中财政所拨资金、工会业务中的有关项目进行监督。

（4）民主监督。工会财务接受民主监督是工会财务工作区别于企事业财务工作的一个显著特点，是由工会经费的性质所决定的。工会经费来于职工，用于职工，因此要接受职工群众的民主监督。这种民主监督的一般形式是工会经费收支情况向会员代表大会或职代会公布，基层工会组织还要定期向会员公布会费收支情况。

10. 基层工会经费收缴方面的负面清单有哪些

基层工会经费收缴方面的负面清单主要包括：

（1）不收或少收工会会员会费。

（2）不按照职工工资总额的2%计提或少提工会经费。

（3）不按照规定比例上缴工会经费。

（4）不将财政划拨工会经费计入拨缴经费收入。

（5）将应计入收入的经费列入往来科目核算，形成"小金库"。

11. 基层工会经费业务支出方面的负面清单有哪些

（1）擅自提高标准和超范围表彰优秀工会干部和积极分子。

（2）擅自提高会议费、培训费标准。

（3）到明令禁止的风景名胜区举办培训班或召开会议。

（4）借会议、培训名义安排公款旅游。

（5）借会议、培训名义组织高消费娱乐、健身活动。

（6）借会议、培训名义组织会餐或安排宴请。

（7）借会议、培训名义给参加会议（培训）人员发放礼品、纪念品和土特产品。

（8）报销与会议、培训无关的费用。

（9）将会议、培训结余费用存在承办单位形成"小金库"。

（10）以会议、培训为名虚列支出，转移、隐匿资金。

12. 实践中，基层工会在逢年过节慰问会员时应注意哪些问题

（1）发放节点为逢年过节。该慰问品的发放是为了体现工会对会员逢年过节的问候，所以，基层工会应该是在逢年过节前完成相应的采购和发放工作，相关单据的日期也应在逢年过节前后。

（2）慰问对象是全体工会会员。借调、挂职等人员原则上享受工资关系所在单位工会的慰问，且不能重复享受。

（3）慰问品一定是实物，不得发放现金。一是慰问品应为符合中国传统节日习惯的用品和职工群众必需的生活用品等；二是不得购买党风廉政建设有关规定明令禁止发放的物品作为慰问品发放；三是慰问品的采购在确保质量的前提下，应优先选择贫困地区生产、销售的扶贫产品。

（4）慰问金额不能超标准。具体执行所属省级工会《基层工会经费收支管理办法》实施细则中的规定。同时还应注意到，该标准是一个上限，经费不多的基层工会，不得以上限标准为借口，不顾实际情况发放慰问品，以致大部分工会经费都用于逢年过节的慰问，造成工会经费支出结构不合理。

（5）发放方式可以便捷灵活，但不得发放现金、购物卡、代金券等。考虑到基层工会直接采用实物慰问的工作难度，《基层工会经费收支管理办法》新增了基层工会可结合实际采取便捷灵活的发放方式，但便捷灵活并不意味着可以采用现金、购物卡或代金券等党风廉政建设明令禁止的方式。实务中，可以采用提货凭证的方式。需要注意的是，提货凭证是要指定物品数量和种类且指定地点限时领取的凭证。

（6）慰问品的采购程序和发放程序要合法合规。基层工会应制定和完善工会内部采购制度。在执行采购时，应严格按制度规定选择采购方式和履行采购程序。应该是实名发放并实名签收该慰问品。

13. 工会组织可以用工会经费给职工购买商业保险吗

（1）《中华全国总工会办公厅关于贯彻执行财政部、监察部〈关于党政机关及事业单位用公款为个人购买商业保险若干问题的规定〉的通知》（总工办发〔2004〕35号）附件2《关于党政机关及事业单位用公款为个人购买商业保险若干问题的规定》的第二条明确了该规定适用于党政机关和依照公务员管理的事业单位，而其中的党政机关是包括各级工会的。

（2）该规定的第三条第一款明确了可以用公款为个人购买商业保险的险种仅限于旨在风险补偿的人身意外伤害险，包括公务旅行交通意外伤害险、特岗人员的意外伤害险，以及为援藏、援疆等支援西部地区干部职工购买的人身意外伤害险。因此，工会组织能用工会经费给职工购买的商业保险仅限于两类：一是组织文体活动时为参加有风险运动项目的运动员购买运动期间短期人身意外伤害保险；二是组织各种活动时必需的交通意外险。

14. 职工福利的责任主体是谁，工会对会员的慰问可以替代职工福利吗

国家的相关政策文件明确规定，用人单位要创造条件，改善集体福利，提高劳动者的福利待遇。

（1）国家对职工福利费支出有明确规定的，各单位应当严格执行。国家没有明确规定的，企业可参照当地物价水平、职工收入情况、企业财务状况等确定职工福利项目合理标准。根据《企业工会工作条例》第十八条第（七）项的规定，企业工会的基本任务之一是协助和督促企业做好劳动报酬、劳动安全卫生和保险福利等方面的工作，监督有关法律、法规的贯彻执行。

可见，职工福利的责任主体应该是企事业单位行政；工会的责任是要代表职工进行监督，督促用人单位落实职工福利的主体责任，并积极发挥拾遗补缺作用，和单位行政共同服务好职工群众。

（2）工会对会员的慰问不可以替代职工福利。在《基层工会经费收支管理办法》明确规定了工会经费可以用于逢年过节慰问和会员大事件慰问后，有些企事业单位就取消了职工的部分正当福利，将工会作为专门为职工发放福利的部门。这样不仅挤占了工会经费，影响了工会活动的有序开展，还削弱了工会的基本职能，降低了工会在职工群众中的影响力。

15.基层工会能否将全部或是大部分工会经费用来慰问会员

《中国工会章程》明确指出:"中国工会的基本职责是维护职工合法权益、竭诚服务职工群众。"可见,维权和服务是中国工会组织的基本职责。如前所述,基层工会经费支出范围包括职工活动支出、职工服务支出、维权支出、业务支出、资本性支出、对附属单位的支出和其他支出七项。工会对会员的慰问只是职工活动支出中的一部分,不能用全部或者大部分工会经费用于慰问。基层工会如若将工会经费全部或是大部分用来慰问会员,势必会"种了他人田荒了自家地",不能聚焦工会的主业主责。这也是为何部分省级工会的《基层工会经费收支管理办法》实施细则中对逢年过节的慰问支出采用"百分比控制"或"双控取低"标准。如上海市总工会规定,逢年过节慰问品的年度发放总金额不得超过基层工会当年度留成经费的50%;浙江省总工会规定,逢年过节慰问品的发放标准原则上每人每年不超过1500元,同时全年支出总额不得突破当年拨缴经费收入的60%。基层工会应努力改变当前"福利型工会"的现状,并致力打造出"维权型工会"和"服务型工会"。由此,基层工会在财务管理上要改变当前工会经费只简单用于慰问会员的现状,应优化工会经费的支出结构,把更多的资金用到职工技能提升、困难职工帮扶、维权服务等主业主责上来,将更多的工会经费用于直接服务职工群众,帮助解决广大职工群众最关心最直接最现实的利益问题。职工群众的劳动经济权益和民主政治权利得到了保障,才会有更多的获得感、幸福感和安全感。与此同时,基层工会活力才能得以增强、工会整体实力才能得以提升。正所谓,工会只有有为才能有位。

16.工会会费使用过程中应该注意哪些问题

会员会费全部留在基层工会,主要用于基层工会为会员开展包括观看电影、观看文艺演出、观看体育比赛、开展春游秋游、购买当地城市公园票五项的会员集体活动。基层工会在使用会费开展以上五项集体活动时需注意以下细节:

(1)会费不足部分可以用工会经费弥补,但弥补部分不超过基层工会当年会费收入的3倍。即以上五项会员集体活动的最高支出不得超过基层工会当年会费收入的4倍。同时需注意的是,弥补的前提是按时足额收取了全部会员应缴纳的会费。

（2）组织会员观看电影、文艺演出、体育比赛等，应尽量统一组织。因会员工作性质、时间等原因不能统一组织的，可发放同等价值观摩凭证。

（3）春游秋游应当日往返，不得到有关部门明令禁止的21个风景名胜区：八达岭—十三陵、承德避暑山庄外八庙、五台山、太湖、普陀山、黄山、九华山、武夷山、庐山、泰山、嵩山、武当山、武陵源（张家界）、白云山、峨眉山—乐山大佛、九寨沟—黄龙、黄果树、西双版纳、华山、桂林漓江、三亚热带海滨。组织春秋游活动时，可以委托旅行社组织，须签订委托协议；春秋游活动可开支伙食补助费、交通费、活动用品费、人身意外保险费等，至于可不可以开支景区门票费、导游费等执行所属省级工会《基层工会经费收支管理办法》实施细则的规定。

（4）当地公园年票通常是指所在城市公园年票，不能包括旅游公园和寺庙等。

附 录

本章导读

为了帮助基层工会干部更好地掌握工会财务经审知识，我们遴选了部分工会财务经审工作的相关文件，供基层工会干部备查。

工会会计制度

财会〔2021〕7号

目 录

第一章　总　则
第二章　一般原则
第三章　资　产
第四章　负　债
第五章　净资产
第六章　收　入
第七章　支　出
第八章　财务报表
第九章　附　则

附录1：工会会计科目和财务报表
附录2：工会固定资产折旧年限表

第一章 总　则

第一条　为了规范工会会计行为，保证会计信息质量，根据《中华人民共和国会计法》（以下简称会计法）、《中华人民共和国工会法》（以下简称工会法）等法律法规，制定本制度。

第二条　本制度适用于各级工会，包括基层工会及县级以上（含县级，下同）工会。工会所属事业单位、工会所属企业及挂靠工会管理的社会团体，不适用本制度。

第三条　工会会计是核算、反映、监督工会预算执行和经济活动的专业会计。工会依法建立独立的会计核算管理体系，与工会预算管理体制相适应。

第四条　工会应当对其自身发生的经济业务或者事项进行会计处理和报告。

第五条　工会会计处理应当以工会的持续运行为前提。

第六条　工会会计处理应当划分会计期间，分期结算账目和编制会计报表。

会计期间至少分为年度和月度。会计年度、月度等会计期间的起讫日期采用公历日期。

第七条　工会会计处理应当以货币计量，以人民币作为记账本位币。

第八条　工会会计处理一般采用收付实现制，部分经济业务或事项应当按照本制度的规定采用权责发生制。

第九条　工会会计要素包括：资产、负债、净资产、收入和支出。其平衡公式为：资产＝负债＋净资产。

第十条　工会会计处理应当采用借贷记账法记账。

第十一条　工会会计记录的文字应当使用中文。在民族自治地方，会计记录可以同时使用当地通用的一种民族文字。

第十二条　县级以上工会应当设置会计机构，配备专职会计人员。基层工会应当根据会计业务的需要设置会计机构或者在有关机构中设置会计人员并指定会计主管人员；不具备设置条件的，应当委托经批准设立从事代理记账业务的中介机构代理记账。

第十三条　各级工会的法定代表人应当对本级工会的会计工作以及会计资料

的真实性、完整性负责。

第十四条 各级工会应当建立健全内部控制制度，并确保内部控制有效施行。县级以上工会应当组织指导和检查下级工会会计工作，负责制定有关实施细则；组织工会会计人员培训，不断提高政策、业务水平。

第十五条 工会应当重视并不断推进会计信息化的应用。工会开展会计信息化工作，应当符合财政部制定的相关会计信息化工作规范和标准，确保利用现代信息技术手段进行会计处理及生成的会计信息符合会计法和本制度的规定。

第二章　一般原则

第十六条 工会提供的会计信息应当符合工会管理工作的要求，满足会计信息使用者的需要，满足本级工会加强财务管理的需要。

第十七条 工会应当以实际发生的经济业务或者事项为依据进行会计处理，如实反映工会财务状况和收支情况等信息，保证会计信息真实可靠、内容完整。

第十八条 工会提供的会计信息应当清晰明了，便于理解和使用。

第十九条 工会会计处理应当采用规定的会计政策，前后各期一致，不得随意变更，以确保会计信息口径一致，相互可比。

第二十条 工会会计处理应当遵循重要性原则。对于重要的经济业务或者事项，应当单独反映。

第二十一条 工会应当对已经发生的经济业务或者事项及时进行会计处理和报告，不得提前或者延后。

第二十二条 工会应当对指定用途的资金按规定的用途专款专用，并单独反映。

第二十三条 工会在发生会计政策变更、会计估计变更和会计差错更正时，除本制度另有规定外，一般采用未来适用法进行会计处理。

会计政策，是指工会在会计核算时所遵循的特定原则、基础以及所采用的具体会计处理方法。会计估计，是指工会对结果不确定的经济业务或者事项以最近可利用的信息为基础所作的判断，如固定资产、无形资产的预计使用年限等。会计差错，是指工会在会计核算时，在确认、计量、记录、报告等方面出现的错误，通常包括计算或记录错误、应用会计政策错误、疏忽或曲解事实产生的错误、财务舞弊等。未来适用法，是指将变更后的会计政策应用于变更当期及以后各期发生的经济业务或者事项，或者在会计估计变更当期和未来期间确认会计估计变更的影响的方法。

第三章 资　产

第二十四条 资产是工会过去的经济业务或者事项形成的，由工会控制的，预期能够产生服务潜力或者带来经济利益流入的经济资源。

服务潜力是指工会利用资产提供公共产品和服务以履行工会职能的潜在能力。

经济利益流入表现为现金及现金等价物的流入，或者现金及现金等价物流出的减少。

工会的资产包括流动资产、在建工程、固定资产、无形资产、投资和长期待摊费用等。

第二十五条 工会对符合本制度第二十四条规定的资产定义的经济资源，在同时满足以下条件时，应当确认为资产：

（一）与该经济资源相关的服务潜力很可能实现或者经济利益很可能流入工会；

（二）该经济资源的成本或者价值能够可靠地计量。

符合资产定义并确认的资产项目，应当列入资产负债表。

第二十六条 工会的资产按照国家有关规定依法确认为国有资产的，应当作为国有资产登记入账；依法确认为工会资产的，应当作为工会资产登记入账。

第二十七条 工会的资产在取得时应当按照实际成本计量。除国家另有规定外，工会不得自行调整其账面价值。

对于工会接受捐赠的现金资产，应当按照实际收到的金额入账。对于工会接受捐赠、无偿调入的非现金资产，其成本按照有关凭据注明的金额加上相关税费、运输费等确定；没有相关凭据、但按照规定经过资产评估的，其成本按照评估价值加上相关税费、运输费等确定；没有相关凭据、也未经过评估的，其成本比照同类或类似资产的价格加上相关税费、运输费等确定。如无法采用上述方法确定资产成本的，按照名义金额（人民币1元）入账，相关税费、运输费等计入当期支出。

工会盘盈的资产，其成本比照本条第二款确定。

第一节　流动资产

第二十八条　流动资产是指预计在1年内（含1年）变现或者耗用的资产。主要包括货币资金、应收款项和库存物品等。

第二十九条　货币资金包括库存现金、银行存款等。

货币资金应当按照实际发生额入账。工会应当设置库存现金和银行存款日记账，按照业务发生顺序逐日逐笔登记。库存现金应当做到日清月结，其账面余额应当与库存数相符；银行存款的账面余额应当与银行对账单定期核对，如有不符，应当编制银行存款余额调节表调节相符。

工会发生外币业务的，应当按照业务发生当日的即期汇率，将外币金额折算为人民币金额记账，并登记外币金额和汇率。期末，各种外币账户的期末余额，应当按照期末的即期汇率折算为人民币，作为外币账户期末人民币余额。调整后的各种外币账户人民币余额与原账面余额的差额，作为汇兑损益计入当期支出。

第三十条　应收款项包括应收上级经费、应收下级经费和其他应收款等。

应收上级经费是本级工会应收未收的上级工会应拨付（或转拨）的工会拨缴经费和补助。

应收下级经费是县级以上工会应收未收的下级工会应上缴的工会拨缴经费。

其他应收款是工会除应收上下级经费以外的其他应收及暂付款项。

应收款项应当按照实际发生额入账。年末，工会应当分析各项应收款项的可收回性，对于确实不能收回的应收款项应报经批准认定后及时予以核销。

第三十一条　库存物品指工会取得的将在日常活动中耗用的材料、物品及达不到固定资产标准的工具、器具等。

库存物品在取得时应当按照其实际成本入账。工会购入、有偿调入的库存物品以实际支付的价款记账。工会接受捐赠、无偿调入的库存物品按照本制度第二十七条规定所确定的成本入账。

库存物品在发出（领用或出售等）时，工会应当根据实际情况在先进先出法、加权平均法、个别计价法中选择一种方法确定发出库存物品的实际成本。库存物品发出方法一经选定，不得随意变更。

工会应当定期对库存物品进行清查盘点，每年至少全面盘点一次。对于盘盈、盘亏或报废、毁损的库存物品，应当及时查明原因，报经批准认定后及时进行会计处理。

工会盘盈的库存物品应当按照确定的成本入账，报经批准后相应增加资产基金；盘亏的库存物品，应当冲减其账面余额，报经批准后相应减少资产基金。对于报废、毁损的库存物品，工会应当冲减其账面余额，报经批准后相应减少资产基金，清理中取得的变价收入扣除清理费用后的净收入（或损失）计入当期收入（或支出），按规定应当上缴财政的计入其他应付款。

第二节 固定资产

第三十二条 固定资产是指工会使用年限超过1年（不含1年），单位价值在规定标准以上，并在使用过程中基本保持原有物质形态的资产，一般包括：房屋及构筑物；专用设备；通用设备；文物和陈列品；图书、档案；家具、用具、装具及动植物。

通用设备单位价值在1000元以上，专用设备单位价值在1500元以上的，应当确认为固定资产。单位价值虽未达到规定标准，但是使用时间超过1年（不含1年）的大批同类物资，应当按照固定资产进行核算和管理。

第三十三条 固定资产在取得时应当按照其实际成本入账。

工会购入、有偿调入的固定资产，其成本包括实际支付的买价、运输费、保险费、安装费、装卸费及相关税费等。

工会自行建造的固定资产，其成本包括该项资产至交付使用前所发生的全部必要支出。

工会接受捐赠、无偿调入的固定资产，按照本制度第二十七条规定所确定的成本入账。

工会在原有固定资产基础上进行改建、扩建、大型修缮后的固定资产，其成本按照原固定资产账面价值加上改建、扩建、大型修缮发生的支出，再扣除固定资产被替换部分的账面价值后的金额确定。

已交付使用但尚未办理竣工决算手续的固定资产，工会应当按照估计价值入账,待办理竣工决算后再按照实际成本调整原来的暂估价值。

第三十四条 在建工程是工会已经发生必要支出,但尚未交付使用的建设项目工程。工会作为建设单位的基本建设项目应当按照本制度规定统一进行会计核算。

工会对在建工程应当按照实际发生的支出确定其工程成本,并单独核算。在建工程的工程成本应当根据以下具体情况分别确定:

(一)对于自营工程,按照直接材料、直接人工、直接机械施工费等确定其成本;

(二)对于出包工程,按照应支付的工程价款等确定其成本;

(三)对于设备安装工程,按照所安装设备的价值、工程安装费用、工程试运转等所发生的支出等确定其成本。

建设项目完工交付使用时,工会应当将在建工程成本转入固定资产等进行核算。

第三十五条 工会应当对固定资产计提折旧,但文物和陈列品,动植物,图书、档案,单独计价入账的土地和以名义金额计量的固定资产除外。

工会应当根据相关规定以及固定资产的性质和使用情况,合理确定固定资产的使用年限。固定资产的使用年限一经确定,不得随意变更。

工会一般应当采用年限平均法或者工作量法计提固定资产折旧,计提折旧时不考虑预计净残值。在确定固定资产折旧方法时,应当考虑与固定资产相关的服务潜力或经济利益的预期实现方式。固定资产的折旧方法一经确定,不得随意变更。

工会应当按月对固定资产计提折旧。当月增加的固定资产,当月计提折旧;当月减少的固定资产,当月不再计提折旧。固定资产提足折旧后,无论是否继续使用,均不再计提折旧;提前报废的固定资产,也不再补提折旧。

固定资产因改建、扩建或大型修缮等原因而延长其使用年限的,工会应当按照重新确定的固定资产成本以及重新确定的折旧年限计算折旧额。

工会应当对暂估入账的固定资产计提折旧,实际成本确定后不需调整原已计提的折旧额。

第三十六条 工会处置(出售)固定资产时,应当冲减其账面价值并相应减少资产基金,处置中取得的变价收入扣除处置费用后的净收入(或损失)计入当期收入（或支出），按规定应当上缴财政的计入其他应付款。

第三十七条 工会应当定期对固定资产进行清查盘点，每年至少全面盘点一次。对于盘盈、盘亏或报废、毁损的固定资产，工会应当及时查明原因，报经批准认定后及时进行会计处理。

工会盘盈的固定资产，应当按照确定的成本入账，报经批准后相应增加资产基金；盘亏的固定资产，应当冲减其账面余额，报经批准后相应减少资产基金。对于报废、毁损的固定资产，工会应当冲减其账面余额，报经批准后相应减少资产基金，清理中取得的变价收入扣除清理费用后的净收入（或损失）计入当期收入（或支出），按规定应当上缴财政的计入其他应付款。

第三节 无形资产

第三十八条 无形资产是指工会控制的没有实物形态的可辨认非货币性资产，包括专利权、商标权、著作权、土地使用权、非专利技术等。工会购入的不构成相关硬件不可缺少组成部分的应用软件，应当确认为无形资产。

第三十九条 无形资产在取得时应当按照其实际成本入账。

工会外购的无形资产，其成本包括购买价款、相关税费以及可归属于该项资产达到预定用途前所发生的其他支出。工会委托软件公司开发的软件，视同外购无形资产确定其成本。

工会接受捐赠、无偿调入的无形资产，按照本制度第二十七条规定所确定的成本入账。

对于非大批量购入、单价小于1000元的无形资产，工会可以于购买的当期将其成本直接计入支出。

第四十条 工会应当按月对无形资产进行摊销，使用年限不确定的、以名义金额计量的无形资产除外。

工会应当按照以下原则确定无形资产的摊销年限：法律规定了有效年限的，按照法律规定的有效年限作为摊销年限；法律没有规定有效年限的，按照相关合同中的受益年限作为摊销年限；上述两种方法无法确定有效年限的，应当根据无形资产为工会带来服务潜力或者经济利益的实际情况，预计其使用年限。

工会应当采用年限平均法或工作量法对无形资产进行摊销，应摊销金额为其成本，不考虑预计净残值。

工会应当按月进行摊销。当月增加的无形资产，当月进行摊销；当月减少的无形资产，当月不再进行摊销。无形资产提足摊销后，无论是否继续使用，均不再进行摊销；核销的无形资产，也不再补提摊销。

因发生后续支出而增加无形资产成本的，对于使用年限有限的无形资产，工会应当按照重新确定的无形资产成本以及重新确定的摊销年限计算摊销额。

第四十一条 工会处置（出售）无形资产时，应当冲减其账面价值并相应减少资产基金，处置中取得的变价收入扣除处置费用后的净收入（或损失）计入当期收入（或支出），按规定应当上缴财政的计入其他应付款。

第四十二条 工会应当定期对无形资产进行清查盘点，每年至少全面盘点一次。工会在资产清查盘点过程中发现的无形资产盘盈、盘亏等，参照本制度固定资产相关规定进行处理。

第四节　其他资产

第四十三条 投资是指工会按照国家有关法律、行政法规和工会的相关规定，以货币资金、实物资产等方式向其他单位的投资。投资按其流动性分为短期投资和长期投资；按其性质分为股权投资和债权投资。

投资在取得时应当按照其实际成本入账。工会以货币资金方式对外投资的，以实际支付的款项（包括购买价款以及税金、手续费等相关税费）作为投资成本记账。工会以实物资产和无形资产方式对外投资的，以评估确认或合同、协议确定的价值记账。

对于投资期内取得的利息、利润、红利等各项投资收益，工会应当计入当期投资收益。

工会处置（出售）投资时，实际取得价款与投资账面余额的差额，应当计入当期投资收益。

对于因被投资单位破产、被撤销、注销、吊销营业执照或者被政府责令关闭等情况造成难以收回的未处置不良投资，工会应当在报经批准后及时核销。

第四十四条 长期待摊费用是工会已经支出，但应由本期和以后各期负担的分摊期限在1年以上（不含1年）的各项支出，如对以经营租赁方式租入的固定资产发生的改良支出等。

长期待摊费用应当在对应资产的受益年限内平均摊销。如果某项长期待摊费用已经不能使工会受益，应当将其摊余金额一次性转销。

第四章　负　债

第四十五条　负债是指工会过去的经济业务或者事项形成的，预期会导致经济资源流出的现时义务。

现时义务是指工会在现行条件下已承担的义务。未来发生的经济业务或者事项形成的义务不属于现时义务，不应当确认为负债。

工会的负债包括应付职工薪酬、应付款项等。

第四十六条　工会对于符合本制度第四十五条规定的现时义务，在同时满足以下条件时，应当确认为负债：

（一）履行该义务很可能导致含有服务潜力或者经济利益的经济资源流出工会；

（二）该义务的金额能够可靠计量。

符合负债定义并确认的负债项目，应当列入资产负债表。

第四十七条　应付职工薪酬是工会按照国家有关规定应付给本单位职工及为职工支付的各种薪酬，包括基本工资、国家统一规定的津贴补贴、规范津贴补贴（绩效工资）、改革性补贴、社会保险费（如职工基本养老保险费、职业年金、基本医疗保险费等）和住房公积金等。

第四十八条　应付款项包括应付上级经费、应付下级经费和其他应付款。

应付上级经费指本级工会按规定应上缴上级工会的工会拨缴经费。

应付下级经费指本级工会应付下级工会的各项补助以及应转拨下级工会的工会拨缴经费。

其他应付款指除应付上下级经费之外的其他应付及暂存款项，包括工会按规定收取的下级工会筹建单位交来的建会筹备金等。

第四十九条　工会的各项负债应当按照实际发生额入账。

第五章 净资产

第五十条 净资产是指工会的资产减去负债后的余额，包括资产基金、专用基金、工会资金结转、工会资金结余、财政拨款结转、财政拨款结余和预算稳定调节基金。

第五十一条 资产基金指工会库存物品、固定资产、在建工程、无形资产、投资和长期待摊费用等非货币性资产在净资产中占用的金额。

资产基金应当在取得库存物品、固定资产、在建工程、无形资产、投资及发生长期待摊费用时确认。资产基金应当按照实际发生额入账。

第五十二条 专用基金指县级以上工会按规定依法提取和使用的有专门用途的基金。

工会提取专用基金时，应当按照实际提取金额计入当期支出；使用专用基金时，应当按照实际支出金额冲减专用基金余额；专用基金未使用的余额，可以滚存下一年度使用。

第五十三条 工会资金结转是指工会预算安排项目的支出年终尚未执行完毕或者因故未执行，且下年需要按原用途继续使用的工会资金。

工会资金结余是指工会年度预算执行终了，预算收入实际完成数扣除预算支出和工会结转资金后剩余的工会资金。

第五十四条 财政拨款结转是指县级以上工会预算安排项目的支出年终尚未执行完毕或者因故未执行，且下年需要按原用途继续使用的财政拨款资金。

财政拨款结余是指县级以上工会年度预算执行终了，预算收入实际完成数扣除预算支出和财政拨款结转资金后剩余的财政拨款资金。

第五十五条 预算稳定调节基金是县级以上工会为平衡年度预算按规定设置的储备性资金。

第六章　收　入

第五十六条　收入是指工会根据工会法以及有关政策规定开展业务活动所取得的非偿还性资金。收入按照来源分为会费收入、拨缴经费收入、上级补助收入、政府补助收入、行政补助收入、附属单位上缴收入、投资收益和其他收入。

会费收入指工会会员依照规定向基层工会缴纳的会费。

拨缴经费收入指基层单位行政拨缴、下级工会按规定上缴及上级工会按规定转拨的工会拨缴经费中归属于本级工会的经费。

上级补助收入指本级工会收到的上级工会补助的款项，包括一般性转移支付补助和专项转移支付补助。

政府补助收入指各级人民政府按照工会法和国家有关规定给予县级以上工会的补助款项。

行政补助收入指基层工会取得的所在单位行政方面按照工会法和国家有关规定给予工会的补助款项。

附属单位上缴收入指工会所属的企事业单位按规定上缴的收入。

投资收益指工会对外投资发生的损溢。

其他收入指工会除会费收入、拨缴经费收入、上级补助收入、政府补助收入、行政补助收入、附属单位上缴收入和投资收益之外的各项收入。

第五十七条　工会各项收入应当按照实际发生额入账。

第七章　支　出

第五十八条　支出是指工会为开展各项工作和活动所发生的各项资金耗费和损失。支出按照功能分为职工活动支出、职工活动组织支出、职工服务支出、维权支出、业务支出、行政支出、资本性支出、补助下级支出、对附属单位的支出和其他支出。

职工活动支出指基层工会开展职工教育活动、文体活动、宣传活动、劳模疗休养活动、会员活动等发生的支出。

职工活动组织支出指县级以上工会组织开展职工教育活动、文体活动、宣传活动和劳模疗休养活动等发生的支出。

职工服务支出指工会开展职工劳动和技能竞赛活动、职工创新活动、建家活动、职工书屋、职工互助保障、心理咨询等工作发生的支出。

维权支出指工会用于维护职工权益的支出，包括劳动关系协调、劳动保护、法律援助、困难职工帮扶、送温暖和其他维权支出。

业务支出指工会培训工会干部、加强自身建设及开展业务工作发生的各项支出。

行政支出指县级以上工会为行政管理、后勤保障等发生的各项日常支出。

资本性支出指工会从事建设工程、设备工具购置、大型修缮和信息网络购建等而发生的实际支出。

补助下级支出指县级以上工会为解决下级工会经费不足或根据有关规定给予下级工会的各类补助款项。

对附属单位的支出指工会按规定对所属企事业单位的补助。

其他支出指工会除职工活动支出、职工活动组织支出、职工服务支出、维权支出、业务支出、行政支出、资本性支出、补助下级支出和对附属单位的支出以外的各项支出。

第五十九条 工会各项支出应当按照实际发生额入账。

第八章　财务报表

第六十条　工会财务报表是反映各级工会财务状况、业务活动和预算执行结果的书面文件。工会财务报表是各级工会领导、上级工会及其他财务报表使用者了解情况、掌握政策、指导工作的重要资料。

第六十一条　工会财务报表包括会计报表和附注。会计报表分为主表和附表，主表包括资产负债表和收入支出表，附表包括财政拨款收入支出表、国有资产情况表和成本费用表。

资产负债表，是反映工会某一会计期末全部资产、负债和净资产情况的报表。

收入支出表，是反映工会某一会计期间全部收入、支出及结转结余情况的报表。

财政拨款收入支出表，是反映县级以上工会某一会计期间从同级政府财政部门取得的财政拨款收入、支出及结转结余情况的报表。

国有资产情况表，是反映县级以上工会某一会计期间持有的国有资产情况的报表。

成本费用表，是反映县级以上工会某一会计期间成本费用情况的报表。

附注是对在资产负债表、收入支出表等报表中列示项目所作的进一步说明，以及未能在这些报表中列示项目的说明。

第六十二条 工会财务报表分为年度财务报表和中期财务报表。以短于一个完整的会计年度的期间（如半年度、季度和月度）编制的财务报表称为中期财务报表。年度财务报表是以整个会计年度为基础编制的财务报表。

第六十三条 工会要负责对所属单位财务报表和下级工会报送的年度财务报表进行审核、核批和汇总工作，定期向本级工会领导和上级工会报告本级工会预算执行情况。

第六十四条 工会财务报表要根据登记完整、核对无误的账簿记录和其他有关资料编制，做到数字准确、内容完整、报送及时。工会财务报表应当由各级工会的法定代表人和主管会计工作的负责人、会计机构负责人（会计主管人员）签名并盖章。

第九章 附 则

第六十五条 工会填制会计凭证、登记会计账簿、管理会计档案等，应当按照《会计基础工作规范》《会计档案管理办法》等规定执行。

第六十六条 本制度从2022年1月1日起实施。2009年5月31日财政部印发的《工会会计制度》（财会〔2009〕7号）同时废止。

附录1

工会会计科目和财务报表

目 录

第一部分　总说明

第二部分　会计科目名称和编号

第三部分　会计科目使用说明

第四部分　会计报表格式

第五部分　会计报表编制说明

第六部分　会计报表附注

第一部分　总说明

一、本制度统一规定工会会计科目的名称和编号，以便于编制会计凭证，登记会计账簿，查阅账目，实行会计信息化管理。本制度已规定的一级科目，不得减并、自行增设；本制度已规定的明细科目，不得减并，不得擅自更改科目名称，不需要的科目可以不用。各省级工会可以根据需要自行增设未规定的明细科目，或将相应权限授权给所属下级工会。

二、对于本制度中规定的各支出类会计科目，除"安排预算稳定调节基金"科目外，工会应当分别按照"基本支出"和"项目支出"进行明细核算，在"项目支出"下按照具体项目进行明细核算；同时，按照《政府收支分类科目》中"部门预算支出经济分类科目"的款级科目进行明细核算。从同级政府财政部门取得财政拨款的县级以上工会，除"安排预算稳调节基金"科目外，还应当在其他各支出类科目下根据资金来源按照"财政拨款""工会资金"进行明细核算；同时，在"财政拨款"明细科目下按照《政府收支分类科目》中"支出功能分类科目"的项级科目进行明细核算。

三、县级以上工会的部分资产依法确认为国有资产的，应当根据实际情况在资产类科目、"资产基金"科目下设置"国有资产""工会资产"明细科目，分别核算工会持有的国有资产和工会资产。对于同时使用财政拨款和工会资金购建的资产，县级以上工会应当设置备查簿登记资金来源及其金额和比例。

四、工会在填制会计凭证、登记会计账簿时，应当填列会计科目的名称，或者同时填列会计科目的名称和编号，不得只填列科目编号、不填列科目名称。

五、工会应当根据本制度有关财务报表的编制基础、编制依据、编制原则和方法的要求，提供真实、完整的财务报表。工会不得违反规定，随意改变财务报表的编制基础、编制依据、编制原则和方法，不得随意改变本制度规定的财务报表有关数据的会计口径。

第二部分 会计科目名称和编号

基层工会主要会计科目名称和编号

序号	科目编号	名称
一、资产类		
1	101	库存现金
2	102	银行存款
3	131	应收上级经费
4	135	其他应收款
5	141	库存物品
6	162	固定资产
7	163	累计折旧
8	182	待处理财产损溢
二、负债类		
9	211	应收上级经费
10	215	其他应付款

续表

序号	科目编号	名称
三、净资产类		
11	301	资产基金
12	321	工会资金结转
13	322	工会资金结余
四、收入类		
14	401	会费收入
15	402	拨缴经费收入
16	403	上级补助收入
17	405	行政补助收入
18	408	其他收入
五、支出类		
19	501	职工活动支出
20	503	职工服务支出
21	504	维权支出
22	505	业务支出
23	507	资本性支出
24	510	其他支出

注：对于本表未列出的会计科目，基层工会可以根据实际需要按照县级以上工会的会计科目进行账务处理。

县级以上工会会计科目名称和编号

序号	科目编号	名称
一、资产类		
1	101	库存现金
2	102	银行存款

续表

序号	科目编号	名称
3	111	零余额账户用款额度
4	121	财政应返还额度
5	131	应收上级经费
6	132	应收下级经费
7	135	其他应收款
8	141	库存物品
9	151	投资
10	161	在建工程
11	162	固定资产
12	163	累计折旧
13	171	无形资产
14	172	累计摊销
15	181	长期待摊费用
16	182	待处理财产损溢
二、负债类		
17	201	应付职工薪酬
18	211	应付上级经费
19	212	应付下级经费
20	215	其他应付款
21	221	代管经费
三、净资产类		
22	301	资产基金
	30101	库存物品

续表

序号	科目编号	名称
	30102	投资
	30103	在建工程
	30104	固定资产
	30105	无形资产
	30106	长期待摊费用
23	311	专用基金
24	321	工会资金结转
25	322	工会资金结余
26	331	财政拨款结转
27	332	财政拨款结余
28	341	预算稳定调节基金
四、收入类		
29	402	拨缴经费收入
30	403	上级补助收入
31	404	政府补助收入
32	406	附属单位上缴收入
33	407	投资收益
34	408	其他收入
35	411	动用预算稳定调节基金
五、支出类		
36	502	职工活动组织支出
37	503	职工服务支出
38	504	维权支出

续表

序号	科目编号	名称
39	505	业务支出
40	506	行政支出
41	507	资本性支出
42	508	补助下级支出
43	509	对附属单位的支出
44	510	其他支出
45	521	安排预算稳定调节基金

第三部分 会计科目使用说明

一、资产类科目

第101号科目 库存现金

一、本科目核算工会的库存现金。

二、各级工会应当严格按照国家有关现金管理的规定收支现金，并按照本制度规定核算现金的各项收支业务。

工会有受托代管资金业务的，应当在本科目下设置"代管经费"明细科目，核算工会受托代管的现金。

三、库存现金的主要账务处理如下：

（一）从银行等金融机构提取现金，按照实际提取的金额，借记本科目，贷记"银行存款"科目；将现金存入银行等金融机构，按照实际存入的金额，借记"银行存款"科目，贷记本科目。

（二）因支付内部职工出差等原因所需的现金，按照实际借出的金额，借记

"其他应收款"科目,贷记本科目;收到出差人员交回的差旅费剩余款并结算时,按照实际收回的现金,借记本科目,按照应报销的金额,借记"行政支出"等有关科目,按照实际借出的现金,贷记"其他应收款"科目。

(三)因其他业务收到现金,按照实际收到的金额,借记本科目,贷记有关科目;支出现金,按照实际支出的金额,借记有关科目,贷记本科目。

(四)收到受托代管的现金时,按照实际收到的金额,借记本科目(代管经费),贷记"代管经费"科目;支付受托代管的现金时,按照实际支付的金额,借记"代管经费"科目,贷记本科目(代管经费)。

四、本科目应设置"现金日记账",由出纳人员根据收付款凭证,按照业务发生顺序,逐笔登记,每日终了,应计算当日的现金收入合计数、支出合计数和结余数,并将结余数与实际库存数进行核对,做到账款相符。

每日账款核对中发现有待查明原因的现金短缺或溢余的,应当通过"待处理财产损溢"科目核算。属于现金短缺的,应当按照实际短缺的金额,借记"待处理财产损溢"科目,贷记本科目;属于现金溢余的,应当按照实际溢余的金额,借记本科目,贷记"待处理财产损溢"科目。待查明原因后及时进行账务处理,具体内容参见"待处理财产损溢"科目。

五、有外币现金的工会,按照折算后的人民币金额记账,并设立辅助账登记外币现金的币种、外币金额、即期汇率、折算后的人民币金额及来源简要说明等。有关外币现金业务的账务处理参见"银行存款"科目的相关规定。

六、本科目期末借方余额,反映工会实际持有的库存现金。

第102号科目　银行存款

一、本科目核算工会存入银行或其他金融机构的各种款项。包括活期存款、定期存款等。

二、工会应当严格按照国家有关支付结算办法的规定办理银行存款收支业务的结算,并按照本制度规定核算银行存款的各项收支业务。

工会可以根据实际情况在本科目下设置经费集中户等明细科目。设置经费集中户的工会,应当先在经费集中户中归集工会拨缴经费,再按规定将属于本级工会的经费转入本级工会基本户,属于上级或下级工会的经费上缴上级工会或转拨下级工会。

工会有受托代管资金业务的,应当在本科目下设置"代管经费"明细科目,核算工会受托代管的银行存款。

三、银行存款的主要账务处理如下:

(一)将现金存入银行等金融机构,按照实际存入的金额,借记本科目,贷记"库存现金"科目。从银行等金融机构提取现金,按照实际提取的金额,借记"库存现金"科目,贷记本科目。

(二)通过银行转账方式取得工会拨缴经费和其他相关收入,按照实际收到的金额,借记本科目,按照应确认收入的金额,贷记"拨缴经费收入""上级补助收入""政府补助收入""行政补助收入"等科目,按照应付上下级工会的金额,贷记"应付上级经费""应付下级经费"科目。

(三)通过银行转账方式支付各项支出,按照实际支出的金额,借记"职工活动支出""维权支出""业务支出"等科目,贷记本科目。

(四)收到银行存款利息,按照实际收到的金额,借记本科目,贷记"其他收入"科目。

(五)收到受托代管的银行存款时,按照实际收到的金额,借记本科目(代管经费),贷记"代管经费"科目;支付受托代管的银行存款时,按照实际支付的金额,借记"代管经费"科目,贷记本科目(代管经费)。

四、工会发生外币业务的,主要账务处理如下:

(一)以外币购买物资、设备等,按照购入当日的即期汇率将支付的外币折算为人民币金额,借记"职工活动支出""维权支出"等科目,贷记本科目的外币账户;同时,借记"库存物品"等科目,贷记"资产基金"科目。

(二)以外币收取相关款项等,按照收入确认当日的即期汇率将收取的外币折算为人民币金额,借记本科目的外币账户,贷记有关收入科目。

(三)期末,根据各外币银行存款账户按照期末汇率调整后的人民币余额与原账面人民币余额的差额,作为汇兑损益,借记或贷记本科目,贷记或借记"其他支出"科目。

五、各级工会应当按照开户银行、存款种类分别设置"银行存款日记账",由出纳人员根据收付款凭证,按照业务的发生顺序逐笔登记,每日终了应结出余额。"银行存款日记账"应当定期与银行对账,至少每月核对一次,如有差额,应当编制"银行存款余额调节表",调节相符。

六、本科目期末借方余额，反映工会实际存在银行或其他金融机构的款项。

第111号科目　零余额账户用款额度

一、本科目核算实行国库集中支付的县级以上工会根据财政部门批复的用款计划收到和支用的零余额账户用款额度。

二、零余额账户用款额度的主要账务处理如下：

（一）收到代理银行转来的"授权支付到账通知书"时，根据通知书所列金额，借记本科目，贷记"政府补助收入"科目。

（二）实际发生支出时，按照实际支出的金额，借记"维权支出""行政支出""资本性支出"等科目，贷记本科目。

（三）年末，根据代理银行提供的对账单作注销额度的相关账务处理，借记"财政应返还额度——财政授权支付"科目，贷记本科目。如果工会本年度财政授权支付预算指标数大于零余额账户用款额度下达数，根据未下达的用款额度，借记"财政应返还额度——财政授权支付"科目，贷记"政府补助收入"科目。

下年初，根据代理银行提供的额度恢复到账通知书作相关恢复额度的账务处理，借记本科目，贷记"财政应返还额度——财政授权支付"科目。工会收到财政部门批复的上年未下达零余额账户用款额度，借记本科目，贷记"财政应返还额度——财政授权支付"科目。

三、本科目期末借方余额，反映县级以上工会尚未支用的零余额账户用款额度。年度终了注销零余额账户用款额度后，本科目应无余额。

第121号科目　财政应返还额度

一、本科目核算实行国库集中支付的县级以上工会年终应收财政返还的资金额度。

二、本科目应当设置"12101财政直接支付""12102财政授权支付"两个明细科目，进行明细核算。

三、财政应返还额度的主要账务处理如下：

（一）财政直接支付。

年末，根据本年度财政直接支付预算指标数大于当年财政直接支付实际支出数的差额，借记本科目（财政直接支付），贷记"政府补助收入"科目。

工会使用以前年度财政直接支付额度支付款项时，借记"维权支出""行政支出""资本性支出"等科目的相关明细科目，贷记本科目（财政直接支付）。

（二）财政授权支付。

年末，根据代理银行提供的对账单注销额度，具体账务处理参见"零余额账户用款额度"科目。下年初，根据代理银行提供的额度恢复到账通知书恢复额度，具体账务处理参见"零余额账户用款额度"科目。

四、本科目期末借方余额，反映县级以上工会应收财政返还的资金额度。

第131号科目 应收上级经费

一、本科目核算工会应收未收的上级工会应拨付（或转拨）的工会拨缴经费和补助。

二、工会可以根据需要在本科目下设置以下明细科目：

13101应收上级补助：核算上级工会应拨付给本级工会的各项补助收入。

13102应收上级转拨经费：核算上级工会采用税务代收、财政划拨形式收缴的工会经费中应划转给本级工会的部分。

三、应收上级经费的主要账务处理如下：

（一）年末，根据上级工会补助通知中的相关金额，借记本科目（应收上级补助），贷记"上级补助收入"科目。

收到上级工会拨来的补助时，按照实际收到的金额，借记"银行存款"科目，贷记本科目（应收上级补助）。

（二）年末，根据上级工会经费转拨通知中的相关金额，借记本科目（应收上级转拨经费），按规定属于本级工会的部分，贷记"拨缴经费收入"科目，按规定应转拨下级工会的部分，贷记"应付下级经费——应付下级转拨经费"科目。

收到上级工会转拨的工会经费时，按照实际收到的金额，借记"银行存款"科目，贷记本科目（应收上级转拨经费）。

四、本科目期末借方余额，反映工会应收未收的上级拨缴经费和补助。

第132号科目 应收下级经费

一、本科目核算县级以上工会应收未收的下级工会应上缴的工会拨缴经费。

二、应收下级经费的主要账务处理如下：

（一）年末，根据下级工会经费收缴报告表中的相关金额，借记本科目，按规定属于本级工会的部分，贷记"拨缴经费收入"科目，按规定应上缴上级工会的部分，贷记"应付上级经费"科目。

（二）收到下级工会的上缴经费时，借记"银行存款"科目，贷记本科目。

三、本科目期末借方余额，反映县级以上工会应收未收的下级工会应上缴的工会拨缴经费。

第135号科目　其他应收款

一、本科目核算工会除应收上下级经费以外的其他应收及暂付款项。

二、本科目应当按照其他应收款的类别以及债务单位（或个人）设置明细账，进行明细核算。

三、其他应收款的主要账务处理如下：

（一）发生其他应收及暂付款项，借记本科目，贷记"库存现金""银行存款"等科目。

结算收回或核销转列支出时，按照收回的金额，借记"库存现金""银行存款"等科目，按照列入支出的金额，借记有关支出科目，按照结算总额，贷记本科目。

（二）逾期三年以上、因债务人原因尚未收回的其他应收款，报经批准认定确实无法收回的应予以核销。

转入待处理资产时，按照待核销的其他应收款金额，借记"待处理财产损溢"科目，贷记本科目。

报经批准予以核销时，借记"其他支出"科目，贷记"待处理财产损溢"科目。

核销的呆账，应在备查簿中保留登记。

已核销呆账重新收回的，按照实际收到的款项，借记"银行存款"等科目，贷记"其他收入"科目。

四、各级工会应对其他应收及暂付款项严格控制，健全手续，及时清理，不得长期挂账。

五、本科目期末借方余额，反映工会尚未收回的其他应收及暂付款项。

第141号科目　库存物品

一、本科目核算工会取得的将在日常活动中耗用的材料、物品及达不到固定资产标准的工具、器具等。

工会随买随用的物品，可以在购入时直接计入支出，不通过本科目核算。

二、本科目应当按照库存物品的类别、品名设置明细账，并根据出入库单逐笔核算。

三、库存物品的主要账务处理如下：

（一）取得库存物品时。

1.购入物品验收入库，按照确定的成本，借记本科目，贷记"资产基金——库存物品"科目；同时，按照实际支付的金额，借记"职工活动支出""维权支出""行政支出"等科目，贷记"银行存款""零余额账户用款额度""政府补助收入"等科目。

2.接受捐赠、无偿调入的库存物品，按照确定的成本，借记本科目，贷记"资产基金——库存物品"科目；同时，按照实际支付的相关税费、运输费等金额，借记"其他支出"科目，贷记"银行存款""零余额账户用款额度""政府补助收入"等科目。

（二）发出库存物品时。

1.开展业务活动等领用、发出库存物品时，按照领用、发出库存物品的实际成本，借记"资产基金——库存物品"科目，贷记本科目。

2.经批准对外出售库存物品时，按照出售库存物品的实际成本，借记"资产基金——库存物品"科目，贷记本科目。按照出售过程中取得的价款，借记"银行存款"等科目，贷记"其他收入"科目，按规定应上缴同级财政的，贷记"其他应付款"科目。出售过程中工会发生的税费等支出，借记"其他支出"科目，贷记"银行存款"等科目。

3.经批准对外捐赠、无偿调出库存物品时，按照对外捐赠、无偿调出库存物品的实际成本，借记"资产基金——库存物品"科目，贷记本科目。对外捐赠、无偿调出库存物品发生的由工会承担的运输费等支出，借记"职工活动支出""维权支出""行政支出"等科目，贷记"银行存款""零余额账户用款额度"等科目。

4.经批准以库存物品对外进行股权投资时,按照投出库存物品的实际成本,借记"资产基金——库存物品"科目,贷记本科目;同时,按照确定的投资成本,借记"投资"科目,贷记"资产基金——投资"科目。按照发生的相关税费,借记"其他支出"科目,贷记"银行存款"等科目。

四、库存物品每年至少盘点一次,盘盈、盘亏或报废、毁损应查明原因,按规定程序批准后及时处理。

(一)盘盈的库存物品,按照确定的成本,借记本科目,贷记"待处理财产损溢"科目。

(二)盘亏或者报废、毁损的库存物品,按照账面余额,借记"待处理财产损溢"科目,贷记本科目。

五、本科目期末借方余额,反映工会尚未使用的库存物品的实际成本。

第151号科目 投资

一、本科目核算工会按照国家有关法律、行政法规和工会的相关规定,以货币资金、实物资产等方式向其他单位的投资。

二、本科目应当按照投资类别、投资单位等设置明细账,进行明细核算。

三、投资的主要账务处理如下:

(一)债券投资。

1.购入国债等债券,按照确定的成本,借记本科目,贷记"资产基金——投资"科目;同时,按照投资成本金额,借记"工会资金结余——累计结余"科目,贷记"银行存款"等科目。

2.债券投资持有期间收到利息时,按照实际收到的金额,借记"银行存款"等科目,贷记"投资收益"科目。

3.对外转让或到期收回债券投资本息,按照收回投资的账面余额,借记"资产基金——投资"科目,贷记本科目;同时,按照实际收到的金额,借记"银行存款"科目,按照收回投资的账面余额,贷记"工会资金结余——累计结余"科目,按照其差额,贷记或借记"投资收益"科目。

(二)股权投资。

1.以货币资金对外进行股权投资,按照确定的成本,借记本科目,贷记"资产基金——投资"科目;同时,按照投资成本金额,借记"工会资金结余——累计结余"科目，贷记"银行存款"等科目。

以库存物品、固定资产、无形资产对外进行股权投资，按照确定的成本，借记本科目，贷记"资产基金——投资"科目；按照发生的相关税费，借记"其他支出"科目，贷记"银行存款"等科目；同时，按照投出资产的账面价值，借记"资产基金"科目，按照已经计提的折旧、摊销金额，借记"累计折旧""累计摊销"科目，按照投出资产的账面余额，贷记"库存物品""固定资产""无形资产"科目。

2.投资持有期间实际收到股利等投资收益时，按照实际收到的金额，借记"银行存款"等科目，贷记"投资收益"科目。

3.转让股权投资时，按照转让股权投资的账面余额，借记"资产基金——投资"科目，贷记本科目。按照实际取得的价款，借记"银行存款"等科目，按照投资的账面余额，贷记"工会资金结余——累计结余"科目，按照其差额，贷记或借记"投资收益"科目。

4.因被投资单位破产清算等原因，有确凿证据表明股权投资发生损失，按规定报经批准后予以核销。按照待核销的股权投资账面余额，借记"待处理财产损溢"科目，贷记本科目。

报经批准予以核销时，按照已核销的股权投资账面余额，借记"资产基金——投资"科目，贷记"待处理财产损溢"科目。

已经核销的投资呆账，保留备查账簿。

已经核销的投资呆账，重新收回的，借记"银行存款"等科目，贷记"其他收入"科目。收回实物的，需重新进行评估，按照评估价值入账。

四、本科目期末借方余额，反映工会持有投资的金额。

第161号科目　在建工程

一、本科目核算工会在建的建设项目工程的实际成本。工会在建的信息系统项目工程，也通过本科目核算。

二、本科目应当设置"建筑安装工程投资""设备投资""待摊投资""其他投资""待核销基建支出""基建转出投资""预付工程款"等明细科目，并按照具体项目进行明细核算。

（一）"建筑安装工程投资"明细科目，核算工会发生的构成建设项目实际支出的建筑工程和安装工程的实际成本，不包括被安装设备本身的价值以及按照合同规定支付给施工单位的预付备料款和预付工程款。本明细科目应当设置"建筑工程"和"安装工程"两个明细科目进行明细核算。

（二）"设备投资"明细科目，核算工会发生的构成建设项目实际支出的各种设备的实际成本。

（三）"待摊投资"明细科目，核算工会发生的构成建设项目实际支出的、按照规定应当分摊计入有关工程成本和设备成本的各项间接费用和税费支出。本明细科目应当按照具体费用项目进行明细核算。

（四）"其他投资"明细科目，核算工会发生的构成建设项目实际支出的房屋购置支出，基本畜禽、林木等购置、饲养、培育支出，办公生活用家具、器具购置支出，软件研发和不能计入设备投资的软件购置等支出。工会为进行可行性研究而购置的固定资产，以及取得土地使用权支付的土地出让金，也通过本明细科目核算。本明细科目应当设置"房屋购置""基本畜禽支出""林木支出""办公生活用家具、器具购置""可行性研究固定资产购置""无形资产"等明细科目。

（五）"待核销基建支出"明细科目，核算建设项目发生的江河清障、航道清淤、飞播造林、补助群众造林、水土保持、城市绿化、取消项目的可行性研究费以及项目整体报废等不能形成资产部分的基建投资支出。本明细科目应当按照待核销基建支出的类别进行明细核算。

（六）"基建转出投资"明细科目，核算为建设项目配套而建成的、产权不归属本工会的专用设施的实际成本。本明细科目应当按照转出投资的类别进行明细核算。

（七）"预付工程款"明细科目，核算工会预付给施工企业或代建单位的工程款。本明细科目应当按照收取预付款的单位进行明细核算。

三、在建工程的主要账务处理如下：

（一）建筑安装工程投资。

1.将固定资产转入改建、扩建等时，按照固定资产的账面价值，借记本科目（建筑安装工程投资），贷记"资产基金——在建工程"科目；同时，按照固定资产的账面价值，借记"资产基金——固定资产"科目，按照已计提的折旧金额，借记"累计折旧"科目，按照固定资产的账面余额，贷记"固定资产"科目。

固定资产改建、扩建过程中涉及替换（或拆除）原资产的某些组成部分的，按照被替换（或拆除）部分的账面价值，借记"待处理财产损溢"科目，贷记本科目（建筑安装工程投资）。

2.对于发包建筑安装工程，预付工程款时，根据实际支付的金额，借记本科目（预付工程款），贷记"资产基金——在建工程"科目；同时，借记"资本性支出"科目，贷记"银行存款""零余额账户用款额度""政府补助收入"等科目。根据建筑安装工程价款结算账单与施工企业结算工程价款时，按照应承付的工程价款，借记本科目（建筑安装工程投资），贷记本科目（预付工程款）。涉及补付价款的，按照补付的金额，借记本科目（建筑安装工程投资），贷记"资产基金——在建工程"科目；同时，借记"资本性支出"科目，贷记"银行存款""零余额账户用款额度""政府补助收入"等科目。

3.对于自行施工的小型建筑安装工程，按照发生的各项支出金额，借记本科目（建筑安装工程投资），贷记"资产基金——在建工程"科目；同时，借记"资本性支出"科目，贷记"银行存款""零余额账户用款额度""政府补助收入""应付职工薪酬"等科目。

4.工程竣工，办妥竣工验收交接手续并交付使用时，按照建筑安装工程成本（含应分摊的待摊投资），借记"资产基金——在建工程"科目，贷记本科目（建筑安装工程投资）；同时，借记"固定资产"等科目，贷记"资产基金——固定资产"等科目。

（二）设备投资。

1.购入设备时，按照购入成本，借记本科目（设备投资），贷记"资产基金——在建工程"科目；同时，借记"资本性支出"科目，贷记"银行存款""零余额账户用款额度""政府补助收入"等科目。采用预付款方式购入设备的，有关预付款的账务处理参照本科目有关"建筑安装工程投资"明细科目的规定。

2.设备安装完毕，办妥竣工验收交接手续并交付使用时，按照设备投资成本（含设备安装工程成本和分摊的待摊投资），借记"资产基金——在建工程"科目，贷记本科目（设备投资、建筑安装工程投资—安装工程）；同时，借记"固定资产"科目，贷记"资产基金——固定资产"科目。

将不需要安装的设备和达不到固定资产标准的工具、器具交付使用时，按照相关设备、工具、器具的实际成本，借记"资产基金——在建工程"科目，贷记本科目（设备投资）；同时，借记"固定资产""库存物品"科目，贷记"资产基金——固定资产""资产基金——库存物品"科目。

（三）待摊投资。

建设工程发生的构成建设项目实际支出的，按照规定应当分摊计入有关工程成本和设备成本的各项间接费用和税费支出，先在本明细科目中归集；建设工程办妥竣工验收手续并交付使用时，按照合理的分配方法，摊入相关工程成本、在安装设备成本等。

1.工会发生的构成待摊投资的各类费用，按照实际发生金额，借记本科目（待摊投资），贷记"资产基金——在建工程"科目；同时，借记"资本性支出""资产基金"科目，贷记"银行存款""零余额账户用款额度""政府补助收入""累计折旧""累计摊销"等科目。

2.对于建设过程中试生产、设备调试等产生的收入，按照依据有关规定应当冲减建设工程成本的部分，借记"资产基金——在建工程"科目，贷记本科目（待摊投资）；同时，按照取得的收入金额，借记"银行存款"等科目，按照依据有关规定应当冲减建设工程成本的部分，贷记"资本性支出"科目，按照其差额，贷记"其他应付款"或"其他收入"科目。

3.由于自然灾害、管理不善等原因造成的单项工程或单位工程报废或毁损，扣除残料价值和过失人或保险公司等赔款后的净损失，报经批准后计入继续施工的工程成本的，按照工程成本扣除残料价值和过失人或保险公司等赔款后的净损失，借记本科目（待摊投资），按照报废或毁损的工程成本，贷记本科目（建筑安装工程投资），按照其差额，借记"资产基金——在建工程"科目；同时，按照残料变价收入、过失人或保险公司赔款等，借记"银行存款""其他应收款"等科目，贷记"资本性支出"科目。

4.工程交付使用时，按照合理的分配方法分配待摊投资，借记本科目（建筑安装工程投资、设备投资），贷记本科目（待摊投资）。待摊投资中有按规定应当分摊计入待核销基建支出和转出投资价值的，应当借记本科目（待核销基建支出、基建转出投资），贷记本科目（待摊投资）。

待摊投资的分配方法，可按照下列公式计算：

（1）按照实际分配率分配。适用于建设工期较短、整个项目的所有单项工程一次竣工的建设项目。

实际分配率=待摊投资明细科目余额÷（建筑工程明细科目余额+安装工程明细科目余额+设备投资明细科目余额）×100%

（2）按照概算分配率分配。适用于建设工期长、单项工程分期分批建成投入使用的建设项目。

概算分配率=（概算中各待摊投资项目的合计数－其中可直接分配部分）÷（概算中建筑工程、安装工程和设备投资合计）×100%

（3）某项固定资产应分配的待摊投资=该项固定资产的建筑工程成本或该项固定资产（设备）的采购成本和安装成本合计 × 分配率

（四）其他投资。

1.工会为建设工程发生的房屋购置支出，基本畜禽、林木等的购置、饲养、培育支出，办公生活用家具、器具购置支出，软件研发和不能计入设备投资的软件购置等支出，按照实际发生金额，借记本科目（其他投资），贷记"资产基金——在建工程"科目；同时，借记"资本性支出"科目，贷记"银行存款""零余额账户用款额度""政府补助收入"等科目。

2.工程完成将形成的房屋、基本畜禽、林木等各种财产以及无形资产交付使用时，按照其实际成本，借记"资产基金——在建工程"科目，贷记本科目（其他投资）；同时，借记"固定资产""无形资产"等科目，贷记"资产基金——固定资产""资产基金——无形资产"等科目。

（五）待核销基建支出。

1.建设项目发生的江河清障、航道清淤、飞播造林、补助群众造林、水土保持、城市绿化等不能形成资产的各类待核销基建支出，按照实际发生金额，借记本科目（待核销基建支出），贷记"资产基金——在建工程"科目；同时，借记"资本性支出"科目，贷记"银行存款""零余额账户用款额度""政府补助收入"等科目。

2.取消的建设项目发生的可行性研究费，按照实际发生金额，借记本科目（待核销基建支出），贷记本科目（待摊投资）。

3.由于自然灾害等原因发生的建设项目整体报废所形成的净损失，报经批准后转入待核销基建支出，按照项目整体报废所形成的净损失，借记本科目（待核销基建支出），按照报废的工程成本，贷记本科目（建筑安装工程投资等），按照其差额，借记"资产基金——在建工程"科目；同时，按照报废工程回收的残料变价收入、保险公司赔款等，借记"银行存款""其他应收款"等科目，贷记"资本性支出"科目。

4.建设项目竣工验收并交付使用时，对发生的待核销基建支出进行冲销，借记"资产基金——在建工程"科目，贷记本科目（待核销基建支出）。

（六）基建转出投资。

为建设项目配套而建成的、产权不归属本工会的专用设施，在项目竣工验收并交付使用时，按照转出的专用设施的成本，借记本科目（基建转出投资），贷记本科目（建筑安装工程投资）；同时，借记"资产基金——在建工程"科目，贷记本科目（基建转出投资）。

（七）代建制项目的会计处理。

1.拨付代建单位工程款时，按照拨付的款项金额，借记本科目（预付工程款），贷记"资产基金——在建工程"科目；同时，借记"资本性支出"科目，贷记"银行存款""零余额账户用款额度""政府补助收入"等科目。

2.按照工程进度结算工程款或年终代建单位对账确认在建工程成本时，按照确定的金额，借记本科目下的"建筑安装工程投资"等明细科目，贷记本科目（预付工程款）。

3.确认代建管理费时，按照确定的金额，借记本科目（待摊投资），贷记本科目（预付工程款）。

4.项目完工交付使用资产时，按照代建单位转来在建工程成本中尚未确认入账的金额，借记本科目"建筑安装工程投资"等明细科目，贷记本科目（预付工程款）。按照在建工程成本，借记"资产基金——在建工程"科目，贷记本科目（建筑安装工程投资）；同时，借记"固定资产"等科目，贷记"资产基金——固定资产"等科目。

工程结算、确认代建费或竣工决算时涉及补付资金的，应当在确认在建工程和资产基金的同时，按照补付的金额，借记"资本性支出"科目，贷记"银行存款""零余额账户用款额度""政府补助收入"等科目。

四、本科目的期末借方余额，反映工会尚未完工的各项在建工程发生的实际成本。

第162号科目　固定资产

一、本科目核算工会各项固定资产的原值。

二、工会应当设置固定资产明细账,按照类别和项目进行明细核算。

三、固定资产核算时,应当考虑以下情况:

(一)购入需要安装的固定资产,应当先通过"在建工程"科目核算,安装完毕交付使用时再转入本科目核算。

(二)单位行政方面提供工会使用的、工会以经营租赁方式取得的固定资产,不通过本科目核算,应当设置备查簿进行登记。

四、固定资产的主要账务处理如下:

(一)固定资产在取得时,应当分以下情况进行处理:

1.购入、有偿调入固定资产,按照确定的成本,借记本科目［不需安装］或"在建工程"科目［需安装］,贷记"资产基金——固定资产"［不需安装］或"资产基金——在建工程"［需安装］科目;同时,按照实际支付的金额,借记"资本性支出"科目,贷记"银行存款""零余额账户用款额度""政府补助收入"等科目。

购入固定资产扣留质量保证金的,在取得固定资产时,按照确定的固定资产成本,借记本科目［不需安装］或"在建工程"科目［需安装］,贷记"资产基金——固定资产"［不需安装］或"资产基金——在建工程"［需安装］科目。同时取得固定资产全款发票的,按照构成资产成本的全部支出金额,借记"资本性支出"科目,按照实际支付的金额,贷记"银行存款""零余额账户用款额度""政府补助收入"等科目,按照扣留的质量保证金金额,贷记"其他应付款"科目;取得的发票金额不包括质量保证金的,按照不包括质量保证金的支出金额,借记"资本性支出"科目,贷记"银行存款""零余额账户用款额度""政府补助收入"等科目。

实际支付质量保证金时,借记"其他应付款"科目或"资本性支出"科目,贷记"银行存款""零余额账户用款额度""政府补助收入"等科目。

2.自行建造固定资产,工程完工交付使用时,按照自行建造过程中发生的实际支出,借记本科目,贷记"资产基金——固定资产"科目;同时,借记"资产基金——在建工程"科目,贷记"在建工程"科目。

已交付使用但尚未办理竣工决算手续的固定资产,按照估计价值入账,待办理竣工决算后再按照实际成本调整原来的暂估价值。按照实际成本与暂估价值的差额,借记或贷记本科目,贷记或借记"资产基金——固定资产"科目。

3.接受捐赠、无偿调入的固定资产，按照确定的成本，借记本科目［不需安装］或"在建工程"科目［需安装］，贷记"资产基金——固定资产"［不需安装］或"资产基金——在建工程"［需安装］科目；按照发生的相关税费、运输费等，借记"其他支出"科目，贷记"银行存款""零余额账户用款额度"等科目。

4.在原有固定资产基础上进行改建、扩建、大型修缮的固定资产，将固定资产转入改建、扩建、大型修缮时，按照固定资产的账面价值，借记"资产基金——固定资产"科目，按照固定资产已计提折旧金额，借记"累计折旧"科目，按照固定资产的账面余额，贷记本科目；同时，按照固定资产的账面价值，借记"在建工程"科目，贷记"资产基金——在建工程"科目。工程完工交付使用时，按照确定的固定资产成本，借记本科目，贷记"资产基金——固定资产"科目；同时，借记"资产基金——在建工程"科目，贷记"在建工程"科目。

（二）按月计提固定资产折旧时，按照应计提的金额，借记"资产基金——固定资产"科目，贷记"累计折旧"科目。

（三）与固定资产有关的后续支出，应当分以下情况进行处理：

1.为增加固定资产使用效能或延长其使用寿命而发生的改建、扩建或大型修缮等后续支出，应当计入固定资产成本，通过"在建工程"科目核算，完工交付使用时转入本科目。有关账务处理参见"在建工程"科目。

2.为维护固定资产正常使用而发生的日常修理等后续支出，应当计入当期支出但不计入固定资产成本，借记"行政支出"等科目，贷记"银行存款""零余额账户用款额度"等科目。

（四）按规定报经批准处置固定资产，应当分以下情况进行处理：

1.以固定资产对外进行股权投资，按照投出固定资产的账面价值，借记"资产基金——固定资产"科目，按照已计提折旧，借记"累计折旧"科目，按照固定资产的账面余额，贷记本科目。同时，按照确定的投资成本，借记"投资"科目，贷记"资产基金——投资"科目。

2.出售固定资产，按照出售固定资产的账面价值，借记"资产基金——固定资产"科目，按照已计提折旧，借记"累计折旧"科目，按照固定资产的账面余额，贷记本科目。按照出售过程中取得的价款，借记"银行存款"等科目，贷记"其他收入"科目，按规定应上缴同级财政的，贷记"其他应付款"科目。出售过程中工会发生的税费等支出，借记"其他支出"科目，贷记"银行存款"等科目。

3.对外捐赠、无偿调出固定资产，按照固定资产的账面价值，借记"资产基金——固定资产"科目，按照已计提折旧，借记"累计折旧"科目，按照固定资产的账面余额，贷记本科目。发生的由工会承担的运输费、装卸费等，按照实际支付的金额，借记"其他支出"科目，贷记"银行存款"等科目。

五、固定资产应当每年至少盘点一次，对盘盈、盘亏、毁损或报废的，应当查明原因，写出书面报告，按规定报经批准认定后及时进行账务处理，同时将有关情况在会计报表附注中予以披露。

（一）盘盈的固定资产，按照确定的入账成本，借记本科目，贷记"待处理财产损溢"科目。

（二）盘亏或者毁损、报废的固定资产，按照账面价值，借记"待处理财产损溢"科目，按照已计提折旧，借记"累计折旧"科目，按照固定资产的账面余额，贷记本科目。

六、本科目期末借方余额，反映工会固定资产的原值。

第163号科目 累计折旧

一、本科目核算工会计提的固定资产累计折旧。

二、本科目应当按照所对应固定资产的类别、项目进行明细核算。

三、固定资产累计折旧的主要账务处理如下：

（一）按月计提固定资产折旧时，按照应计提折旧金额，借记"资产基金——固定资产"科目，贷记本科目。

（二）经批准处置固定资产时，按照所处置固定资产的账面价值，借记"资产基金——固定资产"[对外捐赠、无偿调出等]或"待处理财产损溢"[盘亏、毁损、报废等]科目，按照固定资产已计提折旧，借记本科目，按照固定资产的账面余额，贷记"固定资产"科目。

四、本科目期末贷方余额，反映工会计提的固定资产折旧累计数。

第171号科目 无形资产

一、本科目核算工会各项无形资产的原值。

二、工会应当设置无形资产明细账，按照类别、项目等进行明细核算。

三、无形资产的主要账务处理如下：

（一）无形资产在取得时，应当分以下情况进行处理：

1.外购的无形资产，按照确定的成本，借记本科目，贷记"资产基金——无形资产"科目；同时，按照实际支付的金额，借记"资本性支出"科目，贷记"银行存款""零余额账户用款额度""政府补助收入"等科目。

2.委托软件公司开发软件视同外购无形资产进行处理。支付软件开发费时，按照实际支付的金额，借记"资本性支出"科目，贷记"银行存款""零余额账户用款额度""政府补助收入"等科目。软件开发完成交付使用时，按照确定的成本，借记本科目，贷记"资产基金——无形资产"科目。

3.接受捐赠、无偿调入的无形资产，按照确定的成本，借记本科目，贷记"资产基金——无形资产"科目；按照发生的相关税费等，借记"其他支出"科目，贷记"银行存款""零余额账户用款额度"等科目。

（二）按月摊销无形资产时，按照应摊销的金额，借记"资产基金——无形资产"科目，贷记"累计摊销"科目。

（三）按规定报经批准处置无形资产时，应当分以下情况进行处理：

1.以无形资产对外进行股权投资，按照投出无形资产的账面价值，借记"资产基金——无形资产"科目，按照已计提摊销，借记"累计摊销"科目，按照无形资产的账面余额，贷记本科目；同时，按照确定的投资成本，借记"投资"科目，贷记"资产基金——投资"科目。

2.出售无形资产，按照出售无形资产的账面价值，借记"资产基金——无形资产"科目，按照已计提摊销，借记"累计摊销"科目，按照无形资产的账面余额，贷记本科目。按照取得的价款金额，借记"银行存款"等科目，贷记"其他收入"科目，按规定应上缴同级财政的，贷记"其他应付款"科目。出售过程中发生的税费等支出，借记"其他支出"科目，贷记"银行存款"等科目。

3.对外捐赠、无偿调出无形资产，按照无形资产的账面价值，借记"资产基金——无形资产"科目，按照已计提摊销，借记"累计摊销"科目，按照无形资产的账面余额，贷记本科目。

4.无形资产预期不能为工会带来服务潜力或经济利益，应当按规定报经批准后将该无形资产的账面价值予以核销。转入待处理资产时，按照待核销无形资产的账面价值，借记"待处理财产损溢"科目，按照已计提摊销，借记"累计摊销"科目，按照无形资产的账面余额，贷记本科目。报经批准予以核销时，按照核销无形资产的账面价值，借记"资产基金——无形资产"科目，贷记"待处理财产损溢"科目。

四、无形资产应当每年至少盘点一次，对盘盈、盘亏的无形资产，参照"固定资产"科目相关规定进行账务处理。

五、本科目期末借方余额，反映工会无形资产的原值。

第172号科目　累计摊销

一、本科目核算工会对使用年限有限的无形资产计提的累计摊销。

二、本科目应当按照所对应无形资产的类别、项目进行明细核算。

三、无形资产累计摊销的主要账务处理如下：

（一）按月对无形资产进行摊销时，按照应摊销的金额，借记"资产基金——无形资产"科目，贷记本科目。

（二）经批准处置无形资产时，按照所处置无形资产的账面价值，借记"资产基金——无形资产"[对外捐赠、无偿调出等]或"待处理财产损溢"[盘亏、待核销等]科目，按照已计提摊销，借记本科目，按照无形资产的账面余额，贷记"无形资产"科目。

四、本科目期末贷方余额，反映工会计提的无形资产摊销累计数。

第181号科目　长期待摊费用

一、本科目核算工会已经支出，但应由本期和以后各期负担的分摊期限在1年以上（不含1年）的各项支出。如对以经营租赁方式租入的固定资产的改良支出等。

二、本科目应当按照对应资产的类别进行明细核算。

三、长期待摊费用的主要账务处理如下：

（一）发生长期待摊费用时，按照支出金额，借记本科目，贷记"资产基金——长期待摊费用"科目；同时，按照实际支付的金额，借记"资本性支出"科目，贷记"银行存款""零余额账户用款额度""政府补助收入"等科目。

（二）在受益期间摊销长期待摊费用时，按照摊销金额，借记"资产基金——长期待摊费用"科目，贷记本科目。

（三）如果某项长期待摊费用已经不能使工会受益，应当将其摊余金额一次性转销。按照剩余待摊销金额，借记"资产基金——长期待摊费用"科目，贷记本科目。

四、本科目期末借方余额，反映工会尚未摊销完毕的长期待摊费用。

第182号科目　待处理财产损溢

一、本科目核算工会待处理财产的价值及财产处理损溢。

工会财产的处理包括资产的盘盈、盘亏、报废、毁损以及非实物资产损失核销等。

二、本科目应当按照待处理的资产项目进行明细核算；对于在资产处理过程中取得收入或发生相关费用的项目，还应当设置"待处理财产价值""处理净收入"明细科目，进行明细核算。

三、工会财产的处理，一般应当先记入本科目，按照规定报经批准后及时进行账务处理。年末结账前一般应处理完毕。

四、待处理财产损溢的主要账务处理如下：

（一）账款核对时发现短缺或溢余的库存现金。

1.每日账款核对中发现现金短缺或溢余，属于现金短缺的，按照实际短缺的金额，借记本科目，贷记"库存现金"科目；属于现金溢余的，按照实际溢余的金额，借记"库存现金"科目，贷记本科目。

2.如为现金短缺，属于应由责任人等赔偿的，借记"其他应收款"科目，贷记本科目；属于无法查明原因的，报经批准核销时，借记"其他支出"科目，贷记本科目。

3.如为现金溢余，属于应支付给有关人员或单位的，借记本科目，贷记"其他应付款"科目；属于无法查明原因的，报经批准后，借记本科目，贷记"其他收入"科目。

（二）按规定报经批准予以核销的其他应收款、股权投资、无形资产。

1.转入待处理资产时，按照资产的账面价值，借记本科目［核销无形资产的，还应按照计提的摊销金额，借记"累计摊销"科目］，按照资产的账面余额，贷记"其他应收款""投资""无形资产"科目。

2.报经批准予以核销时，借记"其他支出"科目［其他应收款核销］或"资产基金——投资""资产基金——无形资产"科目［投资、无形资产核销］，贷记本科目。

（三）资产清查过程中发现的盘盈、盘亏或报废、毁损的库存物品、固定资产、无形资产等各种资产。

1.盘盈的各类资产。

（1）转入待处理资产时，按照确定的成本，借记"库存物品""固定资产""无形资产"等科目，贷记本科目（待处理财产价值）。

（2）按照规定报经批准后处理时，借记本科目（待处理财产价值），贷记"资产基金"科目。

2.盘亏或者毁损、报废的各类资产。

（1）转入待处理资产时，借记本科目（待处理财产价值）［盘亏、毁损、报废固定资产、无形资产的，还应借记"累计折旧""累计摊销"科目］，贷记"库存物品""在建工程""固定资产""无形资产"等科目。报经批准处理时，借记"资产基金"科目，贷记本科目（待处理财产价值）。

（2）处理毁损、报废实物资产过程中取得的残值或残值变价收入、保险理赔和过失人赔偿等，借记"库存现金""银行存款""其他应收款"等科目，贷记本科目（处理净收入）；处理毁损、报废实物资产过程中发生的相关费用，借记本科目（处理净收入），贷记"库存现金""银行存款"等科目。

处理收支结清，如果处理收入大于相关费用的，按照处理收入减去相关费用后的净收入，借记本科目（处理净收入），贷记"其他收入"科目，需按规定上缴同级政府财政的，贷记"其他应付款"科目；如果处理收入小于相关费用的，按照相关费用减去处理收入后的净支出，借记"其他支出"科目，贷记本科目（处理净收入）。

五、本科目期末如为借方余额，反映工会尚未处理完毕的各种资产的净损失；期末如为贷方余额，反映尚未处理完毕的各种资产净溢余。年末，经批准处理后，本科目一般应无余额。

二、负债类科目

第201号科目　应付职工薪酬

一、本科目核算县级以上工会按照有关规定应付给本单位职工及为职工支付的各种薪酬，包括基本工资、国家统一规定的津贴补贴、规范津贴补贴（绩效工资）、改革性补贴、社会保险费（如职工基本养老保险费、职业年金、基本医疗保险费等）和住房公积金等。

二、本科目应当根据国家有关规定按照"基本工资"（含离休费及退休人员统筹外养老保险待遇）"国家统一规定的津贴补贴""规范津贴补贴（绩效工资）""改革性补贴""社会保险费""住房公积金""其他个人收入"等进行明细核算。其中，"社会保险费""住房公积金"明细科目核算内容包括工会从职工工资中代扣代缴的社会保险费、住房公积金，以及工会为职工计算缴纳的社会保险费、住房公积金。

三、应付职工薪酬的主要账务处理如下：

（一）计算确认当期应付职工薪酬（含工会为职工计算缴纳的社会保险费、住房公积金）时，借记"行政支出"科目，贷记本科目。

（二）向职工支付工资、津贴补贴等薪酬时，按照实际支付的金额，借记本科目，贷记"银行存款"等科目。

（三）按照税法规定代扣职工个人所得税时，借记本科目，贷记"其他应付款"科目。

从应付职工薪酬中代扣为职工垫付的水电费、房租等费用时，按照实际扣除的金额，借记本科目（基本工资），贷记"其他应收款"等科目。

从应付职工薪酬中代扣社会保险费和住房公积金，按照代扣的金额，借记本科目（基本工资），贷记本科目（社会保险费、住房公积金）。

（四）按照国家有关规定缴纳职工社会保险费和住房公积金时，按照实际支付的金额，借记本科目（社会保险费、住房公积金），贷记"银行存款"等科目。

（五）从应付职工薪酬中支付的其他款项，借记本科目，贷记"银行存款"等科目。

四、本科目期末贷方余额，反映县级以上工会应付未付的职工薪酬。

第211号科目 应付上级经费

一、本科目核算工会按规定应上缴的工会拨缴经费。

二、应付上级经费的主要账务处理如下：

（一）本级工会确认工会拨缴经费时，按照下级工会经费收缴报告表中的相关金额或实际收到的总金额,借记"应收下级经费""银行存款"等科目,按规定属于本级工会的部分,贷记"拨缴经费收入"科目,按规定应上缴上级工会的部分,贷记本科目,按规定应转拨下级工会的部分,贷记"应付下级经费——应付下级转拨经费"科目。

(二)实际上缴工会经费时,借记本科目,贷记"银行存款"科目。

三、本科目期末贷方余额,反映工会应缴上级但尚未上缴的工会拨缴经费。

第212号科目 应付下级经费

一、本科目核算县级以上工会应付下级工会的各项补助和应转拨下级工会的工会拨缴经费。

二、工会可以根据需要在本科目下设置以下明细科目:

21201 应付下级补助:核算县级以上工会应拨付给下级工会的一般性转移支付补助和专项转移支付补助。

21202 应付下级转拨经费:核算县级以上工会采用税务代收、财政划拨的形式收缴的应划转给下级工会作为下级工会拨缴经费收入的工会拨缴经费。

三、应付下级经费的主要账务处理如下:

(一)本级工会年末清算对下级工会的补助时,根据补助通知中的相关金额,借记"补助下级支出"科目,贷记本科目(应付下级补助)。

次年,实际拨付补助时,借记本科目(应付下级补助),贷记"银行存款"科目。

(二)采用税务代收、财政划拨方式收缴工会经费的:

1.本级工会通过税务部门代收、财政部门划拨的工会经费,按照实际收到的总金额,借记"银行存款"科目,按规定属于本级工会的部分,贷记"拨缴经费收入"科目,按规定应上缴上级工会的部分,贷记"应付上级经费"科目,按规定应转拨下级工会的部分,贷记本科目(应付下级转拨经费)。

实际转拨下级工会经费时,借记本科目,贷记"银行存款"科目。

2.本级工会确认上级工会通过税务部门代收、财政部门划拨的工会经费,按照上级工会经费转拨通知中的金额或实际收到的总金额,借记"应收上级经费——应收上级转拨经费""银行存款"科目,按规定属于本级工会的部分,贷记"拨缴经费收入"科目,按规定应转拨下级工会的部分,贷记本科目(应付下级转拨经费)。

实际转拨下级工会经费时,借记本科目,贷记"银行存款"科目。

四、本科目期末贷方余额,反映县级以上工会应拨付下级但尚未拨付的补助和工会拨缴经费。

第215号科目　其他应付款

一、本科目核算工会除应付上下级经费之外的其他应付及暂存款项,包括工会按规定收取的下级工会的建会筹备金、应支付的税金等。

二、本科目应按对方单位或个人设置明细账,进行明细核算。

三、其他应付款的主要账务处理如下:

(一)本级工会收到筹建单位交来的建会筹备金,按照实际收到的总金额,借记"银行存款"科目,贷记本科目。

在筹建单位建立工会后,本级工会按照规定对建会筹备金进行处理。按照对应的金额,借记本科目,按规定属于本级工会的部分,贷记"拨缴经费收入"科目,按规定应上缴上级工会的部分,贷记"应付上级经费"科目,按规定需返还筹建单位工会的部分,贷记"应付下级经费"科目。

(二)发生房产税等纳税义务,以及按照税法规定应代扣代缴个人所得税的,按照应交税费金额,借记"行政支出""应付职工薪酬"等科目,贷记本科目。工会实际缴纳上述各种税费时,借记本科目,贷记"银行存款"等科目。

(三)发生其他应付及暂存款项,借记"库存现金""银行存款"等科目,贷记本科目。支付款项时,借记本科目,贷记"库存现金""银行存款"等科目。

四、本科目期末贷方余额,反映工会尚未支付的其他应付及暂存款项。

第221号科目　代管经费

一、本科目核算其他组织委托工会代管的有指定用途的、不属于工会收入的资金,如代管的社团活动费、职工互助保险等。

二、本科目应当按照拨入代管经费的项目或单位设置明细账。

三、代管经费的主要账务处理如下:

(一)收到代管的资金时,按照实际收到的金额,借记"库存现金""银行存款"科目,贷记本科目。

（二）实际支出时，按照实际支出的金额，借记本科目，贷记"库存现金""银行存款"科目。

四、本科目期末贷方余额，反映工会受托代管的资金。

三、净资产类科目

第301号科目　资产基金

一、本科目核算工会库存物品、投资、在建工程、固定资产、无形资产、长期待摊费用等非货币性资产在净资产中占用的金额。

二、本科目应当设置"库存物品""投资""在建工程""固定资产""无形资产""长期待摊费用"等明细科目，进行明细核算。

三、资产基金的主要账务处理如下：

（一）确认资产基金时，按照确定的成本或金额，借记"库存物品""投资""在建工程""固定资产""无形资产""长期待摊费用"科目，贷记本科目；同时，按照实际发生的支出，借记"职工活动支出""行政支出""资本性支出""工会资金结余"等科目，贷记"银行存款""零余额账户用款额度"等科目。

（二）领用和发出库存物品时，按照领用和发出库存物品的成本，借记本科目（库存物品），贷记"库存物品"科目。

（三）在建工程完工交付使用时，按照确定的固定资产成本，借记"固定资产"科目，贷记本科目（固定资产）；同时，借记本科目（在建工程），贷记"在建工程"科目。

（四）计提固定资产折旧、无形资产摊销及分摊长期待摊费用时，按照计提的折旧、摊销及分摊的长期待摊费用的金额，借记本科目（固定资产、无形资产、长期待摊费用），贷记"累计折旧""累计摊销""长期待摊费用"科目。

（五）以库存物品、固定资产、无形资产对外进行股权投资时，按照确定的投资成本，借记"投资"科目，贷记本科目（投资）；同时，按照投出资产的账面价值，借记本科目（库存物品、固定资产、无形资产），按照已计提的折旧、摊销金额，借记"累计折旧""累计摊销"科目，按照投出资产的账面余额，贷记"库存物品""固定资产""无形资产"科目。

收回投资时，按照收回投资的账面余额，借记本科目（投资），贷记"投资"

科目；同时，按照实际取得的价款，借记"银行存款"等科目，按照收回投资的账面余额，贷记"工会资金结余"科目，按照其差额，贷记或借记"投资收益"科目。

（六）对外捐赠、无偿调出库存物品、固定资产、无形资产时，按照资产的账面价值，借记本科目（库存物品、固定资产、无形资产），按照已计提的折旧、摊销金额，借记"累计折旧""累计摊销"科目，按照资产的账面余额，贷记"库存物品""固定资产""无形资产"科目。

（七）通过"待处理财产损溢"科目核算的资产处置，有关本科目的账务处理参见"待处理财产损溢"科目。

四、本科目期末贷方余额，反映工会非货币性资产在净资产中占用的金额。

第311号科目 专用基金

一、本科目核算县级以上工会根据国家和全国总工会有关规定，依法提取和使用的有专门用途的基金，包括权益保障金、住房改革支出等。

二、专用基金的主要账务处理如下：

（一）提取专用基金时，借记"维权支出""其他支出"等科目，贷记本科目。

（二）实际使用专用基金时，借记本科目，贷记"库存现金""银行存款"等科目。

三、本科目期末贷方余额，反映县级以上工会专用基金的数额。

第321号科目 工会资金结转

一、本科目核算工会资金结转资金的调整、结转和滚存情况。

二、本科目应当设置以下明细科目：

32101 年初余额调整：核算工会因发生会计差错更正、以前年度支出收回等原因，需要调整工会资金结转的金额。

32102 单位内部调剂：核算工会经批准对工会结余资金改变用途，调整用于工会其他未完成项目等的金额。

32103 本年收支结转：核算工会本期专项工会资金收支相抵后的余额。

32104 累计结转：核算工会滚存的工会资金专项资金结转金额。

三、工会资金结转的主要账务处理如下：

（一）因发生会计差错更正、以前年度支出收回的，按照调整或收回的属于工会资金结转的金额，借记或贷记"银行存款"等科目，贷记或借记本科目（年初余额调整）。

（二）经批准对工会资金结余资金改变用途，调整用于工会其他未完成项目的，按照批准的金额，借记"工会资金结余——单位内部调剂"科目，贷记本科目（单位内部调剂）。

（三）期末，将各类财政拨款以外的工会经费专项资金的收入、支出本期发生额转入本科目，借记"拨缴经费收入""上级补助收入""政府补助收入——非同级财政拨款收入""行政补助收入""附属单位上缴收入""投资收益""其他收入"科目下各专项资金收入明细科目，贷记本科目（本年收支结转）；借记本科目（本年收支结转），贷记"职工活动支出""职工活动组织支出""职工服务支出""维权支出""业务支出""行政支出""资本性支出""补助下级支出""对附属单位的支出""其他支出"的"工会资金"明细科目下各专项资金支出明细科目。

（四）年末，冲销有关明细科目余额。将本科目（本年收支结转、年初余额调整、单位内部调剂）余额转入本科目（累计结转）。结转后，本科目除"累计结转"明细科目外，其他明细科目应无余额。

（五）年末，对工会结转资金各项目执行情况进行分析，按照有关规定将符合结余资金性质的剩余资金转入"工会资金结余"科目。借记本科目（累计结转），贷记"工会资金结余——结转转入"科目。

四、本科目期末贷方余额，反映工会滚存的工会资金结转资金数额。

第322号科目　工会资金结余

一、本科目核算工会资金结余资金的调整、结余和滚存情况。

二、本科目应当设置以下明细科目：

32201　年初余额调整：核算工会因发生会计差错更正、以前年度支出收回等原因，需要调整工会资金结余的金额。

32202　单位内部调剂：核算工会经批准对工会结余资金改变用途，调整用于工会其他未完成项目等的金额。

32203　本年收支结转：核算工会本期各非专项工会资金收支相抵后的余额。

32204 结转转入：核算工会按规定转入工会资金结余的工会结转资金。

32205 累计结余：核算工会滚存的工会结余资金。

三、工会资金结余的主要账务处理如下：

（一）因发生会计差错更正、以前年度支出收回的，按照调整或收回的属于工会资金结余的金额，借记或贷记"银行存款"等科目，贷记或借记本科目（年初余额调整）。

（二）经批准对工会结余资金改变用途，调整用于工会其他未完成项目的，按照批准的金额，借记本科目（单位内部调剂），贷记"工会资金结转——单位内部调剂"科目。

（三）以货币资金对外投资时，按照投资成本金额，借记本科目（累计结余），贷记"银行存款"等科目；同时，按照确定的投资成本，借记"投资"科目，贷记"资产基金——投资"科目。

转让或收回投资时，按照实际取得的价款，借记"银行存款"等科目，按照转让或收回投资的账面余额，贷记本科目（累计结余），按照其差额，贷记或借记"投资收益"科目；同时，按照转让或收回投资的账面余额，借记"资产基金——投资"科目，贷记"投资"科目。

（四）期末，将除财政拨款以外的各工会经费非专项资金的收入、支出本期发生额转入本科目，借记"会费收入""拨缴经费收入""上级补助收入""政府补助收入——非同级财政拨款收入""行政补助收入""附属单位上缴收入""投资收益""其他收入"科目下各非专项资金收入明细科目和"动用预算稳定调节基金"科目，贷记本科目（本年收支结转）；借记本科目（本年收支结转），贷记"职工活动支出""职工活动组织支出""职工服务支出""维权支出""业务支出""行政支出""资本性支出""补助下级支出""对附属单位的支出""其他支出"的"工会资金"明细科目下各非专项资金支出明细科目和"安排预算稳定调节基金"科目。

（五）年末，对工会结转资金各明细项目执行情况进行分析，按照有关规定将符合结余资金性质的项目余额转入本科目，借记"工会资金结转——累计结转"科目，贷记本科目（结转转入）。

（六）年末，冲销有关明细科目余额。将本科目（本年收支结转、年初余额调整、单位内部调剂、结转转入）余额转入本科目（累计结余）。结转后，本科目除"累计结余"明细科目外，其他明细科目应无余额。

四、本科目期末贷方余额，反映工会滚存的工会资金结余资金数额。

第331号科目 财政拨款结转

一、本科目核算从同级政府财政部门取得财政拨款的县级以上工会财政拨款结转资金的调整、结转和滚存情况。

二、本科目应当设置以下明细科目：

33101 年初余额调整：核算工会因发生会计差错更正、以前年度支出收回等原因，需要调整财政拨款结转的金额。

33102 单位内部调剂：核算工会经财政部门批准对财政拨款结余资金改变用途，调整用于工会其他未完成项目等的金额。

33103 本年收支结转：核算工会本期财政拨款收支相抵后的余额。

33104 累计结转：核算工会滚存的财政拨款结转资金。

本科目还应按照"基本支出结转"和"项目支出结转"进行明细核算，在"基本支出结转"明细科目下按照"人员经费"和"公用经费"进行明细核算，在"项目支出结转"明细科目下按照具体项目进行明细核算；同时，按照《政府收支分类科目》中"支出功能分类科目"的项级科目进行明细核算。

三、财政拨款结转的主要账务处理如下：

（一）因发生会计差错更正、以前年度支出收回的，按照调整或收回的金额，借记或贷记"零余额账户用款额度""财政应返还额度"等科目，贷记或借记本科目（年初余额调整）。

（二）经财政部门批准对财政拨款结余资金改变用途，调整用于工会其他未完成项目的，按照批准的金额，借记"财政拨款结余——单位内部调剂"科目，贷记本科目（单位内部调剂）。

（三）期末，将财政拨款收入、支出的本期发生额转入本科目，借记"政府补助收入——财政拨款收入"科目，贷记本科目（本年收支结转）；借记本科目（本年收支结转），贷记"职工活动组织支出""职工服务支出""维权支出""业务支出""行政支出""资本性支出""补助下级支出""对附属单位的支出"和"其他支出"科目的"财政拨款"明细科目。

（四）年末，冲销有关明细科目余额。将本科目（本年收支结转、年初余额调整、单位内部调剂）余额转入本科目（累计结转）。结转后，本科目除"累计结转"明细科目外，其他明细科目应无余额。

（五）年末，对各项目执行情况进行分析，按照有关规定将符合结余资金性质的金额转入"财政拨款结余"科目。借记本科目（累计结转），贷记"财政拨款结余——结转转入"科目。

四、本科目期末贷方余额，反映县级以上工会滚存的财政拨款结转资金数额。

第332号科目　财政拨款结余

一、本科目核算从同级政府财政部门取得财政拨款的县级以上工会财政拨款项目支出结余资金的调整、结转和滚存情况。

二、本科目应当设置以下明细科目：

33201　年初余额调整：核算工会因发生会计差错更正、以前年度支出收回等原因，需要调整财政拨款结余的金额。

33202　归集上缴：核算工会按规定上缴财政拨款结余资金时，实际核销的额度数额或上缴的资金数额。

33203　单位内部调剂：核算工会经财政部门批准对财政拨款结余资金改变用途，调整用于工会其他未完成项目等的金额。

33204　结转转入：核算工会按规定转入财政拨款结余的财政拨款结转资金。

33205　累计结余：核算工会滚存的财政拨款结余资金。

本科目还应当按照具体项目、《政府收支分类科目》中"支出功能分类科目"的项级科目进行明细核算。

三、结余资金的主要账务处理如下：

（一）因发生会计差错更正、以前年度支出收回的，按照调整或收回的金额，借记或贷记"零余额账户用款额度""财政应返还额度"等科目，贷记或借记本科目（年初余额调整）。

（二）按规定上缴财政拨款结余资金或注销财政拨款结余资金额度的，按照实际上缴资金数额或注销资金额度，借记本科目（归集上缴），贷记"零余额账户用款额度""财政应返还额度"等科目。

（三）经财政部门批准对财政拨款结余资金改变用途，调整用于工会其他未完成项目的，按照批准的金额，借记本科目（单位内部调剂），贷记"财政拨款结转——单位内部调剂"科目。

（四）年末，对财政拨款结转各项目执行情况进行分析，按照有关规定将符合结余资金性质的金额转入本科目。借记"财政拨款结转——累计结转"科目，贷记本科目（结转转入）。

（五）年末，冲销有关明细科目余额。将本科目（年初余额调整、归集上缴、单位内部调剂、结转转入）余额转入本科目（累计结余）。结转后，本科目除"累计结余"明细科目外，其他明细科目应无余额。

四、本科目期末贷方余额，反映县级以上工会滚存的财政拨款结余资金数额。

第341号科目　预算稳定调节基金

一、本科目核算县级以上工会按照工会预算管理规定设置的预算稳定调节基金的滚存情况。

二、预算稳定调节基金的主要账务处理如下：

（一）按规定使用超收的拨缴经费收入设置和补充预算稳定调节基金时，按照计提的金额，借记"安排预算稳定调节基金"科目，贷记本科目。

（二）按规定动用预算稳定调节基金用于弥补本年预算收入的不足时，按照动用的金额，借记本科目，贷记"动用预算稳定调节基金"科目。

三、本科目期末贷方余额，反映县级以上工会预算稳定调节基金的滚存金额。

四、收入类科目

第401号科目　会费收入

一、本科目核算基层工会会员依照规定向工会组织缴纳的会费。

二、会费收入的主要账务处理如下：

（一）取得会费时，按照实际收到的金额，借记"库存现金""银行存款"科目，贷记本科目。

（二）期末结转时，将本科目本年发生额转入工会资金结余，借记本科目，贷记"工会资金结余——本年收支结转"科目。

三、本科目期末结转后无余额。

第402号科目 拨缴经费收入

一、本科目核算基层单位行政拨缴、下级工会按规定上缴及上级工会按规定转拨的工会拨缴经费中归属于本级工会的经费。

二、工会可以根据需要在本科目下设置明细科目，进行明细核算。拨缴经费收入中如有专项资金收入，还应当按照具体项目进行明细核算。

三、拨缴经费收入的主要账务处理如下：

（一）采用自主拨缴方式收缴工会经费的：

收到工会经费，按照实际收到的总金额，借记"银行存款"科目，按规定属于本级工会的部分，贷记本科目，按规定应上缴上级工会的部分，贷记"应付上级经费"科目。

年末，存在应收未收的拨缴经费收入的，按照下级工会经费收缴报告表中的金额，借记"应收下级经费"科目，按规定属于本级工会的部分，贷记本科目，按规定应上缴上级工会的部分，贷记"应付上级经费"科目。

（二）采用税务代收、财政划拨方式收取工会经费的：

1.本级工会通过税务部门代收、财政部门划拨的工会经费，按实际收到的总金额，借记"银行存款"科目，按规定属于本级工会的部分，贷记本科目，按规定应上缴上级工会的部分，贷记"应付上级经费"科目，按规定应转拨下级工会的部分，贷记"应付下级经费——应付下级转拨经费"科目。

2.本级工会收到上级工会转拨的通过税务部门代收、财政部门划拨的工会经费，按照实际收到的总金额，借记"银行存款"科目，按规定属于本级工会的部分，贷记本科目，按规定属于下级工会的部分，贷记"应付下级经费——应付下级转拨经费"科目。

年末，存在应收未收的拨缴经费收入的，按照上级工会经费转拨通知中的金额，借记"应收上级经费——应收上级转拨经费"科目，按规定属于本级工会的部分，贷记本科目，按规定属于下级工会的部分，贷记"应付下级经费——应付下级转拨经费"科目。

（三）期末结转时，将本科目本期发生额中的专项资金收入转入工会资金结转，借记本科目各专项资金收入明细科目，贷记"工会资金结转——本年收支结转"科目；将本科目本期发生额中的非专项资金收入转入工会资金结余，借记本科目各非专项资金收入明细科目，贷记"工会资金结余——本年收支结转"科目。

四、本科目期末结转后无余额。

第403号科目 上级补助收入

一、本科目核算本级工会收到的上级工会补助的款项。

二、本科目应当设置以下明细科目：

40301 一般性转移支付补助：核算上级工会按照有关规定拨付给下级工会的未指定专门用途的补助。

40302 专项转移支付补助：核算上级工会拨付的指定专门用途的项目补助，包括帮扶困难职工的补助、用于开展向困难职工和家庭送温暖活动的补助、救灾补助等。

三、上级补助收入的主要账务处理如下：

（一）收到上级补助收入时，按照银行收款单的金额，借记"银行存款"科目，贷记本科目。

（二）年末清算时，存在上级应付未付补助款项的，借记"应收上级经费——应收上级补助"科目，贷记本科目。

（三）期末结转时，将本科目本期发生额中的专项资金收入转入工会资金结转，借记本科目（专项转移支付补助），贷记"工会资金结转——本年收支结转"科目；将本科目本期发生额中的非专项资金收入转入工会资金结余，借记本科目（一般性转移支付补助），贷记"工会资金结余——本年收支结转"科目。

四、本科目期末结转后无余额。

第404号科目 政府补助收入

一、本科目核算县级以上工会收到的各级人民政府按照工会法和国家的有关规定给予工会的补助款项，包括工会收到财政拨付的离退休人员离退休费和生活补贴、帮扶资金、送温暖经费、疗养事业补助、劳模补助、基建、维修及大型活动补助等。

二、本科目应当设置以下明细科目：

40401 财政拨款收入：核算县级以上工会从同级政府财政部门取得的财政拨款。

本明细科目下应当设置"基本支出"和"项目支出"两个明细科目，在"基本支出"明细科目下按照"人员经费"和"公用经费"进行明细核算，在"项目支出"明细科目下按照具体项目进行明细核算；同时，按照《政府收支分类科目》中"支出功能分类科目"的项级科目进行明细核算。

40402 非同级财政拨款收入：核算县级以上工会从非同级政府财政部门取得的政府补助收入。

本明细科目应当按照非同级财政拨款收入的类别、来源等进行明细核算。如有专项资金收入，还应按照具体项目进行明细核算。

三、政府补助收入的主要账务处理如下：

（一）财政拨款收入。

1.财政直接支付方式下，根据收到的"财政直接支付入账通知书"及相关原始凭证，按照通知中直接支付的入账金额，借记有关支出科目，贷记本科目（财政拨款收入）。形成非货币性资产的，应当同时按照确定的资产成本，借记相关资产科目，贷记"资产基金"科目。

年末，根据本年度财政直接支付预算指标数与当年财政直接支付实际支出数的差额，借记"财政应返还额度"科目，贷记本科目（财政拨款收入）。

2.财政授权支付方式下，根据收到的"授权支付到账通知书"，按照通知书中的授权支付额度，借记"零余额账户用款额度"科目，贷记本科目（财政拨款收入）。

年末，工会本年度财政授权支付预算指标数大于零余额账户用款额度下达数的，按照两者差额，借记"财政应返还额度"科目，贷记本科目（财政拨款收入）。

3.其他方式下，按照本期预算收到财政拨款收入时，按照实际收到的金额，借记"银行存款"科目，贷记本科目（财政拨款收入）。

4.因差错更正、购货退回等发生国库直接支付款项退回的，属于本年度支付的款项，按照退回金额，借记本科目（财政拨款收入），贷记"维权支出""资本性支出"等科目。

（二）非同级财政拨款收入。

取得非同级财政拨款收入时，按照实际收到的金额，借记"银行存款"科目，贷记本科目（非同级财政拨款收入）。

（三）期末结转时，将本科目本期发生额中的财政拨款收入转入财政拨款结转，借记本科目（财政拨款收入），贷记"财政拨款结转——本年收支结转"科目；将本科目本期发生额中的非同级财政拨款专项资金收入转入工会资金结转，借记本科目（非同级财政拨款收入），贷记"工会资金结转——本年收支结转"科目；将本科目本期发生额中的非同级财政拨款非专项资金收入转入工会资金结余，借记本科目（非同级财政拨款收入），贷记"工会资金结余——本年收支结转"科目。

四、本科目期末结转后无余额。

第405号科目 行政补助收入

一、本科目核算基层工会取得的所在单位行政方面按照工会法和国家的有关规定给予工会的补助款项，包括工会收到行政拨付的劳动竞赛经费、工会开展活动的费用补助等，不包括行政方面按规定向工会拨缴的工会经费。

二、行政补助收入中如有专项资金收入，应当按照具体项目进行明细核算。

三、行政补助收入的主要账务处理如下：

（一）收到行政补助时，按照实际收到的金额，借记"银行存款"等科目，贷记本科目。

（二）期末结转时，将本科目本期发生额中的专项资金收入转入工会资金结转，借记本科目各专项资金收入明细科目，贷记"工会资金结转——本年收支结转"科目；将本科目本期发生额中的非专项资金收入转入工会资金结余，借记本科目各非专项资金收入明细科目，贷记"工会资金结余——本年收支结转"科目。

四、本科目期末结转后无余额。

第406号科目 附属单位上缴收入

一、本科目核算工会所属的企事业单位按规定上缴的收入。

二、本科目应当按照缴款项目或缴款单位名称设明细账。

所属单位上缴收入中如有专项资金收入，还应当按照具体项目进行明细核算。

三、附属单位上缴收入的主要账务处理如下：

（一）收到相关收入时，按照实际收到的金额，借记"银行存款"等科目，贷记本科目。

（二）期末结转时，将本科目本期发生额中的专项资金收入转入工会资金结转，借记本科目各专项资金收入明细科目，贷记"工会资金结转——本年收支结转"科目；将本科目本期发生额中的非专项资金收入转入工会资金结余，借记本科目各非专项资金收入明细科目，贷记"工会资金结余——本年收支结转"科目。

四、本科目期末结转后无余额。

第407号科目　投资收益

一、本科目核算工会对外投资发生的损溢。

二、投资收益中如有专项资金收入，应当按照具体项目进行明细核算。

三、投资收益的主要账务处理如下：

（一）投资持有期间，收到利息、股利等投资收益时，按照实际收到的金额，借记"银行存款"科目，贷记本科目。

（二）对外转让或到期收回债券投资本息，按照实际收到的金额，借记"银行存款"科目，按照收回投资的账面余额，贷记"工会资金结余"科目，按照其差额，贷记或借记本科目；同时，按照收回投资的账面余额，借记"资产基金——投资"科目，贷记"投资"科目。

（三）期末结转时，将本科目本期发生额中的专项资金收入转入工会资金结转，借记本科目各专项资金收入明细科目，贷记"工会资金结转——本年收支结转"科目；将本科目本期发生额中的非专项资金收入转入工会资金结余，借记本科目各非专项资金收入明细科目，贷记"工会资金结余——本年收支结转"科目。

四、本科目期末结转后无余额。

第408号科目　其他收入

一、本科目核算除上述收入以外的各项收入，如资产盘盈、固定资产处置净收入、接受捐赠收入、银行存款利息收入等。

二、其他收入中如有专项资金收入，应当按照具体项目进行明细核算。

三、其他收入的主要账务处理如下：

（一）取得银行存款利息收入，借记"银行存款"等科目，贷记本科目。

（二）接受捐赠的款项，借记"银行存款"等科目，贷记本科目。

（三）每日现金账款核对中如发现现金溢余，属于无法查明原因的，报经批准后处理时，借记"待处理财产损溢"科目，贷记本科目。

（四）已核销其他应收款在以后期间收回的，按照实际收回的金额，借记"银行存款"等科目，贷记本科目。

（五）盘亏或者毁损、报废的各类资产，报经批准处理后收支结清时，如果处理收入大于相关费用的，按照处理收入减去相关费用后的净收入，借记"待处理财产损溢"科目，贷记本科目，需按规定上缴同级政府财政的，贷记"其他应付款"科目。

（六）有偿调出、出售的固定资产和无形资产，按照有偿调出、出售过程中取得的价款，借记"银行存款"等科目，贷记本科目，按规定应上缴同级财政的，贷记"其他应付款"科目；同时，按照有偿调出、出售资产的账面价值，借记"资产基金"科目，按照已计提折旧或摊销，借记"累计折旧""累计摊销"科目，按照资产的账面余额，贷记"固定资产""无形资产"科目。

（七）期末结转时，将本科目本期发生额中的专项资金收入转入工会资金结转，借记本科目各专项资金收入明细科目，贷记"工会资金结转——本年收支结转"科目；将本科目本期发生额中的非专项资金收入转入工会资金结余，借记本科目各非专项资金收入明细科目，贷记"工会资金结余——本年收支结转"科目。

四、本科目期末结转后无余额。

第411号科目 动用预算稳定调节基金

一、本科目核算县级以上工会按照工会预算管理规定动用的预算稳定调节基金。

二、动用预算稳定调节基金的主要账务处理如下：

（一）按规定动用预算稳定调节基金时，按照动用的金额，借记"预算稳定调节基金"科目，贷记本科目。

（二）期末结转时，将本科目本期发生额转入工会资金结余科目，借记本科目，贷记"工会资金结余——本年收支结转"科目。

三、本科目期末结转后无余额。

五、支出类科目

第501号科目 职工活动支出

一、本科目核算基层工会开展职工教育活动、文体活动、宣传活动、劳模疗休养活动、会员活动等发生的支出。

二、本科目应当设置以下明细科目：

50101 职工教育支出：核算基层工会用于开展政治、法律、科技、业务等专题培训和职工技能培训所需的教材资料、教学用品、场地租金等方面的支出，用于支付职工教育活动聘请授课人员的酬金，用于基层工会开展的职工素质提升补助和职工教育培训优秀学员的奖励。

50102 文体活动支出：核算基层工会用于开展或参加上级工会组织的职工业余文体活动所需器材、服装、用品等购置、租赁与维修方面的支出以及活动场地、交通工具的租金支出等，用于文体活动优胜者的奖励支出，用于文体活动中必要的伙食补助费。

50103 宣传活动支出：核算基层工会用于开展重点工作、重大主题和重大节日宣传活动所需的材料消耗、场地租金、购买服务等方面的支出，用于培育和践行社会主义核心价值观，弘扬劳模精神、劳动精神、工匠精神等经常性宣传活动方面的支出，用于基层工会开展或参加上级工会举办的知识竞赛、宣讲、演讲比赛、展览等宣传活动的支出。

50104 劳模职工疗休养支出：核算基层工会用于组织和开展的劳动模范和先进职工疗休养活动的公杂费等补助。

50105 会员活动支出：核算基层工会用于组织会员观看电影、文艺演出、开展春游秋游，为会员购买当地公园年票等的支出；用于基层工会在重大节日（传统节日）和会员生日、婚丧嫁娶、退休离岗的慰问支出。

50106 其他活动支出：核算基层工会用于开展其他活动的各项职工活动支出。

三、职工活动支出的主要账务处理如下：

（一）发生职工活动支出时，按照实际支付的金额，借记本科目，贷记"库存现金""银行存款"等科目。支出的款项中有形成库存物品等资产的，应当同时按照确定的成本借记"库存物品"等科目，贷记"资产基金"科目。

（二）期末结转时，将本科目本期发生额中的工会资金专项资金支出转入工会资金结转，借记"工会资金结转——本年收支结转"科目，贷记本科目；将本科目本期发生额中的工会资金非专项资金支出转入工会资金结余，借记"工会资金结余——本年收支结转"科目，贷记本科目。

四、本科目期末结转后无余额。

第502号科目　职工活动组织支出

一、本科目核算县级以上工会组织开展职工教育活动、文体活动、宣传活动、劳模疗休养活动等发生的支出。

二、本科目应当按照工会预算管理等规定，参照"职工活动支出"科目设置明细科目。

三、职工活动组织支出的主要账务处理如下：

（一）发生职工活动组织支出时，按照实际支付的金额，借记本科目，贷记"库存现金""银行存款""零余额账户用款额度"等科目。支出的款项中有形成库存物品等资产的，应当同时按照确定的成本借记"库存物品"等科目，贷记"资产基金"科目。

（二）期末结转时，将本科目本期发生额中的财政拨款支出转入财政拨款结转，借记"财政拨款结转——本年收支结转"科目，贷记本科目；将本科目本期发生额中的工会资金专项资金支出转入工会资金结转，借记"工会资金结转——本年收支结转"科目，贷记本科目；将本科目本期发生额中的工会资金非专项资金支出转入工会资金结余，借记"工会资金结余——本年收支结转"科目，贷记本科目。

四、本科目期末结转后无余额。

第503号科目　职工服务支出

一、本科目核算工会开展职工劳动和技能竞赛活动、职工创新活动、建家活动、职工书屋、职工互助保障、心理咨询等工作发生的支出。

二、本科目应当设置以下明细科目：

50301　劳动和技能竞赛活动支出：核算工会组织开展合理化建议、技术革新、发明创造、岗位练兵、技术比武、技术培训等劳动和技能竞赛活动支出及其奖励支出。

50302　建家活动支出：核算工会组织建设、建家活动方面的支出。

50303　职工创新活动支出：核算工会开展的劳模和工匠人才创新工作、职工创新工作活动发生的支出。

50304　职工书屋活动支出：核算工会为建设职工书屋而发生的图书购置以及维护的支出。

50305　其他服务支出：核算工会组织和开展会员和职工普惠制服务、心理咨询、互助保障等其他方面的职工服务支出。

三、职工服务支出主要账务处理如下：

（一）发生职工服务支出时，按照实际支付的金额，借记本科目，贷记"库存现金""银行存款""零余额账户用款额度"等科目。支出的款项中有形成库存物品等资产的，应当同时按照确定的成本借记"库存物品"等科目，贷记"资产基金"科目。

（二）期末结转时，将本科目本期发生额中的财政拨款支出转入财政拨款结转，借记"财政拨款结转——本年收支结转"科目，贷记本科目；将本科目本期发生额中的工会资金专项资金支出转入工会资金结转，借记"工会资金结转——本年收支结转"科目，贷记本科目；将本科目本期发生额中的工会资金非专项资金支出转入工会资金结余，借记"工会资金结余——本年收支结转"科目，贷记本科目。

四、本科目期末结转后无余额。

第504号科目　维权支出

一、本科目核算工会用于维护职工权益的支出，包括劳动关系协调、劳动保护、法律援助、困难职工帮扶、送温暖和其他维权支出。

二、本科目应当设置以下明细科目：

50401　劳动关系协调支出：核算工会用于推进创建劳动关系和谐企业活动、加强劳动争议调解和队伍建设、开展劳动合同咨询活动、集体合同示范文本印制与推广等方面的支出。

50402　劳动保护支出：核算工会用于开展群众性安全生产和职业病防治活动、加强群众安全监督检查员队伍建设、开展职工心理健康维护等以促进安全健康生产、保护职工生命安全为宗旨开展的职工劳动保护发生的支出。

50403　法律援助支出：核算工会用于向职工群众提供法律咨询、法律服务等发生的支出。

50404　困难职工帮扶支出：核算工会用于对困难职工提供资金和物质帮助等发生的支出。

50405　送温暖支出：核算工会用于开展春送岗位、夏送清凉、金秋助学和送温暖等活动发生的支出。

50406　其他维权支出：核算工会用于补助职工等其他方面的维权支出。

三、维权支出的主要账务处理如下：

（一）发生维权支出时，按照实际支付的金额，借记本科目，贷记"库存现金""银行存款""零余额账户用款额度"等科目。支出的款项中有形成库存物品等资产的，应当同时按照确定的成本借记"库存物品"等科目，贷记"资产基金"科目。

（二）县级以上工会提取工会干部权益保障金时，按照提取的金额，借记本科目，贷记"专用基金"科目。

（三）期末结转时，将本科目本期发生额中的财政拨款支出转入财政拨款结转，借记"财政拨款结转——本年收支结转"科目，贷记本科目；将本科目本期发生额中的工会资金专项资金支出转入工会资金结转，借记"工会资金结转——本年收支结转"科目，贷记本科目；将本科目本期发生额中的工会资金非专项资金支出转入工会资金结余，借记"工会资金结余——本年收支结转"科目，贷记本科目。

四、本科目期末结转后无余额。

第505号科目　业务支出

一、本科目核算工会培训工会干部、加强自身建设及开展业务工作发生的各项支出。

二、本科目应当设置以下明细科目：

50501　培训支出：核算工会用于开展工会干部和积极分子培训发生的支出。

50502　会议支出：核算工会用于工会会员大会或会员代表大会、委员会、常委会、经费审查委员会以及其他专业工作会议的各项支出。

50503　专项业务支出：核算工会用于开展组织建设、专题调研、专项工作、劳模津贴、劳模专项补助、扶贫活动及外事活动的支出。

50504　其他业务支出：核算工会发生的不属于以上业务开支的其他业务支出，如工会用于发放兼职工会干部和专职社会化工会工作者补贴的支出等。

三、业务支出主要账务处理如下：

（一）发生业务支出时，按照实际支付的金额，借记本科目，贷记"库存现金""银行存款""零余额账户用款额度"等科目。支出的款项中有形成库存物品等资产的，应当同时按照确定的成本借记"库存物品"等科目，贷记"资产基金"科目。

（二）期末结转时，将本科目本期发生额中的财政拨款支出转入财政拨款结转，借记"财政拨款结转——本年收支结转"科目，贷记本科目；将本科目本期发生额中的工会资金专项资金支出转入工会资金结转，借记"工会资金结转——本年收支结转"科目，贷记本科目；将本科目本期发生额中的工会资金非专项资金支出转入工会资金结余，借记"工会资金结余——本年收支结转"科目，贷记本科目。

四、本科目期末结转后无余额。

第506号科目　行政支出

一、本科目核算县级以上工会为行政管理、后勤保障等发生的各项日常支出。

二、本科目应当设置以下明细科目：

50601　工资福利支出：核算工会开支的专职工作人员和长期聘用人员的各类劳动报酬，以及为上述人员缴纳的各项社会保险费等。包括：基本工资、津贴补贴、奖金、社会保障缴费、伙食补助费、住房公积金等。

50602　商品和服务支出：核算工会购买商品和服务的支出（不包括用于购置固定资产、无形资产的支出）。包括：办公费、印刷费、咨询费、手续费、水费、电费、邮电费、物业管理费、公务用车运行维护费（燃料费、维修费、过桥过路费、保险费、安全奖励费用等）、其他交通费用、差旅费（住宿费、城市间交通费、市内交通费、伙食补助费、杂费）、维修（护）费、租赁费、公务接待费、专用材料费、劳务费、委托业务费、工会经费、福利费等。

50603　对个人和家庭的补助支出：核算工会用于对个人和家庭的补助支出。包括：离休费、退休费、退职费、抚恤金、生活补助、医疗费补助等。

50604　其他行政支出：核算不能划分到上述明细科目的其他行政支出。

三、行政支出的主要账务处理如下：

（一）计算确认当期人员经费时，按照计算确定的金额，借记本科目，贷记"应付职工薪酬"科目。

（二）支出公用经费时，按照实际支付的金额，借记本科目，贷记"库存现金""银行存款""零余额账户用款额度"等科目。支出的款项中有购入库存物品的，应当同时按照确定的成本借记"库存物品"科目，贷记"资产基金"科目。

（三）期末结转时，将本科目本期发生额中的财政拨款支出转入财政拨款结转，借记"财政拨款结转——本年收支结转"科目，贷记本科目；将本科目本期发生额中的工会资金专项资金支出转入工会资金结转，借记"工会资金结转——本年收支结转"科目，贷记本科目；将本科目本期发生额中的工会资金非专项资金支出转入工会资金结余，借记"工会资金结余——本年收支结转"科目，贷记本科目。

四、本科目期末结转后无余额。

第507号科目　资本性支出

一、本科目核算工会从事建设工程、设备工具购置、大型修缮和信息网络购建而发生的实际支出。

二、本科目应当设置以下明细科目：

50701　房屋建筑物购建：核算工会用于购买、自行建造办公用房、仓库、食堂等建筑物（含附属设施，如电梯、通信线路、电缆、水气管道等）的支出。

50702　办公设备购置：核算工会购置纳入固定资产核算范围的办公家具和办公设备的支出。

50703　专用设备购置：核算工会购置具有专门用途、纳入固定资产核算范围的各类专用设备的支出。

50704　交通工具购置：核算工会用于购置各类交通工具的支出（含车辆购

置税）。

50705　大型修缮：核算工会各类设备、建筑物等的大型修缮支出。

50706　信息网络购建：核算工会用于信息网络方面的支出。如计算机硬件、软件购置、开发、应用支出等。购建的计算机硬件、软件等不符合固定资产、无形资产确认标准的，不在此科目核算。

50707　其他资本性支出：核算工会其他上述科目中未包括的资本性支出。

三、资本性支出的主要账务处理如下：

（一）购置、有偿调入固定资产、无形资产等时，按照实际支出的金额，借记本科目，贷记"银行存款""零余额账户用款额度""政府补助收入"等科目；同时，按照确定的资产成本，借记"固定资产""无形资产"科目，贷记"资产基金"科目。

（二）自行建造房屋建筑物等固定资产、对固定资产进行大型修缮等时，按照自行建造过程中发生的实际支出，借记本科目，贷记"银行存款""零余额账户用款额度""政府补助收入"等科目；同时，借记"在建工程"科目，贷记"资产基金——在建工程"科目。

（三）发生长期待摊费用时，按照实际支出的金额，借记本科目，贷记"银行存款""零余额账户用款额度""政府补助收入"等科目；同时，借记"长期待摊费用"科目，贷记"资产基金——长期待摊费用"科目。

（四）期末结转时，将本科目本期发生额中的财政拨款支出转入财政拨款结转，借记"财政拨款结转——本年收支结转"科目，贷记本科目；将本科目本期发生额中的工会资金专项资金支出转入工会资金结转，借记"工会资金结转——本年收支结转"科目，贷记本科目；将本科目本期发生额中的工会资金非专项资金支出转入工会资金结余，借记"工会资金结余——本年收支结转"科目，贷记本科目。

四、本科目期末结转后无余额。

第508号科目　补助下级支出

一、本科目核算县级以上工会为解决下级工会经费不足或根据有关规定给予下级工会的各类补助款项。

二、本科目应当设置以下明细科目：

50801　一般性转移支付补助：核算工会按有关规定对下级未指定用途的补助。

50802 专项转移支付补助：核算工会按有关规定对下级指定专门用途的项目补助，包括对下级的帮扶困难职工的补助、用于开展向困难职工和家庭送温暖活动的补助、救灾补助等。

三、补助下级支出的主要账务处理如下：

（一）发生补助下级支出时，按照实际支付的金额，借记本科目，贷记"银行存款""零余额账户用款额度"等科目。

（二）年末清算时，存在应付未付下级补助款项的，借记本科目，贷记"应付下级经费——应付下级补助"科目。

（三）期末结转时，将本科目本期发生额中的财政拨款支出转入财政拨款结转，借记"财政拨款结转——本年收支结转"科目，贷记本科目；将本科目本期发生额中的工会资金专项资金支出转入工会资金结转，借记"工会资金结转——本年收支结转"科目，贷记本科目；将本科目本期发生额中的工会资金非专项资金支出转入工会资金结余，借记"工会资金结余——本年收支结转"科目，贷记本科目。

四、本科目期末结转后无余额。

第509号科目 对附属单位的支出

一、本科目核算工会按规定对所属企事业单位的补助。

二、本科目应当按照单位设置明细科目。

三、对附属单位的支出的主要账务处理如下：

（一）发生相关支出时，按照实际支付的金额，借记本科目，贷记"银行存款""零余额账户用款额度"等科目。

（二）期末结转时，将本科目本期发生额中的财政拨款支出转入财政拨款结转，借记"财政拨款结转——本年收支结转"科目，贷记本科目；将本科目本期发生额中的工会资金专项资金支出转入工会资金结转，借记"工会资金结转——本年收支结转"科目，贷记本科目；将本科目本期发生额中的工会资金非专项资金支出转入工会资金结余，借记"工会资金结余——本年收支结转"科目，贷记本科目。

四、本科目期末结转后无余额。

第510号科目　其他支出

一、本科目核算工会除上述支出以外的各项支出，如资产盘亏、资产处置净损失、捐赠支出、汇兑损益以及按规定计提有关专用基金等。

二、其他支出的主要账务处理如下：

（一）每日现金账款核对中如发现现金短缺，属于无法查明原因的部分，报经批准后，借记本科目，贷记"待处理财产损溢"科目。

（二）核销预计无法收回的其他应收款时，报经批准后，借记本科目，贷记"待处理财产损溢"科目。

（三）接受捐赠、无偿调入或对外捐赠、无偿调出实物资产、无形资产时，发生应由本级工会承担的相关税费、运输费等的，借记本科目，贷记"银行存款""零余额账户用款额度"等科目。

（四）报废、毁损的实物资产，处理收支结清时，如果处理收入小于相关费用的，按照相关费用减去处理收入后的净支出，借记本科目，贷记"待处理财产损溢"科目。

（五）对外捐赠支出，借记本科目，贷记"库存现金""银行存款"等科目。

（六）提取权益保障金以外的专用基金时，借记本科目，贷记"专用基金"科目。

（七）期末确认外币汇兑损益时，借记或贷记本科目，贷记或借记"银行存款"等科目。

（八）期末结转时，将本科目本期发生额中的财政拨款支出转入财政拨款结转，借记"财政拨款结转——本年收支结转"科目，贷记本科目；将本科目本期发生额中的工会资金专项资金支出转入工会资金结转，借记"工会资金结转——本年收支结转"科目，贷记本科目；将本科目本期发生额中的工会资金非专项资金支出转入工会资金结余，借记"工会资金结余——本年收支结转"科目，贷记本科目。

三、本科目期末结转后无余额。

第521号科目　安排预算稳定调节基金

一、本科目核算县级以上工会按照工会预算管理规定使用超收的拨缴经费收入安排的预算稳定调节基金。

二、安排预算稳定调节基金的主要账务处理如下：

（一）按规定安排预算稳定调节基金时，按照计提的金额，借记本科目，贷记"预算稳定调节基金"科目。

（二）期末，将本科目本期发生额转入工会资金结余科目，借记"工会资金结余——本年收支结转"科目，贷记本科目。

三、本科目期末结转后无余额。

第四部分　会计报表格式

编号	会计报表名称	编制期	编制主体
工会01表	资产负债表	月度、年度	各级工会
工会02表	收入支出表	月度、年度	各级工会
工会附01表	财政拨款收入支出表	年度	县级以上工会
工会附02表	国有资产情况表	年度	县级以上工会
工会附03表	成本费用表	月度、年度	县级以上工会

资产负债表

工会01表

编制单位：　　　　　　　　　年　　月　　日　　　　　　　单位：元

资产	年初余额	期末余额	负债与净资产	年初余额	期末余额
一、资产			二、负债		
流动资产			应付职工薪酬		
货币资金			应付上级经费		
零余额账户用款额度*			应付下级经费		
财政应返还额度			其他应付款		
应收上级经费			代管经费		
应收下级经费			负债合计		
其他应收款					

续表

资产	年初余额	期末余额	负债与净资产	年初余额	期末余额
库存物品			三、净资产		
流动资产合计			资产基金		
投资			专用基金		
在建工程			工会资金结转		
固定资产原值			工会资金结余		
减：累计折旧			财政拨款结转		
固定资产净值			财政拨款结余		
无形资产原值			预算稳定调节基金		
减：累计摊销			净资产合计		
无形资产净值					
长期待摊费用					
待处理财产损溢					
资产总计			负债与净资产总计		

注："*"标识项目为中期报表项目，年报中不需列示。

收入支出表

工会02表

编制单位：　　　　　　　　　　　____年____月　　　　　　　　　　　单位：元

项目	本月数	本年累计数
一、年初资金结转结余		
（一）年初资金结转		
（二）年初资金结余		

续表

项目	本月数	本年累计数
二、资金结转结余调整及变动		
三、收入合计		
（一）会费收入		
（二）拨缴经费收入		
（三）上级补助收入		
（四）政府补助收入		
（五）行政补助收入		
（六）附属单位上缴收入		
（七）投资收益		
（八）其他收入		
（九）动用预算稳定调节基金		
四、支出合计		
（一）职工活动支出		
（二）职工活动组织支出		
（三）职工服务支出		
（四）维权支出		
（五）业务支出		
（六）行政支出		
（七）资本性支出		
（八）补助下级支出		
（九）对附属单位的支出		
（十）其他支出		
（十一）安排预算稳定调节基金		

续表

项目	本月数	本年累计数
五、本期收支差额		
六、年末资金结转结余		
（一）年末资金结转		
（二）年末资金结余		

财政拨款收入支出表

工会附01表

编制单位：　　　　　　　　　　　　年　　　　　　　　　　　单位：元

项目	年初财政拨款结转结余		调整年初财政拨款结转结余	本年归集上缴	单位内部调剂		本年财政拨款收入	本年财政拨款支出	年末财政拨款结转结余	
	结转	结余			结转	结余			结转	结余
基本支出：										
1.人员经费										
2.公用经费										
项目支出：										
1.××项目										
2.××项目										
……										
总计										

国有资产情况表

工会附02表

编制单位： _____年　　　　　　　　　　　单位：元

项目	年初余额	年末余额
流动资产：		
货币资金		
财政应返还额度		
库存物品		
流动资产合计		
非流动资产：		
在建工程		
固定资产原值		
减：累计折旧		
固定资产净值		
无形资产原值		
减：累计摊销		
无形资产净值		
长期待摊费用		
非流动资产合计		
资产合计		

成本费用表

工会附03表

编制单位： ____年____月　　　　　　　　　　单位：元

项目	本月数	本年累计数
职工活动组织支出		
职工服务支出		

续表

项目	本月数	本年累计数
维权费用		
业务费用		
行政费用		
补助下级费用		
对附属单位的费用		
折旧及摊销费用		
其他费用		
调整事项		
费用总计		

第五部分 会计报表编制说明

一、资产负债表编制说明

（一）本表反映工会某一特定日期全部资产、负债和净资产的情况。工会至少应当编制月度、年度资产负债表，可以根据需要编制季度、半年度资产负债表。

（二）编制年度资产负债表时，将"期末余额"栏改为"年末余额"栏。

（三）本表"年初余额"栏内各项目，应当根据上年度资产负债表"年末余额"栏内各对应项目数字填列。

（四）本表"期末余额"栏各项目的内容和填列方法。

1.资产类项目。

（1）"货币资金"项目，反映工会期末库存现金、银行存款的合计数。本项目应当根据"库存现金""银行存款"科目的期末余额的合计数填列。

（2）"零余额账户用款额度"项目，反映县级以上工会期末尚未支用的零余额账户用款额度金额。本项目仅在中期报表中列示，年度报表中不列示。本项目应当根据"零余额账户用款额度"科目的期末余额填列。

（3）"财政应返还额度"项目，反映县级以上工会期末财政应返还额度的金额。本项目应当根据"财政应返还额度"科目的期末余额填列。

（4）"应收上级经费"项目，反映工会期末应收未收的上级工会应转拨（或拨付）的工会拨缴经费及补助金额。本项目应当根据"应收上级经费"科目的期末余额填列。

（5）"应收下级经费"项目，反映县级以上工会期末应收未收的下级工会应上缴的工会拨缴经费金额。本项目应当根据"应收下级经费"科目的期末余额填列。

（6）"其他应收款"项目，反映工会期末尚未收回的其他应收款金额。本项目应当根据"其他应收款"科目的期末余额填列。

（7）"库存物品"项目，反映工会期末存储的库存物品的实际成本。本项目应当根据"库存物品"科目的期末余额填列。

（8）"流动资产合计"项目，反映工会期末流动资产的合计数。本项目应当根据本表中"货币资金""零余额账户用款额度"[中期报表]、"财政应返还额度""应收上级经费""应收下级经费""其他应收款"和"库存物品"项目金额的合计数填列。

（9）"投资"项目，反映工会期末持有的投资账面余额。本项目应当根据"投资"科目的期末余额填列。

（10）"在建工程"项目，反映工会期末所有的建设项目工程的实际成本。本项目应当根据"在建工程"科目的期末余额填列。

（11）"固定资产原值"项目，反映工会期末固定资产的原值。本项目应当根据"固定资产"科目的期末余额填列。

"累计折旧"项目，反映工会期末固定资产已计提的累计折旧金额。本项目应当根据"累计折旧"科目的期末余额填列。

"固定资产净值"项目，反映工会期末固定资产的账面价值。本项目应当根据"固定资产"科目期末余额减去"累计折旧"科目期末余额后的金额填列。

（12）"无形资产原值"项目，反映工会期末无形资产的原值。本项目应当根据"无形资产"科目的期末余额填列。

"累计摊销"项目，反映工会期末无形资产已计提的累计摊销金额。本项目应当根据"累计摊销"科目的期末余额填列。

"无形资产净值"项目，反映工会期末无形资产的账面价值。本项目应当根据"无形资产"科目期末余额减去"累计摊销"科目期末余额后的金额填列。

（13）"长期待摊费用"项目，反映工会期末已经支出，但应由本期和以后各期负担的分摊期限在1年以上（不含1年）的各项支出金额。本项目应当根据"长期待摊费用"科目的期末余额填列。

（14）"待处理财产损溢"项目，反映工会期末尚未处理完毕的各种资产的净损失或净溢余。本项目应当根据"待处理财产损溢"科目的期末借方余额填列；如"待处理财产损溢"科目期末为贷方余额，以"-"号填列。

（15）"资产总计"项目，反映工会期末资产的合计数。本项目应当根据本表中"流动资产合计""投资""在建工程""固定资产净值""无形资产净值""长期待摊费用"和"待处理财产损溢"项目金额的合计数填列。

2.负债类项目。

（1）"应付职工薪酬"项目，反映县级以上工会期末按有关规定应付给职工及为职工支付的各种薪酬金额。本项目应当根据"应付职工薪酬"科目的期末余额填列。

（2）"应付上级经费"项目，反映工会期末应缴未缴上级的工会拨缴经费金额。本项目应当根据"应付上级经费"科目的期末余额填列。

（3）"应付下级经费"项目，反映县级以上工会期末应付未付下级的转拨（或拨付）工会拨缴经费及补助金额。本项目应当根据"应付下级经费"科目的期末余额填列。

（4）"其他应付款"项目，反映工会期末尚未支付的其他应付及暂收款项金额。本项目应当根据"其他应付款"科目的期末余额填列。

（5）"代管经费"项目，反映工会期末受托代管的其他组织的资金金额。本项目应当根据"代管经费"科目的期末余额填列。

（6）"负债合计"项目，反映工会期末负债的合计数。本项目应当根据本表中"应付职工薪酬""应付上级经费""应付下级经费""其他应付款"和"代管经费"项目金额的合计数填列。

3.净资产类项目。

（1）"资产基金"项目，反映工会期末库存物品、投资、在建工程、固定资产、无形资产、长期待摊费用等非货币性资产在净资产中占用的金额。本项目应当根据"资产基金"科目的期末余额填列。

（2）"专用基金"项目，反映县级以上工会期末累计提取但尚未使用的专用基金余额。本项目应当根据"专用基金"科目的期末余额填列。

（3）"工会资金结转"项目，反映工会累计滚存的除财政拨款外的工会经费结转金额。本项目应当根据"工会资金结转"科目的期末余额填列。

（4）"工会资金结余"项目，反映工会累计滚存的除财政拨款外的工会经费结余金额。本项目应当根据"工会资金结余"科目的期末余额填列。

（5）"财政拨款结转"项目，反映县级以上工会累计滚存的财政拨款结转金额。本项目应当根据"财政拨款结转"科目的期末余额填列。

（6）"财政拨款结余"项目，反映县级以上工会累计滚存的财政拨款结余金额。本项目应当根据"财政拨款结余"科目的期末余额填列。

（7）"预算稳定调节基金"项目，反映县级以上工会累计滚存的预算稳定调节基金金额。本项目应当根据"预算稳定调节基金"科目的期末余额填列。

（8）"净资产合计"项目，反映工会期末净资产合计数。本项目应当根据本表中"资产基金""专用基金""工会资金结转""工会资金结余""财政拨款结转""财政拨款结余"和"预算稳定调节基金"项目金额的合计数填列。

（9）"负债与净资产总计"项目，应当根据本表中"负债合计"和"净资产合计"项目金额的合计数填列。

二、收入支出表编制说明

（一）本表反映工会某一会计期间全部收入、支出和结转结余的情况。工会至少应当编制月度、年度收入支出表，可以根据需要编制季度、半年度收入支出表。

（二）编制年度收入支出表时，将"本月数"栏改为"本年数"栏，将"本年累计数"栏改为"上年数"栏。

（三）本表"本月数"栏内各项目，根据本月各项目的实际发生额填列。年度收入支出表"本年数"栏内各项目，根据本年度各项目的实际发生额填列。

本表"本年累计数"栏内各项目，根据自年初至本期期末各项目的累计实际发生额填列，也可以根据上月收入支出表"本年累计数"加上本月收入支出表"本月数"后的金额填列。

年度收入支出表"上年数"栏内各项目，根据上年度收入支出表"本年数"栏内各对应项目数字填列。

（四）本表"本月数"栏各项目的内容和填列方法。

1."年初资金结转结余"项目及其所属各明细项目，反映工会本年初所有资金结转结余的金额。本项目及其所属各明细项目，仅在编制年度收入支出表时填列。

"年初资金结转结余"项目根据各明细项目的合计数填列。"年初资金结转"项目根据"工会资金结转""财政拨款结转"科目年初余额的合计数填列。"年初资金结余"项目根据"工会资金结余""财政拨款结余"科目年初余额的合计数填列。

本项目及其所属各明细项目的数额，应当与上年年度收入支出表中"年末资金结转结余"中各项目的金额相等。

2."资金结转结余调整及变动"项目，反映工会因发生需要调整以前年度各项资金结转结余的事项导致各项资金结转结余发生变动的金额。本项目根据"工会资金结转""工会资金结余""财政拨款结转""财政拨款结余"科目下"年初余额调整""归集上缴"科目本期发生额的合计数填列。若为负数，以"-"号填列。

3.收入类项目。

（1）"收入合计"项目，反映工会本期收入总额。本项目应当根据本表中"会费收入""拨缴经费收入""上级补助收入""政府补助收入""行政补助收入""附属单位上缴收入""投资收益""其他收入"和"动用预算稳定调节基金"项目金额的合计数填列。

（2）"会费收入"项目，反映基层工会收到的工会会员会费的金额。本项目应当根据"会费收入"科目的本期发生额填列。

（3）"拨缴经费收入"项目，反映工会收到的基层单位行政拨缴、下级工会按规定上缴及上级工会按规定转拨的工会拨缴经费中归属于本级工会的经费金额。本项目应当根据"拨缴经费收入"科目的本期发生额填列。

（4）"上级补助收入"项目，反映工会收到的上级工会给予的补助金额。本项目应当根据"上级补助收入"科目的本期发生额填列。

（5）"政府补助收入"项目，反映县级以上工会收到的各级人民政府按照工会法和国家的有关规定给予工会的补助金额。本项目应当根据"政府补助收入"科目的本期发生额填列。

（6）"行政补助收入"项目，反映基层工会收到的所在单位行政方面按照工会法和国家的有关规定给予工会的补助金额。本项目应当根据"行政补助收入"科目的本期发生额填列。

（7）"附属单位上缴收入"项目，反映工会收到的所属企事业单位按规定上缴的金额。本项目应当根据"附属单位上缴收入"科目的本期发生额填列。

（8）"投资收益"项目，反映工会收到的对外投资发生的损溢金额。本项目应当根据"投资收益"科目的本期发生额填列；如为投资净损失，以"-"号填列。

（9）"其他收入"项目，反映工会收到的各类其他收入的金额。本项目应当根据"其他收入"科目的本期发生额填列。

（10）"动用预算稳定调节基金"项目，反映县级以上工会按照工会预算管理规定动用的预算稳定调节基金金额。本项目应当根据"动用预算稳定调节基金"科目的本期发生额填列。

4.支出类项目。

（1）"支出合计"项目，反映工会本期支出总额。本项目应当根据本表中"职工活动支出""职工活动组织支出""职工服务支出""维权支出""业务支出""行政支出""资本性支出""补助下级支出""对附属单位的支出""其他支出"和"安排预算稳定调节基金"项目金额的合计数填列。

（2）"职工活动支出"项目，反映基层工会开展职工教育活动、文体活动、宣传活动、劳模疗休养活动、会员活动等发生的支出金额。本项目应当根据"职工活动支出"科目的本期发生额填列。

（3）"职工活动组织支出"项目，反映县级以上工会组织开展职工教育活动、文体活动、宣传活动、劳模疗休养活动等发生的支出金额。本项目应当根据"职工活动组织支出"科目的本期发生额填列。

（4）"职工服务支出"项目，反映工会开展职工劳动和技能竞赛活动、职工创新活动、建家活动、职工书屋、职工互助保障、心理咨询等工作发生的支出金额。本项目应当根据"职工服务支出"科目的本期发生额填列。

（5）"维权支出"项目，反映工会用于维护职工权益的支出金额。本项目应当根据"维权支出"科目的本期发生额填列。

（6）"业务支出"项目，反映工会培训工会干部、加强自身建设及开展业务工作发生的支出金额。本项目应当根据"业务支出"科目的本期发生额填列。

（7）"行政支出"项目，反映县级以上工会为行政管理、后勤保障等发生的各项日常支出金额。本项目应当根据"行政支出"科目的本期发生额填列。

（8）"资本性支出"项目，反映工会从事建设工程、设备工具购置、大型修缮和信息网络购建而发生的实际支出金额。本项目应当根据"资本性支出"科目的本期发生额填列。

（9）"补助下级支出"项目，反映县级以上工会为解决下级工会经费不足或根据有关规定给予下级工会的各类补助金额。本项目应当根据"补助下级支出"科目的本期发生额填列。

（10）"对附属单位的支出"项目，反映工会按规定对所属企事业单位的补助金额。本项目应当根据"对附属单位的支出"科目的本期发生额填列。

（11）"其他支出"项目，反映工会发生的各项其他支出的金额。本项目应当根据"其他支出"科目的本期发生额填列；如为贷方发生额，以"-"号填列。

（12）"安排预算稳定调节基金"项目，反映县级以上工会按照有关规定使用超收的拨缴经费收入安排的预算稳定调节基金金额。本项目应当根据"安排预算稳定调节基金"科目的本期发生额填列。

5. "本期收支差额"项目，反映工会本期发生的各项资金收入和支出相抵后的余额。本项目应当根据本表中"收入合计"项目金额减去"支出合计"项目金额后的余额填列。如为负数，以"-"号填列。

6. "年末资金结转结余"项目及其所属各明细项目，反映工会本年各项资金结转结余的年末余额。本项目及其所属各明细项目，仅在编制年度收入支出表时填列。"年末资金结转结余"项目根据各明细项目的合计数填列。

"年末资金结转"项目根据"工会资金结转""财政拨款结转"科目年末余额的合计数填列。"年末资金结余"项目根据"工会资金结余""财政拨款结余"科目年末余额的合计数填列。

三、财政拨款收入支出表编制说明

（一）本表反映县级以上工会本年财政拨款的收入、支出和结转结余的情况。县级以上工会应当按年度编制财政拨款收入支出表。

不从同级政府财政部门取得财政拨款的县级以上工会，不填列本表。

（二）本表"项目"栏内各项目，应当根据县级以上工会取得的财政拨款分项设置。其中"项目支出"项目下，根据每个项目设置。

（三）本表各栏及其对应项目的内容和填列方法。

1."年初财政拨款结转结余"栏中各项目，反映县级以上工会年初各项财政拨款结转结余的金额。各项目应当根据"财政拨款结转""财政拨款结余"科目及其明细科目的年初余额填列。本栏中各项目的数额应当与上年度财政拨款收入支出表中"年末财政拨款结转结余"栏中各项目的数额相等。

2."调整年初财政拨款结转结余"栏中各项目，反映县级以上工会对年初财政拨款结转结余的调整金额。各项目应当根据"财政拨款结转""财政拨款结余"科目下"年初余额调整"明细科目及其所属明细科目的本年发生额填列；如调整减少年初财政拨款结转结余，以"-"号填列。

3."本年归集上缴"栏中各项目，反映县级以上工会本年按规定实际上缴的财政拨款结余资金金额。各项目应当根据"财政拨款结余"科目下"归集上缴"科目及其所属明细科目的本年发生额，以"-"号填列。

4."单位内部调剂"栏中各项目，反映县级以上工会本年财政拨款结转结余资金在工会内部不同项目等之间的调剂金额。各项目应当根据"财政拨款结转"和"财政拨款结余"科目下的"单位内部调剂"明细科目及其所属明细科目的本年发生额填列；对工会内部调剂减少的财政拨款结余金额，以"-"号填列。

5."本年财政拨款收入"栏中各项目，反映县级以上工会本年从同级政府部门取得的财政预算拨款金额。各项目应当根据"政府补助收入"科目下"财政拨款收入"明细科目及其所属明细科目的本年发生额填列。

6."本年财政拨款支出"栏中各项目，反映县级以上工会本年发生的财政拨款支出金额。各项目应当根据除"安排预算稳定调节基金"科目以外的各支出类科目下"财政拨款"明细科目及其所属明细科目的本年发生额填列。

7."年末财政拨款结转结余"栏中各项目，反映县级以上工会年末财政拨款结转结余的金额。各项目应当根据"财政拨款结转""财政拨款结余"科目及其所属明细科目的年末余额填列。

四、国有资产情况表编制说明

（一）本表反映县级以上工会年末持有的国有资产情况。县级以上工会应当按年度编制国有资产情况表。

（二）本表"年初余额"栏各项目金额，应当根据上年度国有资产情况表

"年末余额"栏内各对应项目数字填列。

（三）本表"年末余额"栏各项目的内容和填列方法。

1."货币资金"项目，反映县级以上工会年末库存现金及银行存款中财政拨款的合计数。本项目应当根据"库存现金""银行存款"科目下"国有资产"明细科目年末余额的合计数填列。

2."财政应返还额度"项目，反映县级以上工会年末财政应返还额度的金额。本项目应当根据"财政应返还额度"科目的年末余额填列。

3."库存物品"项目，反映县级以上工会年末存储的财政拨款形成的库存物品的实际成本。本项目应当根据"库存物品"科目下"国有资产"明细科目的年末余额填列。

4."流动资产合计"项目，反映工会期末流动资产中国有资产的合计数。本项目应当根据本表中"货币资金""财政应返还额度""库存物品"项目金额的合计数填列。

5."在建工程"项目，反映县级以上工会年末所有的建设项目工程中国有资产部分的实际成本。本项目应当根据"在建工程"科目下"国有资产"明细科目的年末余额填列。

6."固定资产原值"项目，反映县级以上工会年末固定资产中国有资产部分的原值。本项目应当根据"固定资产"科目下"国有资产"明细科目的年末余额填列。

"累计折旧"项目，反映县级以上工会年末固定资产中国有资产部分已计提的累计折旧金额。本项目应当根据"累计折旧"科目下"国有资产"明细科目的年末余额填列。

"固定资产净值"项目，反映县级以上工会年末固定资产中国有资产部分的账面价值。本项目应当根据"固定资产原值"项目减去"累计折旧"项目后的金额填列。

7."无形资产原值"项目，反映县级以上工会年末无形资产中国有资产部分的原值。本项目应当根据"无形资产"科目下"国有资产"明细科目的年末余额填列。

"累计摊销"项目，反映县级以上工会年末无形资产中国有资产部分已计提的累计摊销金额。本项目应当根据"累计摊销"科目下"国有资产"明细科目的年末余额填列。

"无形资产净值"项目,反映县级以上工会年末无形资产中国有资产部分的账面价值。本项目应当根据"无形资产原值"项目减去"累计摊销"项目后的金额填列。

8."长期待摊费用"项目,反映县级以上工会年末已经支出的,应由本期和以后各期负担的分摊期限在1年以上(不含1年)的财政拨款支出。本项目应当根据"长期待摊费用"科目下"国有资产"明细科目的年末余额填列。

9."非流动资产合计"项目,反映县级以上工会年末非流动资产中国有资产的合计数。本项目应当根据本表中"在建工程""固定资产净值""无形资产净值""长期待摊费用"项目金额的合计数填列。

10."资产总计"项目,反映县级以上工会年末国有资产的合计数。本项目应当根据"流动资产合计"项目与"非流动资产合计"项目金额的合计数填列。

五、成本费用表编制说明

(一)本表反映县级以上工会某一会计期间内的成本费用情况。县级以上工会至少应当编制月度、年度成本费用表,可以根据需要编制季度、半年度成本费用表。

(二)编制年度成本费用表时,将"本月数"栏改为"本年数"栏,将"本年累计数"栏改为"上年数"栏。

(三)本表"本月数"栏内各项目,根据本月各项目的实际发生额填列。年度成本费用表"本年数"栏内各项目,根据本年度各项目的实际发生额填列。

本表"本年累计数"栏内各项目,根据自年初至本期期末各项目的累计实际发生额填列,也可以根据上月成本费用表"本年累计数"加上本月成本费用表"本月数"后的金额填列。

年度成本费用表"上年数"栏内各项目,根据上年度成本费用表"本年数"栏内各对应项目数字填列。

(四)本表"本月数"栏各项目的内容和填列方法。

1."职工活动组织费用"项目,反映县级以上工会组织开展职工教育活动、文体活动、宣传活动、劳模疗休养活动等所发生的费用。本项目根据"职工活动组织支出"科目的本期发生额填列。

2."职工服务费用"项目,反映县级以上工会开展职工劳动和技能竞赛活动、职工创新活动、建家活动、职工书屋、职工互助保障、心理咨询等工作发生的费用。本项目根据"职工服务支出"科目的本期发生额填列。

3."维权费用"项目，反映县级以上工会用于维护职工权益的费用。本项目根据"维权支出"科目的本期发生额填列。

4."业务费用"项目，反映县级以上工会培训工会干部、加强自身建设及开展业务工作发生的费用。本项目根据"业务支出"科目的本期发生额填列。

5."行政费用"项目，反映县级以上工会为行政管理、后勤保障等发生的各项费用。本项目根据"行政支出"科目的本期发生额填列。

6."补助下级费用"项目，反映县级以上工会补助下级发生的费用。本项目根据"补助下级支出"科目的本期发生额填列。

7."对附属单位的费用"项目，反映县级以上工会按规定对附属企事业单位补助发生的费用。本项目根据"对附属单位的支出"科目的本期发生额填列。

8."折旧及摊销费用"项目，反映县级以上工会应承担的折旧、摊销及待摊费用。本项目根据"累计折旧""累计摊销""长期待摊费用"科目本期贷方发生额的合计数填列。

9."其他费用"项目，反映县级以上工会发生的除以上费用项目外的其他费用。本项目根据"其他支出"科目的本期发生额填列。

10."调整事项"项目，反映由于会计核算基础差异导致的费用调整金额。本项目根据本期调整事项的实际发生额填列，若为调减事项，以"-"号填列。

11."费用总计"项目，反映县级以上工会发生的成本费用合计数。本项目根据本表中"职工活动组织费用""职工服务费用""维权费用""业务费用""行政费用""补助下级费用""对附属单位的费用""折旧及摊销费用""其他费用"和"调整事项"项目金额的合计数填列。

（五）调整事项。

1.调整库存物品对当期费用的影响。

当期购入库存物品的支出，不作为当期费用；当期领用、发出库存物品对应的支出，作为当期费用。县级以上工会应当将"库存物品"科目期初余额减去期末余额后的差额，作为当期费用的调增金额。

2.调整在建工程对当期费用的影响。

建设项目竣工验收并交付使用时，县级以上工会应当将在建工程中"待核销基建支出"明细科目的本期发生额计入当期费用，作为当期费用的调增金额。

3.调整其他事项对当期费用的影响。

存在其他事项因核算基础不同导致当期费用与支出存在差异的，比照上述原则进行处理。

第六部分　会计报表附注

一、工会的年度会计报表附注至少应当披露下列内容：

（一）遵循《工会会计制度》的声明；

（二）整体财务状况、预算执行情况的说明；

（三）重要会计政策、会计估计及其变更情况的说明；

（四）会计报表重要项目的进一步说明，包括其主要构成、增减变动情况等；

（五）重要资产处置、资产重大损失情况的说明；

（六）以名义金额计量的资产名称、数量等情况，以及以名义金额计量理由的说明；

（七）以前年度结转结余调整情况的说明；

（八）有助于理解和分析会计报表需要说明的其他事项。

二、法律、行政法规和国家统一的会计制度另有规定的，从其规定。

附录2

工会固定资产折旧年限表

固定资产类别	内容		折旧年限（年）
房屋及构筑物	业务及管理用房	钢结构	不低于50
		钢筋混凝土结构	不低于50
		砖混结构	不低于30
		砖木结构	不低于30
	简易房		不低于8
	房屋附属设施		不低于8
	构筑物		不低于8
通用设备	计算机设备		不低于6
	办公设备		不低于6
	车辆		不低于8
	图书档案设备		不低于5
	机械设备		不低于10
	电气设备		不低于5
	雷达、无线电和卫星导航设备		不低于10
	通信设备		不低于5
	广播、电视、电影设备		不低于5
	仪器仪表		不低于5
	电子和通信测量设备		不低于5
	计量标准器具及量具、衡器		不低于5

续表

固定资产类别	内容	折旧年限（年）
专用设备	食品加工专用设备	10-15
	纺织设备	10-15
	缝纫、服饰、制革和毛皮加工设备	10-15
	医疗设备	5-10
	安全生产设备	10-20
	环境污染防治设备	10-20
	文艺设备	5-15
	体育设备	5-15
	娱乐设备	5-15
家具、用具、装具	家具	不低于15
	用具、装具	不低于5

中国工会审计条例

总工发〔2023〕6号

第一章 总 则

第一条 为加强党对工会审计工作的领导,规范工会审计行为,提高工会经费使用效益,维护工会资产安全,根据《中华人民共和国工会法》《中华人民共和国审计法》和《中国工会章程》,制定本条例。

第二条 工会坚持经费独立原则,依法建立对工会经费收支、资产管理等全部经济活动的审计监督制度。

第三条 工会审计是指各级工会经费审查委员会(以下简称经审会)在同级工会党组织领导下,依照法律法规和《中国工会章程》规定的职责、权限和程序,对工会财务收支、资产管理、内部控制、风险管理等全部经济活动实施独立、客观的监督、评价和建议的活动。

同级工会未建立党组织的,其经审会接受所在单位隶属的党组织领导,向所在单位隶属的党组织报告审计工作。

第四条 工会审计实行统一领导、分级管理、分级负责、下审一级的工作体制。工会审计的制度和办法由中华全国总工会统一制定。

第五条 工会审计遵循依法审计、服务大局、突出重点、注重实效的工作方针。

第六条 经审会依照法律法规和《中国工会章程》独立履行审计监督职责,被审计单位及其有关人员不得拒绝和阻碍工会审计人员履行职责,不得打击报复工会审计人员。

第七条 工会审计人员在办理审计事项中,应当恪守国家审计准则规定的严格依法、正直坦诚、客观公正、勤勉尽责、保守秘密等基本审计职业道德和审计纪律。

第八条 经审会的审计结果作为同级工会、上级工会及其有关部门评选先进和工作考核的重要依据。

第九条 工会审计应当接受国家审计机关的业务指导和监督。

第二章　工会审计机构和人员

第十条 经审会应当与同级工会委员会同时考察、同时报批、同时选举产生。

第十一条 经审会向同级工会会员大会或者会员代表大会负责并报告工作；大会闭会期间，向同级工会委员会负责并报告工作。上级经审会对下级经审会进行业务指导和监督考核。

经审会定期向同级工会党组织报告审计工作。

第十二条 经审会委员由政治素质高、业务能力强、具有相关专业知识的工会干部和会员担任并经民主选举产生。县级以上工会经审会委员人数不少于同级工会委员会委员人数的20%，最低不少于5人；基层工会经审会委员人数一般3至11人。经审会委员中具有审计、财会专业知识的人员不少于三分之二。

第十三条 工会主席、分管财务和资产的副主席、工会财务人员和资产管理人员，不得担任同级工会经审会委员。

第十四条 全国总工会和省、自治区、直辖市总工会以及独立管理经费的全国产业工会经审会，应当设置常务委员会。

第十五条 全国总工会经审会委员实行替补制。各级地方总工会、独立管理经费的产业工会和机关工会联合会经审会委员也可以实行替补制。

第十六条 全国总工会、各级地方总工会、独立管理经费的产业工会和机关工会联合会的经费审查委员会办公室（以下简称经审办），作为经审会的日常工作机构，承担工会经费审查审计监督工作。

第十七条 工会应当建设信念坚定、为民服务、业务精通、作风务实、敢于担当、清正廉洁的高素质专业化审计队伍。

经审会应当加强对审计人员遵守法律法规和履行职责情况的监督，督促审计人员依法履职尽责。

第十八条　工会审计人员应当具备与其从事审计业务相适应的专业知识和职业能力。

第十九条　经审会根据工作需要，可以委托具有相应资质的社会中介机构对有关事项进行审计；可以聘请具有审计、财会等专业资格和职业能力的人员参与审计工作。

经审会应当加强对外聘社会中介机构和人员的指导检查、监督评价和质量控制，对审计方案、审计工作底稿、审计报告等进行审核，根据审计工作完成情况，建立考评和退出机制。

第二十条　工会审计人员不得从事可能影响独立、客观履行审计职责的工作，不得参与、干预、插手被审计单位及其相关单位的经济管理活动；在办理审计事项中，与被审计单位或者审计事项有利害关系的应当回避；对在履行职责中知悉的国家秘密、工作秘密、商业秘密、个人隐私和个人信息，应当予以保密，不得泄露或者向他人非法提供。

第三章　工会审计职责

第二十一条　经审会对本级工会及其所属企事业单位和下一级工会的下列事项进行审计：

（一）贯彻落实党和国家相关重大经济社会政策措施以及全国总工会决策部署情况；

（二）与经济活动有关的发展规划、战略决策、重大措施以及年度业务计划执行情况；

（三）经费预算编制和调整、预算执行、决算草案以及其他财务收支情况；

（四）经费计提和拨缴情况；

（五）专项资金物资的筹措、拨付、管理和使用情况；

（六）资产的管理、使用和处置情况；

（七）本级工会及其所属企事业单位建设项目情况；

（八）本级工会及其所属企事业单位对外投资情况；

（九）内部控制及风险管理情况；

（十）经费使用效益和资产经营效益情况；

（十一）撤并时的财务清算情况；

（十二）工会管理和委托其他单位管理的社会捐赠资金、各类基金的收支情况；

（十三）其他需要审计的有关事项。

以上事项，必要时可以进行延伸审计。

第二十二条 经审会对本级工会预算执行情况要每年审计，对下一级工会预算执行情况的审计至少在本届任期内全覆盖。

经审会对涉及本地区本产业本系统全局的重大项目，有权统一组织开展跨层级、跨区域审计或者专项审计。

第二十三条 经审会接受本级工会干部管理部门的书面委托，对本级工会内部管理的领导人员履行经济责任情况进行审计。

经审会实施经济责任审计时，参照执行国家有关经济责任审计的规定。

第二十四条 经审会可以对被审计单位依法依规应当接受审计的事项进行全面审计，也可以对其中的特定事项进行专项审计或者专项审计调查。

第二十五条 上级经审会对其审计职责范围内的审计事项，可以授权下级经审会进行审计。

下级经审会应当配合协助上级经审会开展各项审计工作。

第四章　工会审计权限

第二十六条 经审会有权要求被审计单位提供财务、会计资料以及与财务收支有关的业务、管理等资料，包括电子数据和有关文档。被审计单位不得拒绝、拖延、谎报。

被审计单位负责人应当对本单位提供资料的及时性、真实性和完整性负责，并作出书面承诺。

经审会对取得的资料进行综合分析，需要向被审计单位核实有关情况的，被审计单位应当予以配合。

第二十七条 经审会进行审计时，有权检查被审计单位的财务、会计资料以及与财务收支有关的业务、管理等资料和资产，有权检查被审计单位信息系统的安全性、可靠性、经济性，被审计单位不得拒绝。

第二十八条 经审会进行审计时，有权就审计事项的有关问题向有关单位、部门和个人进行调查和询问，并取得有关证明材料。有关单位、部门和个人应当配合、协助经审会工作，如实向经审会反映情况，提供有关证明材料。

第二十九条 经审会进行审计时，经经审会主要负责人批准，有权对可能被转移、隐匿、篡改、毁弃的财务、会计资料以及与财务收支有关的业务、管理等资料，采取暂时封存的措施。

第三十条 经审会进行审计时，有权对正在进行的严重违法违规、严重损失浪费行为及时向单位主要负责人报告，经同意作出临时制止决定。

经审会有权提出纠正、处理违法违规行为的意见和改进管理、提高绩效的建议。

第三十一条 经审会有权对审计结果以适当方式进行通报。

经审会有权对违法违规和造成损失浪费的被审计单位和人员，给予通报批评或者提出追究责任的建议。

经审会对严格遵守财经法规、经济效益显著、贡献突出的被审计单位和个人，可以向单位党组织、主要负责人提出表彰建议。

第三十二条 经审会对审计中发现的严重违法违规、严重损失浪费等问题，以及被审计单位经济运行中存在的重大风险隐患，有权向同级工会党组织、工会委员会和上一级经审会报告。

第五章 工会审计程序

第三十三条 经审会根据同级工会委员会的工作部署和上级经审会的要求，制订年度审计工作计划。

第三十四条 经审会根据年度审计工作计划，确定审计项目，成立审计组，制订审计实施方案。

审计组审计人员不得少于2人，实行审计组组长负责制。

第三十五条 经审会应当在实施审计3日前，向被审计单位送达审计通知书。遇有特殊情况，报经审会主要负责人批准后，可以直接持审计通知书实施审计。

第三十六条 审计人员通过审查财务、会计资料，查阅与审计事项有关的文件、资料，检查现金、实物、有价证券和信息系统，向有关单位和个人调查等方式进行审计，取得审计证据，做好审计记录，编制审计工作底稿。

向有关单位和个人进行调查时，审计人员应当不少于2人。

第三十七条 审计组对审计事项实施审计后，依据相关法律法规和内部控制制度作出审计评价，对需要整改的事项提出审计意见和建议，形成审计组的审计报告，并征求被审计单位的意见。

第三十八条 被审计单位自接到审计组的审计报告之日起10日内，应当向审计组回复书面意见，逾期不回复的，视同无异议。

第三十九条 经审会审核审计组的审计报告、研究被审计单位的书面意见后，出具经审会的审计报告，对违反财经法律法规的行为在职权范围内作出审计决定，并将经审会的审计报告或者审计决定送达被审计单位。审计决定自送达之日起生效。

第四十条 被审计单位自收到经审会的审计报告或者审计决定之日起30日内，将整改落实情况书面报告给出具审计报告或者审计决定的经审会。

第四十一条 被审计单位或者相关责任人员对经审会作出的审计决定不服的，自收到审计决定之日起60日内，可以向出具审计决定的上一级经审会书面申请复审。上一级经审会自收到书面复审申请之日起60日内，应当作出复审决定。复审期间执行原审计决定。

第四十二条 经审会发现下一级经审会作出的审计决定违反国家有关规定或者有重大错误的，应当责成下一级经审会予以变更或者撤销，必要时可以直接作出变更或者撤销决定。

第四十三条 经审会应当建立健全审计整改监督检查机制，对被审计单位进行审计回访，督促其落实整改意见，执行审计决定。

审计组在审计实施过程中，应当及时督促被审计单位整改审计发现的问题。

经审会在出具审计报告、作出审计决定后，应当在规定的时间内检查或者了解被审计单位和其他有关单位的整改情况。对于定期审计项目，经审会可以结合下一次审计，检查或者了解被审计单位的整改情况。

第四十四条 经审会应当每年向同级工会党组织和工会委员会报告审计结果和整改落实情况。

第四十五条 经审会对办理的审计项目、专项审计调查、审计复审、审计整改监督检查等，按照工会审计业务公文处理规定和审计档案管理规定建立档案。

第六章　工作保障

第四十六条 各级工会领导班子应当自觉接受审计监督，支持经审会和工会审计人员依法独立履行职责。

第四十七条 各级工会党组织应当建立健全党领导工会经审工作机制，各级工会党组织、领导班子应当定期听取经审会的审计工作汇报，加强对经审工作规划、年度审计计划、审计质量控制、问题整改和队伍建设等重要事项的管理。

第四十八条 被审计单位主要负责人是整改第一责任人。各级工会应当建立健全审计发现问题整改机制，对审计发现的问题和提出的建议，被审计单位应当及时整改，并将整改结果书面报告经审会。

第四十九条 各级工会对经审会审计发现的典型性、普遍性、倾向性问题，应当及时分析研究，制定和完善相关管理制度，建立健全内部控制措施。

第五十条 经审会应当建立审计事项移交制度，依法依规移交应当由其他有关部门（单位）处理、纠正或者追究有关单位、人员责任的事项，有关部门（单位）应当依法依规及时作出决定，并将结果书面反馈经审会。

经审会应当加强与内部纪检监察、巡视巡察、组织人事等其他内部监督力量的协作配合。

各级工会应当将审计结果及整改情况作为考核、任免、奖惩工会干部和相关决策的重要依据。

第五十一条 各级工会对经审会审计发现的重大违纪违法问题线索，应当按照管辖权限依法依规及时移送纪检监察机关、司法机关。

第五十二条 经审会主任应当参加工会党组会议、主席办公会议、常委会议和研究工会重大经济活动的会议；经审办主任应当参加涉及工会经费、资产和相关经济活动的会议。

第五十三条　各级工会应当为经审会开展审计工作，提供必要的人力、物力、财力保障和工作条件，履行审计职责所需经费，应当纳入本级工会年度经费预算。

第五十四条　各级工会应当加强工会审计人员队伍建设，落实经审会主任任期培训制度和工会审计人员培训规划，做好工会审计人员的配备、使用、考核和管理工作。

第五十五条　各级工会应当支持经审会加强审计工作规范化建设，健全审计工作运行机制，完善审计质量评价体系。

各级工会应当根据工会审计工作特点，完善工会审计人员考核评价制度，保障工会审计人员享有相应的晋升、交流、任职、薪酬及相关待遇。

第五十六条　上级经审会应当加强对下级经审会的业务指导和工作支持，对在工会审计工作中做出突出成绩的单位和个人给予表彰和奖励。

对连续多年在工会审计工作中作出突出成绩的单位和个人，上级经审会可以向下级工会党组织、领导班子提出嘉奖、记功的建议。

第七章　相关责任

第五十七条　被审计单位有下列情形之一的，由单位党组织、领导班子责令改正，并对直接负责的主管人员和其他直接责任人员进行处理：

（一）拒绝接受或者不配合工会审计工作的；

（二）拒绝、拖延提供与审计事项有关的资料，或者提供资料不真实、不完整的；

（三）拒不纠正审计发现问题的；

（四）整改不力、屡审屡犯的；

（五）违反国家规定或者工会内部规定的其他情形。

第五十八条　经审会和审计人员有下列情形之一的，由同级工会党组织、领导班子对直接负责的主管人员和其他直接责任人员进行处理；涉嫌犯罪的，移送有关机关依法追究刑事责任：

（一）徇私舞弊、玩忽职守，给国家和工会造成重大损失的；

（二）隐瞒审计查出的问题或者提供虚假审计报告的；

（三）泄露国家秘密或者商业秘密的；

（四）利用职权谋取私利的；

（五）违反国家规定或者工会内部规定的其他情形。

第五十九条 工会审计人员因履行职责受到打击、报复、陷害的，工会党组织、领导班子应当及时采取保护措施，并对相关责任人员进行处理；涉嫌犯罪的，移送有关机关依法追究刑事责任。

第八章 附 则

第六十条 各级工会可以根据本条例制定具体实施办法。

第六十一条 上级经审会应当指导和督促下级经审会执行本条例，对下级经审会执行本条例的情况进行检查。

第六十二条 本条例由中华全国总工会负责解释。

第六十三条 本条例自发布之日起施行。中华全国总工会于2011年4月8日发布的《中国工会审计条例》（总工发〔2011〕27号）同时废止。

基层工会预算管理办法

总工办发〔2020〕29号

第一章 总 则

第一条 为规范基层工会收支行为,加强基层工会预算管理和监督,保障基层工会健康发展和职能有效发挥,不断提高基层工会经费使用效益,根据《工会预算管理办法》的有关规定,制定本办法。

第二条 基层工会是指企业、事业单位、机关和其他社会组织单独或联合建立的基层工会委员会。

第三条 基层工会预算是指经一定程序核定的年度收支计划。

第四条 基层工会应当根据统筹兼顾、勤俭节约、量力而行、讲求绩效和收支平衡的原则,统筹组织各项收入,合理安排各项支出,科学编制年度收支预算。

第五条 基层工会的预算年度自公历1月1日起至12月31日止。

第六条 基层工会的预算收入和预算支出以人民币元为计算单位。

第二章 预算收支范围

第七条 基层工会预算由预算收入和预算支出组成。基层工会的全部收入和支出都应当纳入预算。

第八条 预算收入包括:会费收入、拨缴经费收入、上级补助收入、行政补助收入、附属单位上缴收入、投资收益、其他收入。

（一）会费收入是指工会会员依照中华全国总工会规定按本人工资收入的5%向所在基层工会缴纳的会费。

（二）拨缴经费收入是指建立工会组织的单位按全部职工工资总额2%依法向工会拨缴的经费中的留成部分。

基层工会的经费分成比例不低于单位全部职工工资总额2%中的60%。按照省级工会确定省以下各级工会经费分成比例的原则，具体比例由省级工会确定后报全国总工会备案。

（三）上级补助收入是指基层工会收到的上级工会拨付的各类补助款项。

（四）行政补助收入是指基层工会所在单位依法对工会组织给予的各项经费补助。

（五）附属单位上缴收入是指基层工会所属独立核算的企事业单位上缴的收入和所属非独立核算事业单位的各项事业收入。

（六）投资收益是指基层工会对外投资发生的损溢。

（七）其他收入是指基层工会取得的资产盘盈、固定资产处置净收入、接受捐赠收入和利息收入等。

第九条 预算支出包括：职工活动支出、职工服务支出、维权支出、业务支出、资本性支出、对附属单位的支出、其他支出。

（一）职工活动支出是指基层工会开展职工教育活动、文体活动、宣传活动、劳模疗休养活动、会员活动等活动发生的支出。包括：

1.职工教育支出。用于基层工会开展的政治、法律、科技、业务等专题培训和职工技能培训所需的教材资料、教学用品、场地租金等方面的支出，用于支付职工教育活动聘请授课人员的酬金，用于基层工会开展的职工素质提升补助和职工教育培训优秀学员的奖励。

2.文体活动支出。用于基层工会开展或参加上级工会组织的职工业余文体活动所需器材、服装、用品等购置、租赁与维修方面的支出以及活动场地、交通工具的租金支出等，用于文体活动优胜者的奖励支出，用于文体活动中必要的伙食补助费。

3.宣传活动支出。用于基层工会开展重点工作、重大主题和重大节日宣传活动所需的材料消耗、场地租金、购买服务等方面的支出，用于培育和践行社会主义核心价值观，弘扬劳模精神、劳动精神、工匠精神等经常性宣传活动方面的支出，用于基层工会开展或参加上级工会举办的知识竞赛、宣讲、演讲比赛、展览等宣传活动支出。

4.劳模职工疗休养支出。用于基层工会组织和开展的劳动模范和先进职工疗休养活动的公杂费等补助。

5.会员活动支出。用于基层工会组织会员观看电影、文艺演出、开展春游秋游，为会员购买当地公园年票等的支出。用于基层工会在重大节日（传统节日）和会员生日、婚丧嫁娶、退休离岗的慰问支出。

基层工会在重大节日（传统节日）可以向全体会员发放节日慰问品。重大节日（传统节日）是指国家规定的法定节日（新年、春节、清明节、劳动节、端午节、中秋节和国庆节）和经自治区以上人民政府批准设立的少数民族节日。节日慰问品原则上为符合中国传统节日习惯的用品和职工群众必需的生活用品等。

6.其他活动支出。用于工会开展的其他活动的各项支出。

（二）职工服务支出是指基层工会开展职工劳动和技能竞赛活动、职工创新活动、建家活动、职工书屋、职工互助保障、心理咨询等工作发生的支出。

1.劳动和技能竞赛活动支出。用于基层工会开展合理化建议、技术革新、发明创造、岗位练兵、技术比武、技术培训等劳动和技能竞赛活动支出及其奖励支出。

2.建家活动支出。用于基层工会组织建设、建家活动方面的支出。

3.职工创新活动支出。用于基层工会开展的劳模和工匠人才创新工作、职工创新工作活动发生的支出。

4.职工书屋活动支出。用于基层工会为建设职工书屋而发生的图书购置以及维护的支出。

5.其他服务支出。用于基层工会开展会员和职工普惠制服务、心理咨询、互助保障等其他方面的支出。

（三）维权支出是指基层工会用于维护职工权益的支出。包括：

1.劳动关系协调支出。用于基层工会推进创建劳动关系和谐企业活动、加强劳动争议调解和队伍建设、开展劳动合同咨询活动、集体合同示范文本印制与推广等方面的支出。

2.劳动保护支出。用于基层工会开展群众性安全生产和职业病防治活动、加强群众安全监督检查员队伍建设、开展职工心理健康维护等以促进安全健康生产、保护职工生命安全为宗旨开展的职工劳动保护发生的支出。

3.法律援助支出。用于基层工会向职工群众提供法律咨询、法律服务等发生的支出。

4.困难职工帮扶支出。用于基层工会对困难职工提供资金和物质帮助等发生的支出。

5.送温暖支出。用于基层工会开展春送岗位、夏送清凉、金秋助学和送温暖等活动发生的支出。

6.其他维权支出。用于基层工会补助职工等其他方面的维权支出。

（四）业务支出是指基层工会培训工会干部、加强自身建设以及开展业务工作发生的各项支出。包括：

1.培训支出。用于基层工会开展工会干部和积极分子培训发生的支出。

2.会议支出。用于基层工会代表大会、委员会、经审会以及其他专业工作会议的各项支出。

3.专项业务支出。用于基层工会开展基层工会组织建设所发生的支出，用于基层工会开展专题调研所发生的支出，用于基层工会开展女职工工作性支出，用于基层工会开展外事活动方面的支出。

4.其他业务支出。用于基层工会发放由省级工会制定标准的兼职工会干部和专职社会化工会工作者补贴，用于经上级批准评选表彰的优秀工会干部和积极分子的奖励支出，用于基层工会必要的办公费、差旅费，用于基层工会支付代理记账、中介机构审计等购买服务方面的支出。

（五）资本性支出是指基层工会从事工会建设工程、设备工具购置、大型修缮和信息网络购建而发生的支出。

（六）对附属单位的支出是指基层工会对独立核算的附属企事业单位的补助。

（七）其他支出是指基层工会除上述支出以外的其他各项支出。包括：资产盘亏、固定资产处置净损失、捐赠、赞助等。

第十条 根据《中华人民共和国工会法》的有关规定，基层工会专职工作人员的工资、奖励、补贴由所在单位承担。基层工会办公和开展活动必要的设施和活动场所等物质条件由所在单位提供，所在单位保障不足且基层工会能够承担的，可以工会经费适当补充。

第三章　预算编制与审批

第十一条　基层工会应根据上级工会的要求，结合本单位实际，制定年度工会工作计划。

第十二条　基层工会应按照上级工会规定的经费开支标准，科学测算完成工作计划的资金需求，统筹落实各项收入，准确编制工会经费年度预算。

第十三条　基层工会应根据本单位实有会员全年工资收入和全国总工会确定的缴交比例，计算会费收入，编列会费收入预算。

第十四条　基层工会应根据本单位全部职工工资总额的2%计算拨缴工会经费总额。其中：属于基层工会分成的拨缴经费列入本单位拨缴经费收入预算；属于应上缴上级工会的拨缴经费不纳入基层工会预算管理。

第十五条　基层工会应将对外投资收益、所属独立核算的企事业单位上缴的收入、非独立核算的企事业单位的各项收入和其他收入纳入预算管理。其中：对外投资收益和所属独立核算的企事业单位上缴的收入以双方协议约定金额为预算数。

第十六条　基层工会应根据上级工会确定的专项工作，参考上年经费补助标准，编列上级工会补助收入预算。

第十七条　基层工会在会费收入、拨缴经费收入、上级工会补助收入、附属单位上缴收入、投资收益和其他收入等当年预算收入不能满足完成全年工作任务资金需求的情况下，应优先动用以前年度结余资金进行弥补。结余资金不足的，可向单位申请行政补助，编列基层工会行政补助收入预算。

第十八条　基层工会不得编制赤字预算。

第十九条　基层工会年度收支预算经必要程序审查、批准后报上一级工会备案。

第二十条　上一级工会认为基层工会预算与法律法规、上级工会预算编制要求不符的，有权提出修订意见，基层工会应予调整。

第四章　预算执行与调整

第二十一条　经批准的预算是基层工会预算执行的依据。基层工会不得无预算、超预算列支各项支出。

第二十二条　基层工会应根据经批准的年度支出预算和年度工作任务安排，合理安排支出进度，严格预算资金使用。

基层工会各项支出实行工会委员会集体领导下的主席负责制，重大收支需集体研究决定。

第二十三条　基层工会预算一经批准，原则上不得随意调整。确因工作需要调整预算的，需详细说明调整原因、预算资金来源等，经必要程序审查、批准后报上级工会备案。

因上级工会增加不需要本工会配套资金的补助而引起的预算收支变化，不需要履行预算调整程序。

第二十四条　基层工会在预算执行过程中，对原实施方案进行调整优化，导致支出内容调整但不改变原预算总额的，不属于预算调整，不需要履行预算调整程序。

第二十五条　具备条件的基层工会应全面实施预算绩效管理。

第五章　决　算

第二十六条　年度终了基层工会应按照真实、准确、完整、及时的原则，根据上级工会的要求，编制本单位年度收支决算。基层工会所属独立核算事业单位和独立核算企业年度收支决算（或会计报告）的编制，按照《工会决算报告制度》的有关规定执行。

第二十七条　基层工会决算经必要程序审查、批准后报上一级工会备案。

第二十八条　上一级工会认为基层工会决算与法律法规、上级工会决算编制要求不符的，有权提出修订意见，下级工会应予调整。基层工会应严格执行会计档案管理的有关规定，加强预算、决算的档案管理。

第六章 监督检查

第二十九条 省级工会负责本地区、本行业工会经费收支预（决）算的监督管理，督促省以下各级工会建立健全工作机制。

第三十条 基层工会经费收支预（决）算编制和预算执行情况应接受同级工会经费审查委员会审查审计监督，同时接受上级工会和上级工会经审会的审计监督，并依法接受国家审计监督。

第三十一条 基层工会预（决）算应向全体工会会员公开。

第七章 附 则

第三十二条 省级工会可根据本办法和基层工会经费收支管理的相关规定，并结合实际制定具体实施细则。

第三十三条 本办法由中华全国总工会财务部负责解释。

第三十四条 本办法自印发之日起施行。

基层工会经费收支管理办法

总工办发〔2017〕32号

第一章 总 则

第一条 为加强基层工会收支管理，规范基层工会经费使用，根据《中华人民共和国工会法》和《中国工会章程》《工会会计制度》《工会预算管理办法》的有关规定，结合中华全国总工会（以下简称"全国总工会"）贯彻落实中央有关规定的相关要求，制定本办法。

第二条 本办法适用于企业、事业单位、机关和其他经济社会组织单独或联合建立的基层工会委员会。

第三条 基层工会经费收支管理应遵循以下原则：

（一）遵纪守法原则。基层工会应依据《中华人民共和国工会法》的有关规定，依法组织各项收入，严格遵守国家法律法规，严格执行全国总工会有关制度规定，严肃财经纪律，严格工会经费使用，加强工会经费收支管理。

（二）经费独立原则。基层工会应依据全国总工会关于工会法人登记管理的有关规定取得工会法人资格，依法享有民事权利、承担民事义务，并根据财政部、中国人民银行的有关规定，设立工会经费银行账户，实行工会经费独立核算。

（三）预算管理原则。基层工会应按照《工会预算管理办法》的要求，将单位各项收支全部纳入预算管理。基层工会经费年度收支预算（含调整预算）需经同级工会委员会和工会经费审查委员会审查同意，并报上级主管工会批准。

（四）服务职工原则。基层工会应坚持工会经费正确的使用方向，优化工会经费支出结构，严格控制一般性支出，将更多的工会经费用于为职工服务和开展工会活动，维护职工的合法权益，增强工会组织服务职工的能力。

（五）勤俭节约原则。基层工会应按照党中央、国务院关于厉行勤俭节约反对奢侈浪费的有关规定，严格控制工会经费开支范围和开支标准，经费使用要精打细算，少花钱多办事，节约开支，提高工会经费使用效益。

（六）民主管理原则。基层工会应依靠会员管好用好工会经费。年度工会经费收支情况应定期向会员大会或会员代表大会报告，建立经费收支信息公开制度，主动接受会员监督。同时，接受上级工会监督，依法接受国家审计监督。

第二章　工会经费收入

第四条　基层工会经费收入范围包括：

（一）会费收入。会费收入是指工会会员依照全国总工会规定按本人工资收入的5%向所在基层工会缴纳的会费。

（二）拨缴经费收入。拨缴经费收入是指建立工会组织的单位按全部职工工资总额2%依法向工会拨缴的经费中的留成部分。

（三）上级工会补助收入。上级工会补助收入是指基层工会收到的上级工会拨付的各类补助款项。

（四）行政补助收入。行政补助收入是指基层工会所在单位依法对工会组织给予的各项经费补助。

（五）事业收入。事业收入是指基层工会独立核算的所属事业单位上缴的收入和非独立核算的附属事业单位的各项事业收入。

（六）投资收益。投资收益是指基层工会依据相关规定对外投资取得的收益。

（七）其他收入。其他收入是指基层工会取得的资产盘盈、固定资产处置净收入、接受捐赠收入和利息收入等。

第五条　基层工会应加强对各项经费收入的管理。要按照会员工资收入和规定的比例，按时收取全部会员应交的会费。要严格按照国家统计局公布的职工工资总额口径和所在省级工会规定的分成比例，及时足额拨缴工会经费；实行财政划拨或委托税务代收部分工会经费的基层工会，应加强与本单位党政部门的沟通，依法足额落实基层工会按照省级工会确定的留成比例应当留成的经费。要统筹安排行政补助收入，按照预算确定的用途开支，不得将与工会无关的经费以行政补助名义纳入账户管理。

第三章 工会经费支出

第六条 基层工会经费主要用于为职工服务和开展工会活动。

第七条 基层工会经费支出范围包括：职工活动支出、维权支出、业务支出、资本性支出、事业支出和其他支出。

第八条 职工活动支出是指基层工会组织开展职工教育、文体、宣传等活动所发生的支出和工会组织的职工集体福利支出。包括：

（一）职工教育支出。用于基层工会举办政治、法律、科技、业务等专题培训和职工技能培训所需的教材资料、教学用品、场地租金等方面的支出，用于支付职工教育活动聘请授课人员的酬金，用于基层工会组织的职工素质提升补助和职工教育培训优秀学员的奖励。

对优秀学员的奖励应以精神鼓励为主、物质激励为辅。授课人员酬金标准参照国家有关规定执行。

（二）文体活动支出。用于基层工会开展或参加上级工会组织的职工业余文体活动所需器材、服装、用品等购置、租赁与维修方面的支出以及活动场地、交通工具的租金支出等，用于文体活动优胜者的奖励支出，用于文体活动中必要的伙食补助费。

文体活动奖励应以精神鼓励为主、物质激励为辅。奖励范围不得超过参与人数的三分之二；不设置奖项的，可为参加人员发放少量纪念品。

文体活动中开支的伙食补助费，不得超过当地差旅费中的伙食补助标准。

基层工会可以用会员会费组织会员观看电影、文艺演出和体育比赛等，开展春游秋游，为会员购买当地公园年票。会费不足部分可以用工会经费弥补，弥补部分不超过基层工会当年会费收入的三倍。

基层工会组织会员春游秋游应当日往返，不得到有关部门明令禁止的风景名胜区开展春游秋游活动。

（三）宣传活动支出。用于基层工会开展重点工作、重大主题和重大节日宣传活动所需的材料消耗、场地租金、购买服务等方面的支出，用于培育和践行社会主义核心价值观，弘扬劳模精神和工匠精神等经常性宣传活动方面的支出，用于基层工会开展或参加上级工会举办的知识竞赛、宣讲、演讲比赛、展览等宣传活动支出。

（四）职工集体福利支出。用于基层工会逢年过节和会员生日、婚丧嫁娶、退休离岗的慰问支出等。

基层工会逢年过节可以向全体会员发放节日慰问品。逢年过节的年节是指国家规定的法定节日（即：新年、春节、清明节、劳动节、端午节、中秋节和国庆节）和经自治区以上人民政府批准设立的少数民族节日。节日慰问品原则上为符合中国传统节日习惯的用品和职工群众必需的生活用品等，基层工会可结合实际采取便捷灵活的发放方式。

工会会员生日慰问可以发放生日蛋糕等实物慰问品，也可以发放指定蛋糕店的蛋糕券。

工会会员结婚生育时，可以给予一定金额的慰问品。工会会员生病住院、工会会员或其直系亲属去世时，可以给予一定金额的慰问金。

工会会员退休离岗，可以发放一定金额的纪念品。

（五）其他活动支出。用于工会组织开展的劳动模范和先进职工疗休养补贴等其他活动支出。

第九条 维权支出是指基层工会用于维护职工权益的支出。包括：劳动关系协调费、劳动保护费、法律援助费、困难职工帮扶费、送温暖费和其他维权支出。

（一）劳动关系协调费。用于推进创建劳动关系和谐企业活动、加强劳动争议调解和队伍建设、开展劳动合同咨询活动、集体合同示范文本印制与推广等方面的支出。

（二）劳动保护费。用于基层工会开展群众性安全生产和职业病防治活动、加强群监员队伍建设、开展职工心理健康维护等促进安全健康生产、保护职工生命安全为宗旨开展职工劳动保护发生的支出等。

（三）法律援助费。用于基层工会向职工群众开展法治宣传、提供法律咨询、法律服务等发生的支出。

（四）困难职工帮扶费。用于基层工会对困难职工提供资金和物质帮助等发生的支出。

工会会员本人及家庭因大病、意外事故、子女就学等原因致困时，基层工会可给予一定金额的慰问。

（五）送温暖费。用于基层工会开展春送岗位、夏送清凉、金秋助学和冬送温暖等活动发生的支出。

（六）其他维权支出。用于基层工会补助职工和会员参加互助互济保障活动等其他方面的维权支出。

第十条 业务支出是指基层工会培训工会干部、加强自身建设以及开展业务工作发生的各项支出。包括：

（一）培训费。用于基层工会开展工会干部和积极分子培训发生的支出。开支范围和标准以有关部门制定的培训费管理办法为准。

（二）会议费。用于基层工会会员大会或会员代表大会、委员会、常委会、经费审查委员会以及其他专业工作会议的各项支出。开支范围和标准以有关部门制定的会议费管理办法为准。

（三）专项业务费。用于基层工会开展基层工会组织建设、建家活动、劳模和工匠人才创新工作室、职工创新工作室等创建活动发生的支出，用于基层工会开办的图书馆、阅览室和职工书屋等职工文体活动阵地所发生的支出，用于基层工会开展专题调研所发生的支出，用于基层工会开展女职工工作性支出，用于基层工会开展外事活动方面的支出，用于基层工会组织开展合理化建议、技术革新、发明创造、岗位练兵、技术比武、技术培训等劳动和技能竞赛活动支出及其奖励支出。

（四）其他业务支出。用于基层工会发放兼职工会干部和专职社会化工会工作者补贴，用于经上级批准评选表彰的优秀工会干部和积极分子的奖励支出，用于基层工会必要的办公费、差旅费，用于基层工会支付代理记账、中介机构审计等购买服务方面的支出。

基层工会兼职工会干部和专职社会化工会工作者发放补贴的管理办法由省级工会制定。

第十一条 资本性支出是指基层工会从事工会建设工程、设备工具购置、大型修缮和信息网络购建而发生的支出。

第十二条 事业支出是指基层工会对独立核算的附属事业单位的补助和非独立核算的附属事业单位的各项支出。

第十三条 其他支出是指基层工会除上述支出以外的其他各项支出。包括：

资产盘亏、固定资产处置净损失、捐赠、赞助等。

第十四条 根据《中华人民共和国工会法》的有关规定，基层工会专职工作人员的工资、奖励、补贴由所在单位承担，基层工会办公和开展活动必要的设施和活动场所等物质条件由所在单位提供。所在单位保障不足且基层工会预算足以保证的前提下，可以用工会经费适当弥补。

第四章　财务管理

第十五条 基层工会主席对基层工会会计工作和会计资料的真实性、完整性负责。

第十六条 基层工会应根据国家和全国总工会的有关政策规定以及上级工会的要求，制定年度工会工作计划，依法、真实、完整、合理地编制工会经费年度预算，依法履行必要程序后报上级工会批准。严禁无预算、超预算使用工会经费。年度预算原则上一年调整一次，调整预算的编制审批程序与预算编制审批程序一致。

第十七条 基层工会应根据批准的年度预算，积极组织各项收入，合理安排各项支出，并严格按照《工会会计制度》的要求，科学设立和登记会计账簿，准确办理经费收支核算，定期向工会委员会和经费审查委员会报告预算执行情况。基层工会经费年度财务决算需报上级工会审批。

第十八条 基层工会应加强财务管理制度建设，健全完善财务报销、资产管理、资金使用等内部管理制度。基层工会应依法组织工会经费收入，严格控制工会经费支出，各项收支实行工会委员会集体领导下的主席负责制，重大收支须集体研究决定。

第十九条 基层工会应根据自身实际科学设置会计机构、合理配备会计人员，真实、完整、准确、及时反映工会经费收支情况和财务管理状况。具备条件的基层工会，应当设置会计机构或在有关机构中设置专职会计人员；不具备条件的，由设立工会财务结算中心的乡镇（街道）、开发区（工业园区）工会实行集中核算，分户管理，或者委托本单位财务部门或经批准设立从事会计代理记账业务的中介机构或聘请兼职会计人员代理记账。

第五章 监督检查

第二十条 全国总工会负责对全国工会系统工会经费的收入、支出和使用管理情况进行监督检查。按照"统一领导、分级管理"的管理体制，省以下各级工会应加强对本级和下一级工会经费收支与使用管理情况的监督检查，下一级工会应定期向本级工会委员会和上一级工会报告财务监督检查情况。

第二十一条 基层工会应加强对本单位工会经费使用情况的内部会计监督和工会预算执行情况的审查审计监督，依法接受并主动配合国家审计监督。内部会计监督主要对原始凭证的真实性合法性、会计账簿与财务报告的准确性、及时性、财产物资的安全性完整性进行监督，以维护财经纪律的严肃性。审查审计监督主要对单位财务收支情况和预算执行情况进行审查监督。

第二十二条 基层工会应严格执行以下规定：

（一）不准使用工会经费请客送礼。

（二）不准违反工会经费使用规定，滥发奖金、津贴、补贴。

（三）不准使用工会经费从事高消费性娱乐和健身活动。

（四）不准单位行政利用工会账户，违规设立"小金库"。

（五）不准将工会账户并入单位行政账户，使工会经费开支失去控制。

（六）不准截留、挪用工会经费。

（七）不准用工会经费参与非法集资活动，或为非法集资活动提供经济担保。

（八）不准用工会经费报销与工会活动无关的费用。

第二十三条 各级工会对监督检查中发现违反基层工会经费收支管理办法的问题，要及时纠正。违规问题情节较轻的，要限期整改；涉及违纪的，由纪检监察部门依照有关规定，追究直接责任人和相关领导责任；构成犯罪的，依法移交司法机关处理。

第六章　附　则

第二十四条　各省级工会应根据本办法的规定，结合本地区、本产业和本系统工作实际，制定具体实施细则，细化支出范围，明确开支标准，确定审批权限，规范活动开展。各省级工会制定的实施细则须报全国总工会备案。基层工会制定的相关办法须报上级工会备案。

第二十五条　本办法自印发之日起执行。《中华全国总工会办公厅关于加强基层工会经费收支管理的通知》（总工办发〔2014〕23号）和《全总财务部关于〈关于加强基层工会经费收支管理的通知〉的补充通知》（工财发〔2014〕69号）同时废止。

第二十六条　基层工会预算编制审批管理办法由全国总工会另行制定。

第二十七条　本办法由全国总工会负责解释。